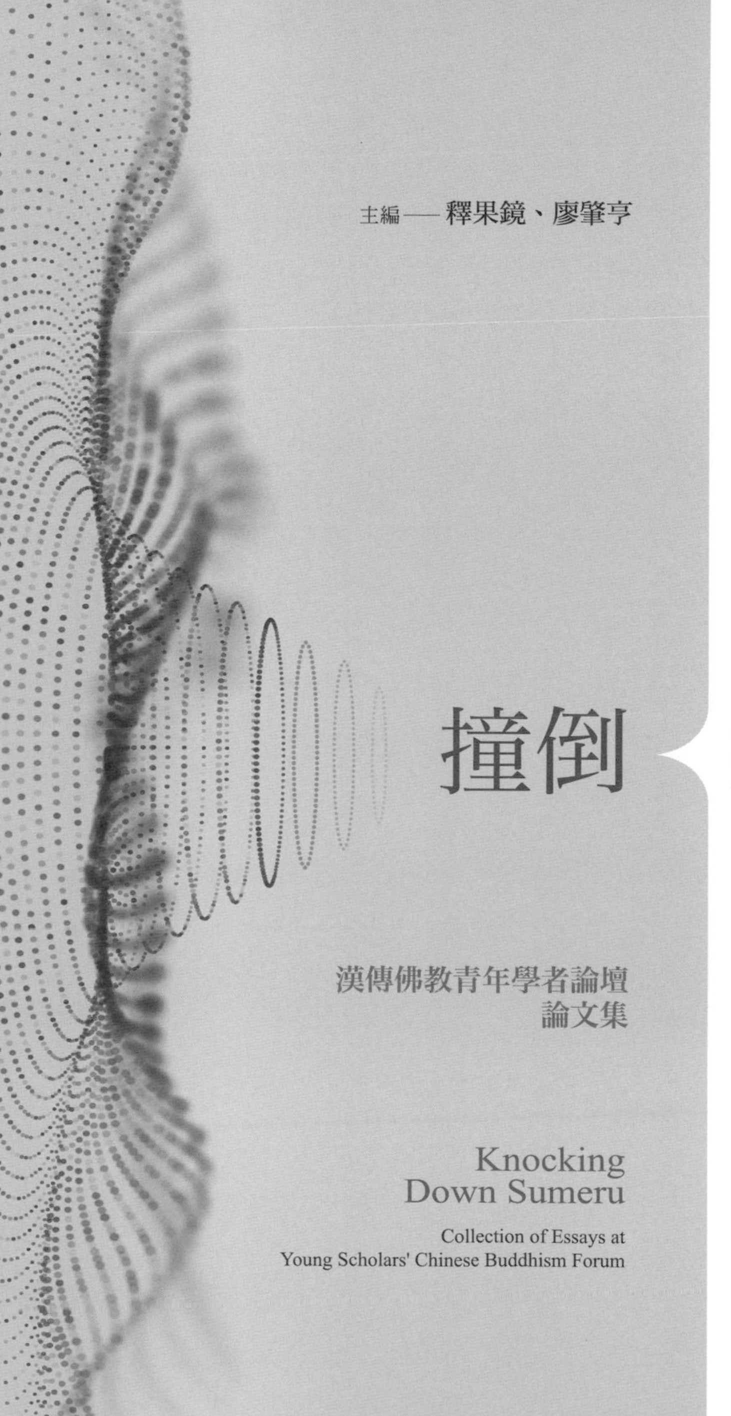

主編——釋果鏡、廖肇亨

撞倒須彌

漢傳佛教青年學者論壇論文集

Knocking Down Sumeru

Collection of Essays at Young Scholars' Chinese Buddhism Forum

【導論】

從「鐵牛橫古路」到「金鞭打入藕絲翹」

「如何是第一要？」

（天隱圓修）師云：「鐵牛橫古路」

「如何是第二要？」

師云：「撞倒須彌峰」

「如何是第三要？」

師云：「金鞭打入藕絲竅」

廖肇亨

中央研究院中國文哲研究所研究員

一、前言——問題之所在

佛法慧命所繫在青年。數年來，中華佛學研究所致力於推動「青年學者論壇」相關工作，嘗試拓展漢傳佛教研究的視角與方法。歷經論文發表會與審查流程，第二屆青年學者論壇的部分成果結集在此，展現在讀者目前。

新世紀已過去五分之一，應該約略做個簡單的回顧，檢視過往，來日可追。漢傳佛教的研究也與人文學界整體思潮走向緊密相連。回顧二十一世紀初頭的佛教研究大體約有數端可說：

（一）作為接近佛陀使用的語言，巴利文、梵文的重要性被高高抬起，漢譯經典幾乎成為一種負面標籤，可以說，這是二十一世紀人文思潮的「語言學轉向」另外一種型態的反映。

（二）科學精神的崇尚，特別是客觀實證的部分。無法客觀實證的部分往往被貶抑為落伍迷信的表徵。雖然現代性的表徵之一在於標舉非理性力量的強大，往往表現在文學藝術之上，但當時佛教研究仍以追求科學實證為主要趨勢，文學藝術雖亦偶一為之，但並非主要關注的領域則自不待言。以語言為主要的標準，對經典的真偽提出強烈的批判與懷疑，從某個角度看，也可以說是科學精神的展現。

（三）追求純粹的本質，尋求獨立的精神主體，對於不同因素的交互滲透與影響，往往以「雜糅」視之。特別是日本宗派意識的介入，宗派意識不僅是哲學思想的區別，也同時成為進化階段的符徵。「庶民佛教」成為佛教內部帶有高度貶抑之義的詞語。隋、唐佛教是中國的黃金時代，宋代是禪學的爛熟時期，鎌倉新佛教的成立，近世佛教的墮落幾乎成為深入人心的刻板印象。

（四）從學術研究的水準來看，漢語佛教學界罕有能與國際學界比肩。在歐美學界與日本學界的雙重夾擊之下，方法與價值前提幾乎全在歐美，特別是語言研究並不發達。而資料文獻則全受日本學界的《大正藏》與藏經書院編輯《續藏經》所宰制。唯一的例外大概勉強算是胡適開創的禪宗史研究，雖然胡適當時也受到歐美與日本學界的影響，且以今視昔，有待商榷之處甚多，但是日本的柳田聖山與入矢義高都明白表示其之所以從事禪宗史的研究多從胡適開眼。加上二十一世紀華語圈政治情勢難有一日安寧，故而日本學界的成果備受世界關注亦非意料之外。

以上列舉諸端，不過犖犖大者。聖嚴法師曾經表示「佛法這麼好，知道的人這麼少」，不只是一般人對佛教的印象而已，在學術研究的領域其實也並無二致，具有一種截斷眾流、籠罩一切的格局，用傳統禪宗的說法形容的話，大抵可謂「鐵牛橫古路」。

二、「撞倒須彌」——構築新視野

然而進入新世紀之後，漢傳佛教研究的方法、視角以及人文思潮的整體傾向有了重大的變化，連帶也影響了佛教研究的走向。

（一）首先在研究基本的文獻資料，電子佛典取代了過去日本學界編輯的《大正藏》等紙本，同時由於整體內容的不斷充實，《大正藏》以外的典籍也被學者看見。另一方面，藏經之外大量的原始文獻也紛紛問世。一如敦煌出土資料，電子文獻與新出土的原始資料結合，對於漢傳佛教研究的範式起了相當程度的變革作用，大幅改寫了既有的知識結構。

（二）二十一世紀以來的佛教研究，社會文化史的傾向大幅抬頭，甚至有「文化史轉向」之目，這並不代表語言文獻的基礎不再重要，而是關懷的重心已然有所變化，不再只有文獻語言的進路，諸如性別研究、生態倫理、世俗倫理、交通史，甚至飲食文化、物質文化云云，無一不成為學界熱衷談論的話題。在中國文化史上，詩禪論述原本就是中國詩學史上一個重要的課題，除了文學的研究者以外，佛教研究出身的學者也開始重視。或者，文學出身的研究者也運用其原本的學術訓練從事禪宗史的研究，二者交流的活絡也是二十一世紀以來一個顯而易見的傾向。

（三）從主體到關係，大概也是新世紀一個不得不注意的趨勢。過去刻意強調純粹的本質，然而染色體卻是一個不斷改寫的製程，並非是完全封閉的結構。種種不同元素的交互影響與作用，才能調配出繽紛多雜的滋味。雜多性、世俗性、互文性實為不可忘卻的時代表徵。最值得仔細玩味的，莫過於荒木見悟先生的儒佛關係研究。荒木見悟先生的研究不僅為近世佛教開拓了一個全新的視野，其方法論也有必要重新反省。

（四）有別於傳統國別史架構下的佛教研究，佛教研究逐漸側重在文化交流的功能與角色。以日本為例，日本佛教的祖庭多在中國，天台山之於天台宗、寧波天童寺之於曹洞宗、福建黃檗山之於黃檗宗莫不如此。因此入華僧人對於中國佛教的儀式、規制格外感到興趣，日本入華僧人提供了觀察當時中國佛教實況的最佳指標，從佛教史料的角度檢視入華日僧的紀錄是最常見的研究視角，入華日僧的紀錄當中也有豐富的社會生活、航海史相關的記載，同樣受到交通史、社會史領域專家的重視。此外，明末清初傳法日本的黃檗宗，近年又受到學界的高度關注。可以說是超越國別佛教史觀的另外一種嘗試。

新世紀以來的漢傳佛教研究，漸有百家之鳴，傳統佛教研究的宏偉敘事也在崩解。傳統的研究多以人物或經典為主要研究取徑，現今的研究則多帶有跨界或整合的性質，往往借鏡佛教研究以外的研究視角與作法，佛教研究不僅周遍圓融，更有涵蓋乾坤的氣象。「撞倒須彌峰」之後，需要更縝密細緻的經營，或可視之為「金鞭打入藕絲竅」。

三、「金鞭打入藕絲竅」——以聖境研究與吉藏研究為例

宗教創造文化，文化也影響宗教。邇近宗教文化史研究往往集中在經典教義、人物傳記、宗教經濟社會史，對我們認識宗教與社會文化的互動脈絡有相當的助益，然而國際學界潮流一個不能忽略的潮流，乃是空間文化的議題備受注目，特別是關於神聖空間的相關研究。

「神聖空間」（sacred space）此一概念最早係由羅馬尼亞宗教學者伊利亞德（Mircea Eliade）所提出。伊利亞德曾對宗教人與神聖空間的關係如是言道：「宗教人想要活在神聖中的渴望，實際上就等於是渴望將他的住所建立在真實的實體上，而不要使他被純主觀經驗中從未終止的相對性所痲痹，宗教人要活在一個真實而有效的世界中，而不是活在幻想中。這

樣的行為，在宗教人生存的各種層面上被記載下來，而且尤其明顯的是，宗教人渴望只活動於聖化了的世界中，亦即神聖空間中。這就是精心運作各種定向方法的理由，或者更適切地說，這就是各種建構神聖空間方法的理由。」[1] 伊利亞德這段從宗教心理學出發，對於神聖空間的描述，頗似佛家「三界唯心」的說法。因此神聖空間不僅彰顯神祇的神聖性，也是宗教人內心風景的外部投射。神聖空間幾乎可說是宗教空間文化的第一要義，在神聖空間成立之後，朝聖（pilgrim，日本式的說法謂之「巡禮」）方為可能、文化生產（包括思想著述、經典注釋、詩文繪畫）也才有所依憑。另一方面，神聖空間又與其他的空間想像（例如天堂、地獄等他界想像或理想國、桃花源等樂園想像）相結合，創造出一個特殊的文化環境，因此，神聖空間不只是宗教課題，更是文化史的重要課題。中國一向有「天下名山僧占多」的說法，四大名山——普陀山（觀音）、五臺山（文殊）、峨眉山（普賢）、九華山（地藏）的說法早已深入人心。關於五臺山、普陀山的研究一向是學界關心的重點，已有相當程度的成果積累。邇近美國學者 James Robson 的衡山研究，甚受學界重視，其相關成果已結成 *The Power of the Place* 一書。除此之外，天台山、天目山、北京佛教寺院（Susan Naquin、陳玉女）、南京佛教寺院（何孝榮）也有許多足資參考的重要成果。格外值得注意的是：觀音道場的普及性與複雜性，遠較其他信仰更為特殊。另外文殊信仰與五臺山

1　伊利亞德（Mircea Eliade）著，楊素娥譯，《聖與俗——宗教的本質》（臺北：桂冠出版社，2001），頁 78。

在中古中國與清代（女真人自稱為文殊後胤）的特殊性，也是中國佛教信仰中不容忽視的重要特徵。中土之外，日本的山岳信仰（特別是修驗道）相關研究更是汗牛充棟，若能併而觀之，不僅對認識佛教信仰形塑與演變過程有所助益，更是思考佛教的神聖空間的特殊性，及其與文化生產、社會脈絡相互關係過程時，不容忽視的重要工夫次第。本書所收四篇論文集中在神聖空間的研究，或當作如是觀。

本書另收三篇吉藏與三論宗的研究。吉藏是三論宗的集大成者，佛教思想史上已有定評，吉藏著作豐富且深邃。三論宗的吉藏與天台、唯識之間的關連性一直困擾著相關的研究者，相關的研究甚多茲不贅述。近年在日本，吉藏著作的古鈔本近年面世者不在少數。例如名古屋市真福寺寶生院藏《法華統略》、高野山大學藏《法華玄論》卷四等等。另一方面，吉藏對般若空觀的認識是否也帶有如來藏的性質，近年成為批判佛教研究者熱衷討論的課題，陳平坤教授曾整理部分吉藏的著作在佛研所出版。吉藏的研究雖然淵源久矣，但近年由於批判佛教學者的關注，有重回世人眼目的趨勢。

四、關於本書的構成

本書共收七篇論文，茲分別說明如下：

李志鴻〈八世紀中期唐代佛教王權與禮儀空間——以長安城與五臺山為中心〉關注不空三藏對於唐代中期佛教王權禮儀的影響，特別是佛教禮儀展演空間的意義。如同郊祀之於儒教國家，王權禮儀一向是政權展示的核心成分之一。佛教在東部歐亞大陸被視為重要的政治資源，亦為唐代官方援用。唐肅宗受不空灌頂，取得佛教轉輪王的身分，以大明宮及都城長安作為展演佛教禮儀的空間。代宗統治期間，佛教亦是內憂外患下的政治資源，長安城內寺院舉辦的法會與盛大遊行，結合不空新譯《仁王經》，賦予代宗儒教聖人之外的佛教聖王的地位。另外，值得注意的是大興善寺作為禮儀舞台的意義。不空作為皇帝的佛教顧問，於大興善寺置灌頂道場，透過密教灌頂儀式，促進朝臣的政治認同，與皇帝締結更為緊密的君臣關系。進一步地，五臺山被納入佛教禮儀空間之一。五臺山作為文殊國土，其聖地意象化解了中國在既有世界觀中的邊地角色。不空促成由皇帝主導的金閣寺工程，強化五臺山中寺院與國家、國土的連結，五臺山聖地從此成為鎮護王權、守衛國土的神聖空間。而都城長安與五臺山之間的聯繫，也透過僧侶執行的禮儀具體化，甚至被書寫為神異感應。

張旭〈唐代中後期的房山刻經研究——以中原與幽州的關係為視角〉利用傳世文獻及石刻題記，分析唐代中後期河北地區的佛教發展，從政治史的角度思考石經的意義。房山石經的刻經年代始於隋代，前後長達千年，具體反映出地域佛教社會的實際活動。隋代刻經主要與蕭梁皇室一脈相關，特別重視《法華經》的傳統，到了唐玄宗時期，則以金仙公主的賜經聞名。此後，房山刻經則多以個別僧侶為主。安史之亂期間，刻經活動仍然進行，中晚唐時期收到幽州地方勢力的支持而持續。安史亂後，隨著地方藩鎮的勢力興起，河北地區的佛教亦不如以往受到中央的影響或制約，出現了獨立於中原之外的佛教形勢。會昌毀佛之際，幽州佛教的破壞程度亦不如其他地區嚴重。儘管節度使相對獨立的情勢，一度使得幽州成為僧侶的避難之所，但節度使仍然可能迫於朝廷壓力而執行中央政令。無論如何，房山雲居寺雖一度受到會昌毀佛的影響，日後亦能迅速恢復佛教的發展。

黃庭碩〈聖地的變容——十至十三世紀政治變動下的寧波阿育王寺〉以寧波阿育王寺為考察對象，梳理唐末五代至南宋之際，阿育王寺由地方信仰中心成為佛教聖地，又變容為禪寺的歷史過程。阿育王寺地處明州，遠離政治中心而未特別受到唐代朝廷關注，但在十世紀的政治變動期，成為地方政治勢力收攏民心並建構政權神聖性的根據。吳越錢弘俶受菩薩戒、製阿育王塔，建立自身作為當代阿育王的形象。北宋征服南方諸國，阿育王寺與地方政權的關係亦隨之告終。此後，阿育王寺作為十方制禪寺，進入由僧官管理的國家寺院體制，逐步奠定其禪宗山頭的地位。阿育王寺與朝廷的聯繫，加上重回寺內的寶塔以及大慧宗杲的弘法，擴大了寺院的影響力。阿育王寺在十三世紀被列入禪林五山，正式成為南宋國家級的禪林重鎮。以寶塔為核心的舍利信仰，結合禪寺聲望，形塑出寧波阿育王寺作為東南聖地的意象。

郭珮君〈平安時代天台宗的政治性格及歷史發展——與攝關政治交涉為中心的考察〉以日本天台宗教團內部的管理體制為線索，考察教團與政治勢力之間的交涉。日本天台宗原由「座主」掌傳教，「別當」主寺務，日後發展為座主統掌寺院事務，並有俗人出任「俗別當」協助朝廷管理僧籍，教團事務不直接受到國家僧綱體制的限制。平安時代中後期，天台教團與朝廷之間就座主人選發生衝突，朝廷主張以國家僧綱體制的位階為據，教團內部卻主張僧侶奉仕天皇，不受朝廷管理，要求補任特定派系的繼承者。此一衝突也助長了天台宗內部的派系對立，最終導致圓仁、圓珍門人的分道揚鑣。主導攝關政治的藤原氏雖為天台宗的護持者，在朝廷與教團出現衝突時，卻依然堅持在體制上確保僧綱制度的有效性。同時，平安時代後期出身藤原氏的僧侶進入僧綱體系，並試圖角逐座主之位，也是藤原氏作為統治階級牽制教團勢力的作法，目的在於維持僧團勢力間的平衡，以鞏固朝廷權力。

雲惠遠〈論《大品經義疏》中攝嶺學說對吉藏早期思想之影響〉以吉藏的首部著作《大品經義疏》為據，探討攝嶺之學，亦即南朝建康止觀、棲霞、興皇諸寺所傳學說與吉藏早期思想的關係。僧朗之後的攝嶺之學，以四論與《大品般若經》為主，吉藏作品所談三論及《大品般若經》傳承於此。《大品經義疏》中大量引用四論，兼備關中譯經傳統與法朗學說，其中涉及攝嶺學說的論題包括「論般若」、「論二乘」、「論初發心」、「論功德」。梳理這些論題，可以發現吉藏主要受到法朗影響，經常引用的是攝嶺諸師對於《大品般若經》、《華嚴經》的詮釋，而非三論。同時，吉藏的著作也反映出當時的佛教環境，在《成實論》蔚為風潮的背景下，吉藏亦曾接觸《成實論》，並存在對抗《成實論》的意識。

周延霖〈吉藏二諦思想中的方法學和語言哲學〉關注吉藏中觀思想中的語言哲學，討論透過語言「以虛止妄」的方法學。龍樹《中論》的偈頌闡述最高真實超越語言範疇，卻又囿於語言表達。吉藏開展中觀學，亦藉《維摩詰經》的「不二」、「不可思議解脫」進一步發展。其方法學在於語言與真理之間的反覆循環辯證，以致「非破非立」、「非有非無」的至道。吉藏在漢傳佛教傳統中，面對不同於龍樹的論辯傳統，特別重視真理與語言之間的關係。吉藏援用龍樹的「四句偈」開展出的「成假中」雖仍屬語言系統，但目的在於透過層層否定、辯證，脫離語言系統而體證中道。

釋見歡〈從吉藏「境智教」中道義論三論學派之發展〉從吉藏討論的二諦思想出發，指出教理與境智的互動促進義學與實修合一，並由三論的學說立場論述學派的歷史發展，特別是吉藏以後三論沒落的時代背景。三論宗於二諦，由此建構「教理境智」的三論教學實踐體系。吉藏的「境智教」引申自龍樹中觀思想，境智教都具中道義。而三論沒落的關鍵在於禪學，若依二諦，能依教轉境生智。吉藏缺乏攝山禪法支持其講學，「教理境智」的實踐系統並未實現。由於吉藏教學不重視修禪觀心，限於教說，導致三論學派最終因缺乏人才而沒落。

五、結語

漢傳佛教青年學者是中華佛學研究所與研習漢傳佛教的青年學子一次近距離接觸的嘗試。數年來，我們發現年輕學子對於漢傳佛教研究的熱情與創意，遠超想像。續佛慧命是漢傳佛教最重要的使命與任務。漢傳青年學者論壇完成階段性的使命，即將轉型進入新的階段。在這個日新月異的時代，為了續佛慧命，將以不同的方式，持續打造跨世代、跨學科的漢傳佛教對話平台。堅毅，恆久。

目　錄

【導論】

【研究論著】

【研究論著】

八世紀中期唐代佛教王權與禮儀空間

——以長安城與五臺山為中心

李志鴻

國立臺灣大學歷史學研究所博士候選人

摘 要

西元八世紀中期是中國唐代佛教與王權禮儀構築的關鍵時期。活躍於唐肅宗（711－762，756－762在位）與唐代宗（726－779，762－779在位）統治時期的不空三藏（705－774）不僅新譯了許多佛教經典，更影響唐代中期佛教王權禮儀的構築。在安史之亂（755－763）期間與其後，唐代官方如何使用佛教王權與在都城與五臺山構築禮儀空間，是本文探討的核心。值得注意的是，在唐肅宗統治期間，佛教王權成為唐代皇帝擁有統治合理性的理論依據之一。透過不空三藏對皇帝的灌頂、皇宮內的佛教經典念誦、法門寺舍利的迎取等禮儀，都城長安成為了佛教王權禮儀空間構築的核心。在代宗朝，不空三藏在唐代官方的支持下，更進一步地在都城長安構築佛教王權的禮儀空間。都城長安的大明宮、皇宮內的內道場，以及都城內的大興善寺都是唐代官方展示其佛教王權的禮儀所在。僧人替皇帝、官僚、禁軍將領等進行的密教灌頂，《仁王經》與密教真言的念誦，在資聖寺與西明寺舉辦的仁王百高座法會，以及在皇宮內舉辦的盂蘭盆會，成為八世紀中期以降唐代佛教王權禮儀的核心內容。此外，在不空三藏的建議下，唐代官方也強化了當時作為文殊菩薩聖地的五臺山信仰。透過在五臺山金閣寺、華嚴寺、佛光寺、玉華寺、清涼寺、化度寺「護國萬菩薩堂」任命僧人念誦《仁王經》、《法華經》等經典與密教真言，以及派遣僧人從長安前往五臺山巡禮與修功德，連結了都城長安與文殊菩薩道場五臺山。此後，在八世紀中期以降，都城長安與聖地五臺山成為佛教王權禮儀展演的核心舞台。

關鍵詞：不空三藏、佛教王權、禮儀空間、長安、五臺山

一、前言

近年來，唐代王權與國家的性質受到國際學界的高度關注，除了中國儒教國家與皇帝制度的研究視角，唐帝國王權的多元性，亦即中國的皇帝與內亞的天可汗的雙重身分，更加受到學界重視。唐代統治者擁有「皇帝」與「天可汗」兩個不同的政治身分，分別構築了唐代統治者統治中國與內亞地區的合理性，以及唐帝國統治內部與外部的政治關係。[1] 除了唐代皇帝身兼「天可汗」的稱號，學界近年來也關注唐王權的宗教性格。有別於過去學界以國家僧官制度、寺院經濟、僧團管控等課題探討唐代王權的佛教性質，[2] 今日的學界更加關注唐王權如何利用佛教轉輪王作為統治帝國的靈感，以及唐代官方如何進行佛教贊助來強化統治者的地位與權威。陳金華、孫英剛、河上麻由子等學者都著眼於唐代前期至武則天統治時期，唐代王權如何贊助並運用佛教知識以構築政權統治的合理性與統治意識型態，以及佛教僧人如何扮演起唐代官方在亞洲地區對外交涉、文化交流重要的中介角色。[3] 另外，唐代王權的多元性

---

1 甘懷真，〈拓跋國家與天可汗——唐代中國概念的再考察〉，收入張崑將編，《東亞視域中的「中華」意識》；森安孝夫，《シルクロードと唐帝国》，頁 1-44。

2 Stanley Weinstein, *Buddhism Under the T'ang*. Chen Jinhua, *Monks and Monarchs, Kinship and Kingship: Tanqian in Sui Buddhism and Politics.* 鎌田茂雄，《中國仏教史》5，頁 63-100；山崎宏，《隋唐仏教史の研究》，頁 242-249。

3 河上麻由子，《古代アジア世界の対外交渉と仏教》；陳金華，《佛教

質與表現，王權與禮儀空間、神聖空間的研究亦是近年來學界關注的焦點。妹尾達彥強調從「都城的王權禮儀空間」探究王權如何藉由在都城構築禮儀空間，利用特定的文化裝置與禮儀展演，視覺性地展示王權並彰顯其政治權威。[4] 其中，唐王權與佛教禮儀空間的研究目前尚未開展，如果從都城的王權禮儀的視角入手，或許將可以幫助我們認識、反思唐代佛教王權的特質。

在七至八世紀，唐帝國是歐亞大陸東部最大的帝國，以國際性格與開放多元著稱。其中，佛教是唐帝國對外政治與知識文化交流的重要媒介，來自印度與內亞的僧人透過海上或陸上的絲路，輾轉來到中國，將當時最即時、流行的佛教知識帶往中國。此時，新興於印度的密教，以印度或中亞僧人為中介者，例如：金剛智（669－741）、善無畏（637－735）、不空（705－774）等，將密教傳入中國，受到當時以皇帝為首的官方支持與贊助，他們開始在唐帝國的兩京長安、洛陽地區傳教，翻譯密教經典，並且以神異的咒術著稱。值得注意的是，金剛智、善無畏、不空等密教僧人，不僅帶來了印度當時最流行的密教思想，也逐漸開始影響王權的佛教性格。其中，僧人不空特別受到學界關注。不空在唐肅宗至唐代宗統治期間，特別受到唐代官方的大力贊助與支持，他翻譯了大量密教典籍，

與中外交流》；孫英剛，〈南北朝隋唐时代的金刀之讖與彌勒信仰〉，頁 56-68；孫英剛，〈轉輪王與皇帝——佛教對中古君主概念的影響〉，頁 78-88；孫英剛，〈佛教對本土陰陽災異說的化解——以地震與武周革命為中心〉，頁 53-63。

4　妹尾達彥，《隋唐長安與東亞比較都城史》，頁 72-95。

在都城長安與五臺山建立起密教道場，同時也進行佛教的學術與文化傳承工作，奠定了密教在唐帝國特出且崇高的地位。令人好奇的是，為何不空在唐肅宗至唐代宗統治期間，特別受到以皇帝為首的官方高度重視與贊助？唐代官方如何在不空的建議下，在都城長安與五臺山構築王權的禮儀空間？本文著眼於此，希望透過王權禮儀的視角，探討唐代官方與僧人不空如何在都城長安與五臺山構築禮儀空間，以此探討八世紀唐代佛教王權的特質。[5]

八世紀唐代密教興盛的關鍵人物不空，是過去學界探究唐代密教的焦點，以下進行回顧與討論。首先，栂尾祥雲、

5 Antonino Forte 曾以武則天為中心，探討王權如何運用佛教經典詮釋以構築統治意識型態與政治宣傳，見 Antonino Forte, *Political Propaganda and Ideology in China at the End of the Seventh Century*. 康樂則討論過中國中古時期的佛教政治，見康樂，〈轉輪王觀念與中國中古的佛教政治〉，《中央研究院歷史語言研究所集刊》，頁 109-143。關於唐代王權與《仁王經》的討論，見 Charles D. Orzech, "Puns on the Humane King: Analogy and Application in an East Asian Apocryphon," *Journal of the American Oriental Society* 109.1, pp. 17-24. 關於佛教王權，本文定義如下：首先，統治者依據佛教文本、思想、理念作為理論依據，宣稱自己擁有的權力。第二，統治者選用佛教文本、思想，理念，建構君王自身統治的神聖性（sacred kingship）與統治意識型態。第三，統治者與優勢的統治集團選用佛教理念，使得統治集團宣稱擁有的權力。周伯戡曾使用佛教概念的王權（Buddhist concept of kingship）來進行相關討論，見周伯戡，〈姚興與佛教天王〉，《臺大歷史學報》30，頁 207-242。本文採用周先生對於該詞的定義。另外，近年來日本學界對於「王權」的定義可以參考荒木敏夫的看法，本文在「王權」一詞的使用上，參考荒木先生的定義。詳見荒木敏夫，《日本古代王権の研究》，頁 12-21。大津透編，《王権を考える——前近代日本の天皇と権力》，頁 3-10。

大村西崖皆是早期研究中國密教的代表學者，他們將不空放置到中國密教教團的傳承脈絡中予以定位，透過梳理與敘述不空的出身、青年跟隨金剛智求學、前往獅子國學習密法、回到中國弘揚密教的過程，勾勒其密教傳承系譜。在安史之亂期間與亂後，不空受到唐代官方的支持，翻譯密教經典、設置密教道場、建立五臺山文殊菩薩道場等，奠定了不空在中國漢傳密教傳承相當特出的角色與崇高的地位。[6] 不空三藏幾乎可以說是繼玄奘（602－664）、義淨（635－713）之後，唐代最重要的譯經僧人，不空三藏新譯的經典橫跨顯教與密教，長部和雄全面且細緻的考察，提供了我們認識不空的佛教思想的基礎。[7] 不空三藏在唐帝國的活躍，除了與唐代官方力量的支持密不可分，不空三藏鮮明且特出的佛教與政治主張亦是其活躍於唐帝國政治舞台的主因之一。藤善真澄認為唐代中期的密教有著鮮明的護國色彩，從不空三藏翻譯的《仁王經》可以見到密教鎮護國家的特質。[8] 呂建福也著重不空「佛教護國」的政治主張，明確地指出不空十分看重佛教鎮

---

6 早期對於不空教團的基礎性研究，見大村西崖著，「世界佛學名著譯叢」編輯委員會譯，《密教發達志》（上）、（中）、（下），頁 594-730；栂尾祥雲，《秘密佛教史》，頁 101-112。比較近期的關於不空三藏一般性通論研究，可參考立川武藏、賴富本宏編，《中国密教》，頁 31-32、52-55。

7 長部和雄，《唐代密教史雜考》，頁 1-193。

8 藤善真澄，〈密教と護国思想〉，收入立川武藏、賴富本宏編，《中国密教》，頁 144-152。關於唐代王權與《仁王經》的討論，見 Charles D. Orzech, "Puns on the Humane King: Analogy and Application in an East Asian Apocryphon," *Journal of the American Oriental Society* 109.1, pp. 17-24.

護國家與國王「正法理國」的觀念，以及不空三藏對於唐代五臺山文殊信仰興起的影響。[9] 夏廣興也強調不空三藏的政治性格，以及不空弘揚密教對唐代政治與社會的影響。[10] 岩崎日出男則指出在安史之亂後，不空弘揚的密教咒術性格與神異性，特別受到唐代官方的親睞。[11] 近年來，中田美繪則從內亞史視角開展不空三藏的研究，她主張不空僧團有著強烈的內亞色彩，不空僧團透過佛教對中國唐代王權產生相當大的影響。[12] Geoffrey C. Goble 則透過政治與信仰的互動視角，重新定調五臺山佛教寺院的擴張，指出唐代宗的中國式治國術對五臺山佛教寺院興建的意義，並認為不空只是藉此機會在五臺山建立密教。[13] 以上，學者們都十分看重不空三藏在八世紀中期唐代政治與宗教史上扮演的重要角色。除了關注不空的政治思想，以及在唐帝國弘揚密教的企圖，不空更是唐帝國在都城與五臺山「禮儀空間」構築的重要推手。在都城長安的內道場、大興善寺與五臺山金閣寺、華嚴寺、佛光寺、玉

9 不空三藏相當強調佛教鎮護國家與正法理國的觀念，見呂建福，《密教論考》，頁 274-285。中國中古時期五臺山的研究，見林韻柔，《五臺山與文殊道場——中古佛教聖山信仰的形成與發展》。

10 夏廣興，《密教傳持與唐代社會》。

11 岩崎日出男，〈中国密教の祖師たち〉，《中国密教》，頁 40-58。

12 中田美繪，〈八世紀後半における中央ユーラシアの動向と長安仏教界——德宗朝『大乗理趣六波羅蜜多経』翻訳参加者の分析より〉，頁 153-189；中田美繪，〈唐朝政治史上の『仁王経』翻訳と法会—— 廷勢力専権の過程と仏教〉，頁 322-327。

13 高傑（Geoffrey C. Goble），〈信仰和現實政治——有唐一代五臺山的密教傳統〉，頁 482-497。

華寺、清涼寺等，都可以見到唐代皇權加入到新的佛教禮儀實踐的身影。透過「王權禮儀」的視角，或許將可以提供我們一個新的途徑，探討八世紀唐帝國的王權與僧人不空，兩者如何透過禮儀空間的構築，建立其理想的佛教國土。

學界十分重視唐代王權與禮儀的研究。[14] 此一研究課題涉及跨學科的整合研究：宗教學、城市史、人類學、環境史、政治史等。妹尾達彥主張將唐帝國放置到東部歐亞大陸的環境中，探討唐代官方如何在歐亞大陸東側的農牧交界帶建立起「都城」：長安，以及都城如何作為中國唐代王權禮儀展示的空間。[15] 另外，亦指出隋、唐前期王權禮儀空間的重心在於長安，[16] 在武則天統治時期則轉移到洛陽。有別於長安，武則天

14　近年來陳金華倡議「佛教神聖空間」的研究，對於「佛教神聖空間」一詞，他的定義比較寬泛，佛教聖物、經卷、建築、道場都是神聖空間的構築的成分。最近，陳金華特別看重五臺山的研究，運用東亞佛教的視角，來探討五臺山的神聖空間的形塑，與五臺山聖地信仰在東亞各地的傳播與在地接受。（見釋妙江主編，《一山而五頂——多學科、跨方域、超文化視野下的五臺信仰研究》，頁 1-33）

15　妹尾達彥是以「禮儀空間」的概念，來探討唐代長安城如何透過宗教與儀式，來視覺性地展示其王權的合理性，以及透過儀式的操作與實踐，構築神聖空間。近年來，妹尾達彥強調利用環境史、城市史的視角，主張位於東部歐亞大陸的農牧交界帶深刻影響中國中古時期的歷史發展，唐代都城長安正是立都於位此一交界處帶，是統治中國與內亞多元人群重要都城，其世界帝國的性格，也促成唐代多元宗教：景教、摩尼教、佛教等的發展。（見妹尾達彥，《都市と環境の歴史学》第一集，頁5-167）

16　妹尾達彥，〈唐長安城的禮儀空間——以皇帝禮儀的舞台為中心〉，收入溝口雄三等編，《中国的思维世界》，頁 466-498。

在洛陽則建立起天堂、明堂等禮儀空間，在天堂、明堂的建設中都可以見到佛教的元素。金子修一則指出，在唐玄宗統治時期，皇帝在郊祀的禮儀中納入了道教元素，唐玄宗特別將唐代皇帝的祖先老子納入到皇帝的祭祀禮儀，皇帝祭祀的路線轉變為「太清宮－太廟－南郊」。[17] 但是，唐肅宗與唐代宗統治期間，唐代王權如何在都城長安使用佛教禮儀來展示其王權，是今日尚待探究的學術課題。[18]

簡要地說，本文嘗試以僧人不空在都城長安禮儀空間的構築為關注的核心，以此探討八世紀唐代王權如何涉及佛教禮儀空間的製作，以及禮儀空間如何視覺性地傳達佛教王權的特質。以下，本文將考察唐肅宗至唐代宗統治時期，唐代官方與僧人不空，他們如何在都城長安與五臺山構築王權的禮儀空間，並探討佛教禮儀何以能作為王權的裝置，而王權藉由禮儀空間的實踐，形塑當時人們對於佛教與國家的想像。

二、佛教王權與都城禮儀空間：肅宗朝

七至八世紀唐帝國的都城長安，是當時歐亞大陸東部最

---

17 金子修一，《古代中国と皇帝祭祀》，頁 61-62。

18 此時不空三藏正是活躍於唐肅宗、唐代宗統治時期的僧人，對於當時長安的內道場、大興善寺的密教灌頂道場、以及與文殊信仰有密切關聯的五臺山金閣寺、全國性的文殊閣構築，是今日我們探討八世紀中唐代王權與都城長安佛教禮儀空間的重要資料。（見岩崎日出男，〈不空の時代の内道場について──特に代宗の時代の内道場に充てられた宮中諸殿の考察を中心として〉，頁 65-77。千葉照観，〈不空の密教と金閣寺〉，頁 674-676。岩本弘，〈不空三藏と大興善寺文殊閣について〉，頁 5-33）

大型的都市，長安除了扮演著唐帝國政治、社會、經濟、文化的中心，更是唐代官方展示其理想王權禮儀與宇宙觀的都城。長安城象徵著理想的天上世界在人間秩序的投影，長安城以太極殿為中心，透過朱雀大道連接城外的南郊、圜丘，以及其他城外周邊的各種國家祭壇。唐代皇帝或負責祭祀的官員，透過定期地在長安城進行重要的國家祭祀與禮儀，展示其作為理想的儒教國家。其中，天子的郊祀禮儀是中國王權禮儀的核心，皇帝透過在長安城外進行郊祀，此一禮儀不僅反應「天子受天命居中國治天下」的理論，[19] 也象徵著都城長安是儒教王權最重要的禮儀舞台。顯然地，七世紀長安城王權禮儀的空間規畫與設置，儒教是最重要的思想資源。但是，唐代王權並不只有儒教的面向，道教、佛教也是其王權重要的內涵。[20] 特別是佛教，在南北朝至隋、唐時期，幾乎成為了儒教之外，中國官方建構統治合理性與強化王權的重要資源。

在七至八世紀的長安城，它不只是皇帝展演儒教王權禮儀的舞台，長安城也是東部歐亞大陸的佛教國際學術、宗教與文化中心。此一時期，來自印度、內亞、日本、朝鮮等地的僧人都紛紛來到都城長安，長安幾乎是印度之外最重要的佛教學術與文化中心。唐代時，長安城內外遍布著上百座佛教寺院。其中，官方贊助與興建的大型官寺，扮演著唐帝國實踐佛教禮儀

19 甘懷真，〈秦漢的「天下」政體——以郊祀禮改革為中心〉，頁 1-43；甘懷真，〈天下概念成立的再探索〉，頁 1-24。

20 玄宗朝的國家與道教的關係，見 T.H. Barrett, *Taoism Under the T'ang: Religion & Empire During the Golden Age of Chinese.* 橫手裕，〈道教と唐宋王朝〉，收入小島毅編，《東アジア王権と宗教》，頁 117-126。

的重要場域，例如西明寺、大慈恩寺、大薦福寺、莊嚴寺等。這些大型官寺，不只是僧團進行佛教傳承的場域，也是跨國僧人知識與資訊交換的中心。來自各國的僧人將他們帶著寫有梵文或中亞語言的佛教書籍與佛教器物，帶到中國，並由唐代官方批准安置在特定的寺院中。同時，他們也將當時印度與中亞最流行的佛教中介給中國僧團。此時，大乘密教在印度大為盛行，善無畏、金剛智、不空三藏等密教僧人也來到中國的長安與洛陽，受到帝王的禮敬與贊助，大量帶有密教色彩的經典被翻譯為漢文。同時，密教僧人也因神異性格受到官方特別的重視，在氣候異常、國家危難與對外戰爭時，扮演著擁有操縱超自然力量的神異僧，透過儀式來召喚與感應佛陀、菩薩、護法善神。值得注意的是，密教傳入兩京長安與洛陽後，開始影響唐代佛教禮儀的內涵，王權也受到不小的影響，特別是在唐肅宗至唐代宗統治期間。

在八世紀中後期，安史之亂（755－763）的爆發，深刻地影響唐帝國的王權與佛教禮儀的發展。安史之亂爆發後，都城長安被安祿山為首的軍事力量攻陷。唐玄宗逃往成都，當時的太子李亨選擇前往靈武，於七五六年受到裴冕、杜鴻漸為首的朝臣擁立而稱帝。此時，兩京長安、洛陽都淪陷在安史集團的手中。因此，唐肅宗稱帝之後，如何消滅安史集團、收復兩京，成為必須面對的政治挑戰。

唐肅宗稱帝後，他認為神異的僧人和獲得佛教的護佑，將可以幫助他克服眼前的軍事挑戰。根據《宋高僧傳》、《佛祖統紀》的記載，唐肅宗的夢中屢屢夢見金色人念誦寶勝佛，他派遣朝臣尋找夢中的僧人，尋得新羅僧人無漏，並在皇宮內供養僧人無漏。[21] 此外，為了克服眼前的軍事危機，有人建議唐肅宗應該要依賴佛教的護佑。於是下詔百名僧人來到皇宮，早上與傍晚唱誦佛教經卷。僧人念誦的經卷的聲音「聲聞禁外」。[22] 此時的唐肅宗所居的宮殿，不只是皇帝實踐儒教禮儀的空間，更是佛教的王權禮儀空間，皇帝聘請百名僧人在皇帝所在的空間「念誦」經卷或佛號，祈求佛陀的感應與護佑。

唐肅宗的佛教王權的構築，禮儀扮演著相當重要的角色。其中，不空在肅宗統治期間，開始扮演起重要的角色。不空是八世紀最為著稱的密教僧人之一，其密教傳承主要來自金剛智。在金剛智去世後，他曾率領弟子們前往獅子國（今斯里蘭卡）學習密教，並且廣泛地搜集當地的佛教文本（梵夾、貝葉經）與佛教器物。在玄宗朝，他返國並受到玄宗的重視，並且替皇帝灌頂。[23] 不過，唐玄宗統治期間，政治上的偏好更側重道教，不空可能因為其密教咒術性格受到玄宗親睞，但並未在政治上有特出的表現。直到唐肅宗統治時期，不空開始受到皇帝的重視。

在七五七年，唐肅宗收復都城長安後，不空替唐肅宗授與「轉輪王七寶灌頂」，[24] 灌頂原本是印度王權即位時的重要

---

21 《佛祖統紀》卷 40，《大正藏》冊 49，第 2035 號，頁 375 下 -376 上。《宋高僧傳》卷 21，《大正藏》冊 50，第 2061 號，頁 846 中。

22 王欽若、楊億等著，《冊府元龜選輯》，見藍吉富主編，《大藏經補編》冊 17，第 94 號，頁 786 上。

23 《宋高僧傳》卷 1，《大正藏》冊 50，第 2061 號，頁 713 上。

24 《大唐故大德贈司空大辨正廣智不空三藏行狀》卷 1：「乾元中，帝請大師，於內建立道場，及護摩法。帝授轉輪王七寶灌頂。」（《大正藏》

禮儀，後來被佛教吸納，成為密教傳承的核心禮儀之一。不空替唐肅宗「轉輪王七寶灌頂」，此一儀式賦予皇帝擁有佛教轉輪王的身分，同時不空也成為皇帝的佛教指導者。七五八年，不空向唐肅宗獻上「虎魄寶生如來像」一軀、梵書《大隨求陀羅尼》一本。在給皇帝的文書中，他強調皇帝若能對著寶生如來像念誦《大隨求陀羅尼》，佛像將能有神奇感應，擁有「降伏魔怨」、「威降萬國」的功效。[25] 在不空與皇帝的文書往來中，我們可以發現不空不斷強調皇帝「玄功格天」，是以「正法理國」的轉輪王。而安史集團的反叛勢力則是「魔怨」，轉輪王擁有消滅邪惡勢力的正當性。

當唐肅宗獲得轉輪王的身分後，皇宮成為皇帝展演佛教禮儀的核心所在。首先，唐肅宗非常重視僧人在皇宮念誦佛教經卷的禮儀。在七五七年，他敕令不空弟子入皇宮的內道場「念誦」。[26] 在七五八年，在〈恩旨命三藏弟子僧惠曉為國念誦制一首〉中，唐肅宗強調他能夠「剋復天下」，都是「佛力之應」。他下令惠曉，「自今以後，須倍加精勤，為朕念誦」。[27] 史料中的念誦指的應該是「念誦經卷、佛號、真言」等，也就是強調「聲音」具有神聖性。在僧人念誦經卷、佛號、真言的禮儀中，透過神聖的聲音溝通與感應佛陀與諸護法善神，獲得佛教的護佑，以獲得佛教經卷中所載的利益。

冊 50，第 2056 號，頁 293 中）

25 圓照，《不空三藏表制集》，《大正藏》冊 52，第 2120 號，頁 829 中。

26 圓照，《不空三藏表制集》，《大正藏》冊 52，第 2120 號，頁 858 中。

27 圓照，《不空三藏表制集》，《大正藏》冊 52，第 2120 號，頁 858 中。

在七六〇年，在唐肅宗生日的「天成地平節」期間，在大明宮進行盛大的佛教禮儀，視覺性地展示轉輪王的禮儀空間。見《歷朝釋氏資鑑》卷七：

> 上元元年九月天成地平節。上於三殿致道場，以宮人為佛菩薩，北門武士為金剛神王，召群臣膜拜圍繞。[28]

三殿指的是大明宮內的「麟德殿」，麟德殿是大明宮內最大規模的建築，其建築結構為前殿、中殿、後殿串連，故稱「三殿」。在唐代，「麟德殿」是皇帝重要的禮儀空間，皇帝與朝臣的饗宴、外賓的接待、三教論衡等都曾在此場域進行。[29]

在唐肅宗生日的這一天，由宮人扮演佛或菩薩，北門禁軍扮演密教的金剛神王。「麟德殿」不再只是儒教理想君王禮儀舞台，而是展示皇帝作為佛教轉輪王的禮儀空間。

藉由宮人與北門禁軍扮演佛教神祇，皇帝召「群臣膜拜圍繞」，這是王權透過禮儀，向唐帝國的官僚「展示」其佛教王權。同時，皇帝藉由在「麟德殿」的佛教禮儀演出，也應該有召喚與感應諸佛、菩薩、金剛神王，來守護王權與鎮護帝國的用意。

唐肅宗的佛教王權構築，禮儀扮演著非常關鍵的角色，並有意地透過禮儀，來強化唐皇帝身兼轉輪王的身分。大明

---

28 《歷朝釋氏通鑑》，《卍新纂大日本續藏經》冊 76，第 1517 號，頁 197 中。

29 杜文玉，〈唐大明宮麟德殿功能初探〉，頁 102-109。

宮在唐肅宗統治時期，幾乎成為皇帝實踐佛教王權最重要的禮儀舞台。在七五七年，唐肅宗下詔迎鳳翔「法門寺」佛骨入禁中立道場供養，並命令僧人「朝夕讚禮」。[30] 根據張彧撰寫的〈聖朝無憂王寺大聖真身寶塔碑銘〉，唐肅宗下敕令僧人法澄、中使宋合禮、府尹崔光遠，一同迎取法門寺舍利，入內道場供養。[31] 值得注意的是，「聖躬臨筵，晝夜苦行」，這意味著皇帝親自在大明宮內道場參與供養舍利的禮儀，這並不尋常。在唐代，皇帝經常任命官員代表皇帝進行國家祭祀，只有國家最高等級的祭祀禮儀，例如郊祀與封禪禮儀，皇帝才會親自參與。唐肅宗親自參與在大明宮內場道的舍利供養禮儀，除了反映其個人佛教偏好外，事實上，也反映著唐肅宗統治時期的意識型態，那就是佛教將會護佑作為轉輪王的皇帝。大明宮的內道場、麟德殿成為了唐肅宗展演佛教王權的禮儀空間。

唐肅宗統治時期，都城的禮儀空間成為了彰顯帝王作為佛教轉輪王的重要場域，成為王權在都城「可視覺化」的重要媒介。在不空眼中，唐肅宗是接受灌頂禮儀的轉輪王；在大明宮「麟德殿」群臣的眼中，皇帝是受到佛、菩薩、神王守護與保佑的佛教聖王；在大明宮「內道場」中，他是張彧筆下「晝夜苦行」禮敬舍利的皇帝。王權的「禮儀」形塑著人們眼中的唐肅宗，禮儀不僅反映著唐肅宗佛教的偏好。事實上，這也反

30 《佛祖統紀》卷 40，《大正藏》冊 49，第 2035 號，頁 376 上。

31 張彧，〈聖朝無憂王寺大聖真身寶塔碑銘并序〉，收入董誥等編，《全唐文》卷 516，頁 5245。

映著八世紀中期唐代王權的新變化：唐代皇帝身兼佛教聖王的身分。

三、唐代佛教王權與都城禮儀空間：代宗朝的長安

唐代宗統治前期，唐王權面對著相當大的政治挑戰與外在威脅。在七六二年，唐肅宗去世後，張皇后（？－762）試圖廢除太子李豫（726－779），擁立越王李係為皇帝。此時李豫在宦官李輔國（704－762）、程元振（694－764）的擁立下，在三殿發動軍事行動，最終收捕張皇后、越王係及內官朱光輝、馬英俊等，李豫在唐肅宗靈柩前即皇帝位。[32] 在七六三年，唐帝國不斷受到吐蕃、回鶻的軍事威脅，吐蕃甚至在這一年短暫地攻入都城長安，往後幾年，吐蕃勢力不斷進逼長安，長安城成為唐帝國面對回鶻、吐蕃勢力的軍事與政治都城。

除了吐蕃、回鶻勢力，氣候異常是唐代王權面對的另一大挑戰。在七六三年的秋天，蝗蟲幾乎將關中地區的田吃光，此時的米一斗價值高達千錢。[33] 在七六五年，長安的春天大旱，米價甚至暴漲至一斛萬錢。[34] 這些異常的自然現象，似乎都宣示著唐皇帝的「無德」，皇帝不再受到昊天上帝與七廟祖先的眷顧。值得注意的是，如何在氣候異常、外國勢力的軍事威脅下，穩固與強化王權可能是唐代宗的首要挑戰，如同唐肅宗，唐代宗相當看重「禮儀」的功能與象徵意義。七六五年，唐代

32 《舊唐書》，頁 268。

33 《舊唐書》，頁 276。

34 《舊唐書》，頁 279。

官方在長安城舉辦仁王百高座法會，可窺見唐代官方如何藉由禮儀在都城展示佛教王權。

在七六五年九月，在僕固懷恩與吐蕃軍事力量進逼下，都城長安開始戒嚴，並在資聖寺、西明寺舉行仁王百高座法會。法會從九月一日開始，十月二十二日結束。這次盛大的佛教禮儀的起點，是大明宮旁的銀臺門，由兩街高僧、天龍八部、菩薩、神王的扮演者、羊車、鹿車、牛車，以及穿有金鎧甲的力士手持置有新譯的《仁王經》與《密嚴經》的寶輿，一同組成了遊行的隊伍。在銀臺門旁，也可見魚朝恩率領六軍（左軍與右軍）列隊並守護儀隊。同時，宰相率領百官於大明宮的光順門觀禮，並根據官品等級出資供養。[35]

《大唐貞元續開元釋教錄》的紀錄中，特別強調護送兩部經的遊行隊伍離開大明宮時，天上出現了「彩雲」的祥瑞，令長安城內的人們感到歡喜。[36] 在九月二日不空的上表文中，稱許唐代宗於西明寺與資聖寺舉辦的仁王百高座法會，天現祥雲是獲得佛教感應。在禁軍將領劉仙智的上表文中，則強調這是皇帝的「至德臨邦，精誠感神」的神異感應。

在資聖寺與西明寺的仁王百高座的禮儀中，由資聖寺良賁與西明寺懷感共同率領百位法師，在早晚講說新譯的《仁王經》與轉讀《密嚴經》，夜晚則聚集在大講堂內，為國家共同

35 王欽若、楊億等著，《冊府元龜選輯》，見藍吉富主編，《大藏經補編》冊 17，第 94 號，頁 786 中。

36 圓照集，《大唐貞元續開元釋教錄》，《大正藏》冊 55，第 2156 號，頁 752 上。

念誦《仁王護國般若波羅蜜多經》陀羅尼。在中午與傍晚，則供養音樂。[37] 值得注意的是，此時吐蕃的勢力正進逼都城長安，僧人期盼透過念誦與轉讀《仁王經》、《密嚴經》與《摩訶般若波羅蜜多心經》，來抵禦外敵的入侵。在懷感的上表文中，他強調「聖心與佛心」的道理相同，在都城中可以見到「輪王」的出現，空中的彩雲也象徵著「祆氣」的消失。[38] 這樣的概念，除了反映懷感本人的佛教知識，也可能與新譯的《仁王經》有關。見《仁王護國般若波羅蜜多經》卷二〈護國品〉。

> 大王！諸國土中有無量鬼神，一一復有無量眷屬，若聞是經，護汝國土。若國欲亂，鬼神先亂；鬼神亂故，即萬人亂——當有賊起，百姓喪亡；國王、太子、王子、百官互相是非。天地變怪，日月眾星失時失度，大火、大水及大風等，是諸難起，皆應受持、講說此《般若波羅蜜多》。若於是經受持、讀誦，一切所求，官位富饒，男女慧解，行來隨意，人天果報，皆得滿足。疾疫厄難，即得除愈，杻械枷鏁，撿繫其身，皆得解脫。破四重戒，作五逆罪，及毀諸戒無量過咎，悉得消滅。
>
> 大王！往昔過去釋提桓因，為頂生王，領四軍眾，來上天宮，欲滅帝釋。時彼天主，即依過去諸佛教法，敷百高

37　圓照集，《大唐貞元續開元釋教錄》，《大正藏》冊 55，第 2156 號，頁 752 下。

38　圓照集，《大唐貞元續開元釋教錄》，《大正藏》冊 55，第 2156 號，頁 752 中。

座，請百法師，講讀《般若波羅蜜多經》。頂生即退，天眾安樂。[39]

在良賁所著的《仁王護國般若波羅蜜多經疏》〈護國品〉中，則主張國家的混亂與鬼神的混亂有關。[40] 為了克服政治的混亂、天象的異常、自然的災異，讀誦與受持《仁王經》並舉行仁王百高座的禮儀，將可以除罪與克服厄難。

不空新譯的《仁王經》，在資聖寺與西明寺的仁王百高座的禮儀中具體地實踐著，視覺性地展示著佛教王權。在大明宮出發的遊行隊伍中，我們可以見到以《法華經》為主題的三車（羊車、鹿車、牛車），這可能象徵著一乘佛教的絕對至高性。另外，我們也可見到天龍八部、菩薩、神王的扮演者，以及身穿金鎧甲的力士，持著載有新譯《仁王經》與《密嚴經》的寶輿，他們都是佛教的護法善神，護持轉輪王所統治的國家。唐王權透過遊行的禮儀隊伍，以及在資聖寺與西明寺的仁王百高座的法會，對長安城內的臣民傳達其作為佛教轉輪王。特別值得注意的是，太監、六軍（禁軍）與官僚都參與了這次的禮儀，他們彷彿扮演著如同護法善神的角色，支持與守護轉輪王。在長安城戒嚴的時期，這應該也有促進君臣團結、共同對抗外侮的功效。

在七六五年，在資聖寺與西明寺的仁王百高座禮儀，唐皇

39 《仁王護國般若波羅蜜多經》，《大正藏》冊 8，第 246 號，頁 840 上。

40 良賁述，《仁王護國般若波羅蜜多經疏》，《大正藏》冊 33，第 1709 號，頁 489 上。

帝祈求護佑其政權的神祇並非昊天上帝、祖先神老子，而是佛教的護法善神。當郭子儀（698－781）說服回鶻與擊退吐蕃的入侵，仁王百高座的禮儀在當時官方與長安城居民眼中，應該擁有著十分神異的功效。百名僧人在資聖寺與西明寺，念誦與講說《仁王經》經卷的聲音，感應了佛教諸天的護佑，佛陀將護佑由轉輪王統治的唐帝國。

相較於唐肅宗，唐代宗更大力地支持與贊助不空在都城長安，構築守護王權的禮儀空間。關於不空在長安城建構佛教王權的禮儀空間，大明宮內道場與大興善寺是最重要的場域。大明宮位於長安城的東北方，是唐代皇帝執行朝政與國家禮儀的舞台。唐肅宗去世後，唐代宗仍舊維持在大明宮內設有內道場，內道場僧人替皇帝、國家念誦經卷與真言，同時，密教灌頂禮儀也在內道場進行。作為儒教王權象徵空間的大明宮，大明宮內道場成為皇帝進行王權禮儀的核心所在，皇帝可以在此感應「佛光」，諸王、公主、近侍諸臣也在子時至清晨見到光明，宰相裴冕上表稱賀。[41] 無疑地，內道場成為皇帝展示神奇感應的禮儀空間，皇帝不只是儒教的聖人，也是擁有佛教神異感通能力的聖王。

在長安城內，唐帝國另一重要的禮儀舞台是大興善寺。大興善寺位於朱雀大道旁的靖善坊，占地一坊。在隋文帝建造大興城時，被設定為帝國最重要的佛教學術與禮儀空間，隋代高僧多駐錫在大興善寺，例如曇遷（543－608）。同時，大興善寺也是鎮護國家的佛教道場。在六世紀初，隋文帝有意地運用

41 《佛祖統紀》卷 41，《大正藏》冊 49，第 2035 號，頁 378 下。

佛教王權構築其統治權威，大興善寺正是其王權禮儀最重要的所在。[42] 值得注意的是，不空有意識地連結隋代大興城與大興善寺作為佛教鎮護國家的傳統。見〈請置大興善寺大德四十九員 勅一首〉：

> 右大興善寺三藏沙門不空奏：前件寺是初置長安之日，將鎮帝國，首建斯寺。廊宇宏大，全用一坊。古來住持，皆是名德。比緣老宿淪沒，僧眾凋殘。威儀軌則，並是廢絕。況綿歷多載，臺殿荒涼。瞻言清規，實所歎惜。雖有後度，戒律未閑。復屬艱難，事資福祐。前件大德四十九人，並道業清高，洞明經戒。眾所欽尚，堪為師範。伏乞隸名此寺，有闕續填。庶勠力匡持，葺理頹弊。永修香火，以福聖躬。其見任之綱維，望並依定。又緣寺之貧破。伏乞矜放諸雜差科，科得齊糧不絕，報國行道。如天恩允許，請宣付所司。[43]

在隋帝國滅亡後，大興善寺並未受到唐代官方的重視，甚至頹敝崩壞。當不空來到大興善寺時，他清楚地意識到這所寺院的特出地位：作為都城長安鎮護帝國的巨大佛寺。有意思的是，不空似乎扮演著曇遷之於隋文帝佛教事務顧問的角色，提供皇帝關於佛教王權與構築禮儀空間的知識。在〈請於興善寺置

---

42 王亞榮，《長安佛教史論》，頁 93-167。

43 圓照，《不空三藏表制集》，《大正藏》冊 52，第 2120 號，頁 830 下 -831 上。

灌頂道場狀一首〉中，不空強調密教是「度災禦難之法」的首選，他建議唐代宗在大興善寺，為國修建「灌頂道場」，在此實踐密教禮儀，達到息災、增益、降伏與消滅敵人，以及增益王權永固與國土清泰的效果。[44] 唐代宗批准了不空的請求，大興善寺成為了八世紀中後期長安城內最重要的王權禮儀空間。

在大曆三年（768），唐代宗敕令「近侍、大臣、諸禁軍使」到大興善寺進行灌頂。[45] 當「近侍、大臣、諸禁軍使」接受僧人的灌頂，意味著他們都接受了佛教，透過佛教修行未來終將成佛。另外，灌頂禮儀也可能影響內侍、朝臣、軍事將領的政治認同，此一禮儀將有助於唐代統治者與朝臣締結護持佛教的君臣關係，增進統治集團對於統治者的政治認同與促進君臣團結。

內道場與大興善寺灌頂道場的設置，是不空實踐其佛教王權與密教禮儀的空間。對於不空而言，他所翻譯的佛教經典與密教真言，都「上資皇道」，有助於王權穩固。同時，這些經典都具有「上資邦國」、「息滅災厄」」「星辰不愆」、「風雨慎敘」的神異效果，政權可以藉由佛教的力量得到穩固。[46] 僧人將不空新譯的漢文經典與真言，透過背誦真言、手持經卷念誦經文或真言的方式，在大明宮內道場與大興善寺灌頂道場進行密教禮儀。其中，密教特別重視「聲音」與「儀軌」，透過焚香、念誦真言、護摩等禮儀，來召喚佛教文本中的菩薩、

44 圓照，《不空三藏表制集》，《大正藏》冊 52，第 2120 號，頁 829 中。

45 《宋高僧傳》卷 1，《大正藏》冊 50，第 2061 號，頁 713 上。

46 圓照，《不空三藏表制集》，《大正藏》冊 52，第 2120 號，頁 840 上。

明王及護法善神等。

在代宗朝，王權禮儀的另一創新表現，就是在大明宮舉行盂蘭盆會，見《隆興編年通論》卷十七：

> 大曆元年七月壬午，始作盂蘭盆會于禁中。設高祖、大宗已下七聖位。備鑾輿、建巨幡，各以帝號標其上。自太廟迎入內道場，鐃吹鼓舞，旌幢燭天。是日，立仗百寮於光順門，迎拜導從。自是歲以為常。癸未，太廟二室生靈芝，帝賦詩美之，百寮皆屬和。[47]

在大曆元年（766）七月，唐代官方在大明宮舉行盂蘭盆會。盂蘭盆是人們替祖先祈求福德、盡孝的佛教禮儀。在大明宮盂蘭盆的法會中，陳設唐高祖、唐太宗以下的七廟牌位，法會上可見鑾輿與巨大的幡，上面書寫著皇帝的稱號。禮儀則是這麼進行的：首先，從「太廟」迎入大明宮內道場，在內道場中可以聽到鐃、鼓的聲音，以及可見高大的旌幢。此時，眾多官僚站立在光順門迎接導引。在盂蘭盆會結束的隔天，太廟兩室生長了「靈芝」，唐代宗賦詩稱許，官僚們也認同此一神異的現象。

唐代皇帝的國家祭祀禮儀，「郊廟」是最核心的禮儀。其中，太廟的祭祀禮儀在唐玄宗統治期間，道教的「太清宮」納入了國家禮儀，這意味著唐代皇帝的政權是受到祖先神老子與

---

47 《隆興編年通論》，《卍新纂大日本續藏經》冊 75，第 1512 號，頁 194 中。《大宋僧史略》卷 2：「又七月望日，於內道場造于蘭盆。飾以金翠，設高祖七廟神座，各書神號識之，迎出，內陳於寺觀。引道繁盛，歲以為常。」（《大正藏》冊 54，第 2126 號，頁 247 下）

歷代先帝的保佑，皇帝的天命得以穩固而長久。當唐代宗將太廟的祖先祭祀禮儀，在大明宮舉行佛教的盂蘭盆會，這是有意地藉由禮儀的創新，透過盂蘭盆會祭祀七聖，構築唐代佛教王權的系譜。之後，每年在七月大明宮舉辦的盂蘭盆會成為唐代皇帝固定舉行的重要禮儀。此一王權禮儀，反映著唐玄宗至唐代宗統治時期，唐代官方王權對宗教的調整，佛教不斷受到王權的重視，大明宮、皇城內的大興善寺都成為唐代官方展示與實踐佛教王權的禮儀空間。

四、八世紀唐代佛教王權禮儀空間的連結：都城長安與五臺山

唐代是五臺山文殊聖地信仰崛起與確立的時期，歷經唐高宗（628－683）、武曌（624－705）至唐代宗統治時期，王權一直是參與形塑五臺山文殊菩薩聖地信仰的重要動力之一。在七至八世紀中期，在當時僧人與佛教信眾眼中，五臺山特出的五座高峰與氣候，符合《華嚴經》、《佛說文殊師利法寶藏陀羅尼經》經文的記載：文殊菩薩居住在中國東北方的清涼山。[48]由於《佛頂尊勝陀羅尼經》在八世紀的流行，梵僧佛陀波利來到五臺山拜見文殊菩薩的傳說，也強化了五臺山是文殊菩薩所居的聖地觀。值得注意的是，在當時佛教的知識與世界觀中，中國（震旦）位處佛教的邊地，印度才是佛教世界的中心。[49]

48　關於中國中古時期五臺山文殊菩薩聖地信仰形塑的系統性研究，見林韻柔，《五臺山與文殊道場——中古佛教聖山信仰的形成與發展》。

49　陳金華，《佛教與中外交流》，頁 1-26。

但是，文殊菩薩五臺山聖地信仰正可以證明震旦不是佛教的邊地，而是《華嚴經》中文殊菩薩所居的國土。

在八世紀中期，不空積極地參與文殊菩薩聖地的建構，並有意地在五臺山建立佛教王權的禮儀空間。唐代宗在不空建議下，在五臺山的五所寺院：金閣寺、華嚴寺、佛光寺、玉華寺、清涼寺進行佛教禮儀。永泰二年（766），不空在〈請捨衣鉢助僧道環修金閣寺制一首〉中，主張華嚴寺、佛光寺、玉華寺、清涼寺都已經在五臺山建成，唯獨金閣寺尚未完工。他願意「捨衣鉢」幫助金閣寺的建造。值得注意的是，不空強調金閣寺的工程，皇帝是金閣寺建築的棟樑，宰輔、官僚、將領一同參與建造工程，將「共成一體」、「和叶萬邦」。[50] 在唐代官方力量的支持下，金閣寺的建築規模十分壯大，見圓仁《入唐求法巡禮行記》卷三：

> 閣九間，三層，高百尺餘。壁簷椽柱，無處不畫，內外莊嚴，盡世珍異。顒然獨出杉林之表，白雲自在下而靉靆，碧層超然而高顯。次上第二層，禮金剛頂瑜伽五佛像。斯乃不空三藏為國所造，依天竺那蘭陀寺樣作，每佛各有二脅士，並於板壇上列置。次登第三層，禮頂輪王瑜伽會五佛金像。每佛各一脅士菩薩。二菩薩作合掌像，在佛前面向南立。佛菩薩手印容貌與第二層像各異。粉壁內面，畫諸尊曼荼羅，填色未了。是亦不空三藏為國所造。[51]

---

50 圓照，《不空三藏表制集》，《大正藏》冊 52，第 2120 號，頁 834 上。

51 圓仁，《入唐求法巡禮行記》卷 3，見藍吉富主編，《大藏經補編》第在圓仁對於金閣寺的描述中，金閣寺是不空為國所建造，此建築物寬九間、高三層，則是依據天竺那蘭陀寺作為範本。[52] 寺內三層尊像與曼陀羅的擺設與裝飾，為不空在金閣寺傳達的密教世界觀。[53] 透過在五臺山文殊菩薩的聖地構築寺院，不空認為擁有「百神潛祐、萬聖來歸」的功效，同時他也建議唐代宗在五臺山的金閣寺、華嚴寺、佛光寺、玉華寺、清涼寺五所寺院的僧人，轉讀《仁王經》與《密嚴經》。在大曆法花之寺的僧眾，則為國轉讀《法華經》。[54] 顯然地，《仁王經》、《密嚴經》與《法華經》對於不空而言，可能有著比較特出的地位。特別是《仁王經》，在當時被視為守護王權的經典。透過僧人在五臺山的金閣寺、華嚴寺、佛光寺、玉華寺、清涼寺，為國念誦《仁王經》與《密嚴經》，也有強調五臺山聖地擁有鎮護王權與守衛國土的用意。另外，上述五所寺院的念誦道場，這也可以視為不空在五臺山構築禮儀空間的創新。

在此之前，五臺山雖然已經被佛教菁英與信眾視為文殊菩薩所居的聖地，但並沒有守護王權與國土的禮儀在此地實踐。而是在不空於五臺山的王權禮儀空間建構下，五臺山不只是《華嚴經》文殊菩薩所居的聖地，也是感應與召喚《仁王

---

18 冊，第 95 號，頁 75 中。

52 學者對金閣寺是否根據天竺那蘭陀寺為根據建造，有不同的意見，見段玉明，〈金閣天成——一座五臺山寺的興建〉，收入釋妙江主編，《五臺山信仰文化、跨宗教的性格及國際性影響力》，頁 441-470。

53 中田美繪，〈五臺山文殊信仰と王権——唐朝代宗期における金閣寺修築の分析を通じて〉，《東方學》117，頁 40-58。

54 圓照，《不空三藏表制集》，《大正藏》冊 52，第 2120 號，頁 835 中。

經》、《法華經》所載的佛教護法善神的所在。

不空在五臺山王權禮儀空間的建構中，轉讀經卷與念誦真言是十分重要的禮儀。見〈請抽化度寺萬菩薩堂三長齋月念誦僧制一首〉：

> 右特進試鴻臚卿大興善寺三藏沙門大廣智不空奏：
> 伏以化度寺護國萬菩薩堂，並依臺山文殊所見。乘雲駕象，凌亂楹梁。光明滿堂，不異金閣。奉去年十二月二十三日恩命，賜香兼宣口勑。命不空簡擇念誦大德，及命寺主智藏專撿挍道場。其前件大德等，或業茂真言，學通戒律；或敷宣妙旨，轉讀真乘。望抽住於此中，每年三長齋月，精建道場，為國念誦。必有事故，隨闕續填。其堂內外施及功德一物已上，茲請三網專句當，冀不遺漏。[55]

在不空的上表文中，化度寺的「護國萬菩薩堂」出現了神異的感應。皇帝命令不空選擇「念誦大德」到化度寺護國萬菩薩堂，在三長齋月時，轉讀佛教經典與念誦陀羅尼。顯然地，五臺山在皇帝眼中，是感應佛教的聖地。透過轉讀密教經典與念誦陀羅尼的禮儀，能護佑國家。 得一提的是，在七至八世紀唐皇帝是儒教國家的聖王，透過郊祀禮儀與天地溝通，獲得上帝的護佑。但是，在安史之亂後的唐代宗統治時期，王權的佛教禮儀變得十分重要，成為皇帝感應與溝通諸佛、菩薩、護法

55 圓照，《不空三藏表制集》，《大正藏》冊 52，第 2120 號，頁 834 下 - 835 上。原文最後作「三網專句當」，此處應為寺內僧職「三綱」。

善神的媒介。五臺山彷彿成為皇帝在長安城之外，最重要的王權禮儀空間。

在不空的王權的禮儀空間構築中，十分強調長安城與五臺山聖地的連結，並透過僧人替皇帝巡禮聖地的儀式，來串連都城與聖山的禮儀舞台。見〈請太原號令堂安像淨土院抽僧　制書一首〉：

> 太原府大唐興國太崇福寺中，高祖神堯皇帝起義處，號令堂請安置普賢菩薩像一鋪。淨土院灌頂道場處，請簡擇二七僧，奉為國長誦《佛頂尊勝陀羅尼》。
>
> 右特進試鴻臚卿三藏沙門大廣智不空奏：先奉恩命往五臺山修功德，至太原，巡禮上件寺。因得瞻覩高祖、太宗起義聖跡並在此寺。實為國家皇業所興之源，固不合同諸寺例。伏乞天慈，蠲免一切差科及地稅。便迴充高祖、太宗七聖忌日設齋行香，及修號令堂安置普賢菩薩。仍於三長齋月、每月十齋日，令合寺僧奉為高祖至肅宗七聖，轉《仁王護國般若經》，庶得無疆之福，永資七聖。無盡法音，上符皇壽。其念誦僧，伏乞精加簡擇，具名錄。奏先停俗客，望即發遣。[56]

不空奉皇帝的命令到五臺山巡禮寺院與修功德，來到太原崇福寺時，他強調這是唐高祖李淵起義的聖地，因此應該在此地建

56　圓照，《不空三藏表制集》，《大正藏》冊 52，第 2120 號，頁 837 下 - 838 上。

構新的王權禮儀空間。首先，不空請求朝廷在號令堂安置普賢菩薩像。第二，建立淨土院灌頂道場，任命十四位僧人為國念誦《佛頂尊勝陀羅尼經》。第三，在三長齋月及每月十齋日時，全寺僧人為七聖轉讀《仁王經》。從長安出發到五臺山巡禮與為皇帝修功德，不空扮演著關鍵的角色，他有意地強化王權與佛教禮儀的聯繫，透過佛教禮儀來強化皇帝兼有佛教轉輪王的身分。

在不空去世後，僧人替皇帝到五臺山的巡禮仍舊扮演著重要的王權禮儀。根據惠曉的上表文，長安的僧人在春天三月時，從長安出發前往五臺山，大約在七月抵達五臺山。見〈恩命令與惠朗同修功德謝表一首（并答）〉：

> 沙門惠曉言：去三月十一日面奉進止，令五臺山修功德者。至七月十九日齋後，與中使李童枝等七十餘人，將香火巡禮。所將之火，不得至臺。懇責於心，憑何啟請。至山頂童子辯才，忽於石上見濕灰燼，便得微火。伏惟陛下九重遠被，聖火生於濕灰；焚香邀祈，菩薩萬形出現。光輝燦爛，相好分明。凝然滿空，詣夕靡散。又與監使魏明秀等同至北臺，為國祈禱。發願之次，攝身光圓光菩薩等，相次二十七度現表。陛下聖感潛運，菩薩屢彰。崇敬五臺，靈瑞非一。微僧何幸覩斯聖跡，不勝感慶之至。今月十日蒙天恩，令每與惠朗同修功德。殊私曲照，再入金門寶殿修持，無任戰悚。謹附中使李憲誠奉表，陳謝以聞。沙門惠曉誠歡誠喜謹言。
>
> 大曆十三年十一月十七日

> 五臺山修功德使西明寺沙門惠曉上表
>
> 寶應元聖文武皇帝批：
>
> 師服勤梵行，久在清涼。業廣戒圓，志精功備。偕申齋潔，崇福家邦也。所謝知。[57]

惠曉與宦官李童枝等七十餘人，自三月十一日自長安出發，持著香火前往五臺山為皇帝巡禮聖地與修功德。但是，在七月十九日齋飯後，為皇帝祈求功德的香火卻熄滅了，惠曉感到十分懊惱。但後來在山頂石頭上的濕灰燼，重燃火苗。此時，聖火的復燃與佛教神異感應，惠曉認為是皇帝的恩德從遙遠的地方，產生了神異的感應。這樣的記載，正是強調著皇帝雖然無法離開長安城前往五臺山，但透過以僧人作為王權禮儀的中介者，皇帝可以感應居住在五臺山的諸菩薩。

惠曉十分強調他在五臺山巡禮所見的神異事蹟，除了聖火復燃的感應外，他也在〈元日獻甄叔迦寶表一首〉中，向皇帝表達其在南臺的小石窟發現了甄叔迦寶三十片。他認為寶物的發現是因為皇帝的感應，故將寶物獻給皇帝。同樣地，我們可以再次發現惠曉主張寶物的發現，是因為皇帝的感應。[58] 在〈進五臺山修護摩功德表一首〉中，惠曉向皇帝報告在五臺山大聖金閣、保應鎮國寺修護摩功德的神異現象，強調在火供的密教禮儀過程中，「火色鮮潤」，「煙氣不起」，他認為這是

57 圓照，《不空三藏表制集》，《大正藏》冊 52，第 2120 號，頁 858 下 - 859 上。

58 圓照，《不空三藏表制集》，《大正藏》冊 52，第 2120 號，頁 859 上。

沒有戰爭、天下太平的徵兆。對唐代宗而言，這顯然是文殊菩薩護佑五臺山的表現。[59]

從長安城到五臺山，我們都可以發現唐代宗統治時期，王權高度地參與佛教禮儀的制定與實踐，並且在不空的建議下，唐帝國在長安城與五臺山建構了有秩序的王權禮儀空間。在長安城，大明宮的內道場、長安城內的大興善寺灌頂道場、資聖寺與西明寺的仁王百高座道場，共同構築了唐代宗在都城長安的佛教王權禮儀空間。透過王權禮儀空間的配置與禮儀的實踐，長安城也是理想佛教國家的佛教都城，皇帝擁有轉輪王的身分，贊助與支持僧人在長安特定的官寺中，為皇帝與國家轉讀經卷與念誦真言。佛教禮儀賦予了皇帝新的政教權威，同時也影響著唐代皇帝感應天地的表現。特別是五臺山，成為皇帝在都城長安之外，新的王權禮儀的舞台。

五臺山文殊菩薩聖地信仰的形塑過程中，唐代宗與不空分別扮演著關鍵角色，他們共同添賦了五臺山聖地信仰的王權色彩。其中，佛教禮儀空間是上述兩者打造佛教王權的關鍵。五臺山金閣寺、華嚴寺、佛光寺、玉華寺、清涼寺、化度寺的「護國萬菩薩堂」都成為了王權的祭祀空間，在此進行為國祈禱的王權禮儀。唐代宗透過派遣高僧從長安前往五臺山諸寺的巡禮與修功德，長安城連結了五臺山。

在唐代宗統治時期，我們可以從長安城與五臺山佛教禮儀空間的構築過程中見到不空所強調的佛教王權。值得一提的是，唐代宗與不空身處在安史之亂、吐蕃與回鶻入侵唐帝國的

59 圓照，《不空三藏表制集》，《大正藏》冊 52，第 2120 號，頁 859 中。

時空中，如何穩固王權、強化都城與國土的控制是他們共同關心的課題。長安城與五臺山都位於東部歐亞大陸農牧交界帶，前者是唐帝國政治、經濟、社會、軍事防衛的都城，後者則緊鄰李唐起家的太原，兩處都是安史之亂後面臨北方非漢勢力入侵的重要地區。在龐大的對外軍事戰爭的壓力下，我們可以見到長安城與五臺山在八世紀中期之後，王權透過佛教禮儀空間的設置，強化皇帝的政治權威，並以佛教作為媒介，團結國家的臣民。

在唐代宗統治時期，五臺山是長安城之外最重要的禮儀舞台。透過派遣僧人從長安前往五臺山為皇帝、國家修功德，皇帝將可以感應文殊菩薩。禮儀成為皇帝展示佛教王權的媒介。藉由長安城與五臺山互動的禮儀，將有助於形塑皇帝在臣民眼中身兼佛教聖王的角色，並影響當時的人們如何認知與想像他們所身處的國土。

五、結論

本文探討八世紀中期唐代佛教王權與禮儀空間的構築。藉由「禮儀空間」的視角，探討唐肅宗至唐代宗統治時期，唐代官方如何藉由禮儀來展示佛教王權，以及不空在王權禮儀空間形塑過程中所扮演的角色。安史之亂的爆發，深刻地影響八世紀中期唐代佛教王權與禮儀空間的構築。在唐肅宗統治時期，都城長安的大明宮的麟德殿、內道場都成為皇帝實踐佛教王權的禮儀空間。透過灌頂、僧人念誦經卷、佛號或真言、供養法門寺舍利等禮儀，唐肅宗身兼皇帝與佛教轉輪王。

在唐代宗統治時期，在吐蕃、回鶻入侵及氣候異常的情境下，唐代宗在不空的建議下，開始進一步地在長安與五臺山構築王權的禮儀空間。首先，在資聖寺與西明寺的仁王百高座的禮儀過程中，我們可以發現《法華經》、《仁王經》成為王權構築禮儀的靈感來源。在資聖寺與西明寺的講說與轉讀《仁王經》與《密嚴經》，天空中所見的祥雲也成為皇帝作為轉輪王，感應佛教善神的徵兆。第二，長安城的大明宮內道場與大興善寺，是唐代宗統治時期最重要的禮儀舞台，在上述二處進行灌頂的禮儀，透過禮儀來形塑君臣的政治與宗教認同。此外，唐代宗進行國家禮儀的創新，在大明宮內道場舉行盂蘭盆會，結合太廟的七廟祭祀，這可能擁有強化皇帝身兼轉輪王身分的用意。

五臺山是唐代宗統治時期，長安之外最重要的王權禮儀展演的舞台。在五臺山的金閣寺、華嚴寺、佛光寺、玉華寺、清涼寺、化度寺的「護國萬菩薩堂」，唐代官方在不空的建議下，於上述寺院讀誦《仁王經》、《法華經》與《佛頂尊勝陀羅尼經》，念誦經卷與真言成為王權禮儀很重要的表現。唐代皇帝透過派遣僧人從長安前往五臺山巡禮與為皇帝修功德，禮儀成為皇帝在龐大的帝國中展示佛教王權的媒介，這將有助於形塑臣民眼中的皇帝身兼佛教聖王的角色，影響當時的人們如何認知與想像他們所身處的唐帝國。

徵引書目

佛教藏經或原典文獻

《大宋僧史略》，《大正藏》冊 54，第 2126 號，東京：大藏經刊行會。

《大唐故大德贈司空大辨正廣智不空三藏行狀》，《大正藏》冊 50，第 2056 號，東京：大藏經刊行會。

《大唐貞元續開元釋教錄》，《大正藏》冊 55，第 2156 號，東京：大藏經刊行會。

《仁王護國般若波羅蜜多經》，《大正藏》冊 8，第 246 號，東京：大藏經刊行會。

《仁王護國般若波羅蜜多經疏》，《大正藏》冊 33，第 1709 號，東京：大藏經刊行會。

《代宗朝贈司空大辯正廣智三藏和上表制集》（簡稱《不空三藏表制集》），《大正藏》冊 52，第 2120 號，東京：大藏經刊行會。

《佛祖統紀》，《大正藏》冊 49，第 2035 號，東京：大藏經刊行會。

《宋高僧傳》，《大正藏》冊 50，第 2061 號，東京：大藏經刊行會。

《隆興編年通論》，《卍新纂大日本續藏經》冊 75，第 1512 號，東京：國書刊行會。

《歷朝釋氏通鑑》，《卍新纂大日本續藏經》冊 76，第 1517

號，東京：國書刊行會。

古籍

《入唐求法巡禮行記》，圓仁著，藍吉富主編，《大藏經補編》冊 18，第 95 號，臺北：華宇出版社，1985 年。

《冊府元龜選輯》，王欽若、楊億等著，藍吉富主編，《大藏經補編》冊 17，第 94 號，臺北：華宇出版社，1985 年。

《舊唐書》，劉昫等編，北京：中華書局，1975 年。

專書、論文或網路資源等

千葉照観 1987〈不空の密教と金閣寺〉，《印度学仏教学研究》35，頁 674-676。

大村西崖著，「世界佛學名著譯叢」編輯委員會譯 1986《密教發達志》（上）、（中）、（下），臺北：華宇出版社。

大津透編 2006《王権を考える——前近代日本の天皇と権力》，東京：山川出版社。

山崎宏 1967《隋唐仏教史の研究》，京都：法藏館。

中田美繪 2006〈唐朝政治史上の『仁王経』翻訳と法会——廷勢力専権の過程と仏教〉，《史學雜誌》115.3，頁 322-327。

中田美繪 2009〈五臺山文殊信仰と王権——唐朝代宗期における金閣寺修築の分析を通じて〉，《東方學》117，頁 40-58。

中田美繪 2011〈八世紀後半における中央ユーラシアの動向と長安仏教界——徳宗期『大乗理趣六波羅蜜多経』翻訳

參加者の分析より〉，《関西大学東西学術研究所紀要》44，頁 153-189。
王亞榮 2005 《長安佛教史論》，北京：宗教文化出版社。
甘懷真 2005 〈秦漢的「天下」政體——以郊祀禮改革為中心〉，《新史學》16.4，頁 1-43。
甘懷真 2010 〈天下概念成立的再探索〉，《北京大學中國古文獻研究中心集刊》第九輯，頁 1-24。
甘懷真 2017 〈拓跋國家與天可汗——唐代中國概念的再考察〉，張崑將編，《東亞視域中的「中華」意識》，臺北：國立臺灣大學人文社會高等研究院東亞儒學研究中心。
立川武藏、賴富本宏編 2005 《中国密教》，シリーズ密教 3，東京：春秋社。
呂建福 2008 《密教論考》，北京：宗教文化出版社。
杜文玉 2012 〈唐大明宮麟德殿功能初探〉，《晉陽學刊》2，頁 102-109。
周伯戡 2002 〈姚興與佛教天王〉，《臺大歷史學報》30，頁 207-242。
妹尾達彥 2006 〈唐長安城的禮儀空間——以皇帝禮儀的舞台為中心〉，溝口雄三等編，《中國的思維世界》，南京：江蘇人民出版社。
妹尾達彥 2016 《都市と環境の歴史学》（增補版）第一集，東京：中央大学文学部東洋史学研究室。
妹尾達彥 2019 《隋唐長安與東亞比較都城史》，西安：西北大學出版社。

岩本弘 1995〈不空三藏と大興善寺文殊閣について〉，《密教学会報》34，頁 5-33。
岩崎日出男 2000〈不空の時代の内道場について——特に代宗の時代の内道場に充てられた宮中諸殿の考察を中心として〉，《高野山大学密教文化研究所紀要》13，頁 65-77。
林韻柔 2009《五臺山與文殊道場——中古佛教聖山信仰的形成與發展》，臺北：臺灣大學歷史學研究所博士論文。
河上麻由子 2011《古代アジア世界の対外交渉と仏教》，東京：山川出版社。
金子修一 2001《古代中国と皇帝祭祀》，東京：汲古書院。
長部和雄 1990《唐代密教史雜考》，東京：溪水社。
栂尾祥雲 1982《秘密佛教史》，京都：臨川書店。
夏廣興 2008《密教傳持與唐代社會》，上海：上海人民出版社。
孫英剛 2011〈南北朝隋唐时代的金刀之讖與彌勒信仰〉，《史林》3，頁 56-68。
孫英剛 2013〈佛教對本土陰陽災異說的化解——以地震與武周革命為中心〉，《史林》6，頁 53-63。
孫英剛 2013〈轉輪王與皇帝——佛教對中古君主概念的影響〉，《社會科學戰線》11，頁 78-88。
荒木敏夫 2006《日本古代王権の研究》，東京：吉川弘文館。
高傑（Geoffrey C. Goble）2017〈信仰和現實政治——有唐一代五臺山的密教傳統〉，《一山而五頂——多學科、跨方域、超文化視野下的五臺信仰研究》，釋妙江主編，臺北：新文豐。
康樂 1996〈轉輪王觀念與中國中古的佛教政治〉，《中央研究院歷史語言研究所集刊》67.1，頁 109-143。
陳金華 2016《佛教與中外交流》，上海：中西書局。
森安孝夫 2007《シルクロードと唐帝国》，東京：講談社。
横手裕 2012〈道教と唐宋王朝〉，收入小島毅編，《東アジア王権と宗教》，東京：勉誠出版，頁 117-126。
鎌田茂雄 1994《中國仏教史》5，東京：東京大学出版會。
釋妙江主編 2018《五臺山信仰文化、跨宗教的性格及國際性影響力》，臺北：新文豐。
Barrett, T.H. 1996. *Taoism Under the T'ang: Religion & Empire During the Golden Age of Chinese.* London: Wellsweep.
Chen, Jinhua. 2002. *Monks and Monarchs, Kinship and Kingship: Tanqian in Sui Buddhism and Politics*. Kyoto: Italian School of East Asian Studies.
Forte, Antonino. 2005. *Political Propaganda and Ideology in China at the End of the Seventh Century.* Kyoto: Italian School of East Asian Studies.
Orzech, Charles D. 1989. Puns on the Humane King: Analogy and Application in an East Asian Apocryphon, *Journal of the American Oriental Society* 109.1, pp. 17-24.
Weinstein, Stanley. 1987. *Buddhism Under the T'ang.* Cambridge: Cambridge University Press.

Buddhist Kingship and Ritual Space in Tang in the Mid-Eighth Century:

Focusing on Capital Changan and Mount Wutai

Li, Chih-hung
Ph.D. Candidate,
Department of History, National Taiwan University

Abstracts

The mid-Eighth century is crucial for the building of Buddhist and kingship rituals in Tang China. Amoghavajra (705-774), who was very active during Emperor Su (711-762, r. 756-762) and Emperor Dai (726-779, r. 762-779), newly translated many Buddhist Canons, and influenced the construction of the Buddhist kingship rituals in the mid-Tang. This article will focus on how the Tang government utilized Buddhist Kingship and built up ritual spaces in capital city and Mount Wutai during and after the An Lushan Rebellion (755-763). Under the rule of Emperor Su, Buddhist kingship became one of the theoretical foundations for Tang Emperor's legitimacy. Through the abhisheka for the emperor by Amoghavajra, the chanting at the palace, and the reception of Relics from Temple Famen, Changan, the capital city, became the center of the construction of Buddhist Kingship Ritual space. Then during the government of Emperor Dai, with the support of Tang authorities, Amoghavajra further built up ritual space for Buddhist kingship in Changan. Daming Palace, the inner shrine inside the palace, and the Temple Daxingshan in Changan were places for the government to display its Buddhist kingship rituals. Performances of abhisheka for emperors, bureaucrats, and generals by monks, along with the chanting of *Humane King Sutra* and dharanis, the Dharma service based on *Humane King Sutra* in Temple Zisheng and Temple Ximing, and the Ullambana held in palace, altogether became the core of Buddhist Kingship rituals in Tang Dynasty after mid-Eighth century. Moreover, advised by Amoghavajra, the Tang authorities strengthened the cultus of Mount Wutai, which was regarded as the Sacred space of Manjushri at that time. By having monks chanting *Humane King Sutra*, *Lotus Sutra*, and dharanis at Temple Jinge, Temple Huayan, Temple Foguang, Temple Yuhua, Temple Qingliang, and Temple Huadu in Mount Wutai and sending off monks from Changan to Mount Wutai for pilgrimages and deed-cultivations, it connected the Capital Changan and Mount Wutai, Bodhisattva Manjushri's site. Thereafter, since the mid-Eighth century, Capital Changan and the Sacred Space Mount Wutai became the center stage for the display of Buddhist Kingship.

Keywords: Amoghavajra, Buddhist kingship, Ritual space, Changan, Mount Wutai

唐代中後期的房山刻經研究
——以中原與幽州的關係為視角

張旭
浙江大學古籍研究所博士候選人

摘 要

安史之亂以後，唐代的政治格局發生了巨大變化。地方藩鎮的興起導致中央與地方的關係產生了微妙的變化，位於不同地理空間的藩鎮對於中央政策的執行力度也並不相同。從佛教層面來看，即使是如會昌滅佛這樣波及地區廣泛的佛教事件，不同地域的藩鎮執行力度也大有區別。本論文關注的是河北地區這一無論是在藩鎮政治還是佛教傳播上都具有特殊性的地理空間。論文主要利用傳世史料以及房山石經刻經題記，爬梳從唐代中後期以來河北地區的佛教發展進程，分析安史之亂和會昌滅佛對於房山刻經的影響，並說明其深層原因。

關鍵詞：房山石經、河北佛教、幽州、藩鎮研究

一、前言

房山雲居寺位於北京城西南約七十五公里，建於隋末唐初。寺外東北約一公里有一座石經山。石經山上有九個藏經洞，藏有石刻佛教典籍約一千一百二十二部，三千五百七十二卷。寺內南塔地基內有地穴，收藏有石刻經版約一萬四千石。這些石刻經典的年代上至隋唐時期，下至遼、金及明代，綿延千餘年。房山雲居寺保留的碑銘以及歷史悠久的石刻經典中保留的題記，為研究幽州佛教提供了豐富的歷史資料。

關於房山石經的研究，前人已經多有涉及。一九三四年，日本學者塚本善隆、長廣敏雄、小川茂樹等一行五人曾親臨雲居寺實地考察。[1] 雖然行程倉促，他們在雲居寺僅考察了兩天，參觀石經山僅有一天時間，[2] 但塚本善隆（1898－1980）、長廣敏雄（1905－1990）、水野清一（1905－1971）、小川茂樹（1904－1987）等人分別就雲居寺的歷史、磚塔、石塔、浮圖記銘等內容分別撰成文章發表於京都大學《東方学報》第五冊

1　在塚本等人之前，已有中國近世文人的遊記、歐美人的研究以及松本文三郎、關野貞、常盤大定等日本學者的考察，見塚本善隆文中的介紹。就考察的周密程度和報告的詳細程度而言，不及此次塚本善隆的考察，限於篇幅，本文的介紹以塚本等人的考察為開端。

2　〈遊中國日記〉詳細記載了一行人此次考察的經過。這些日本學者於一九三四年九月二日前往房山雲居寺，臨近傍晚六點到達，實際考察時間僅有九月三日、九月四日兩天。（參見塚本善隆等著，汪帥東譯，《房山雲居寺研究》，頁 493）

副刊《房山雲居寺研究》。[3] 其中塚本善隆據此次考察寫就的〈石経山雲居寺と石刻大蔵経〉詳盡地勾勒了房山石經從隋代至遼、金時期的發展歷程，還探討了房山刻經與北齊鄴都佛教以及靈裕（518－605）刻經的關係，直到今天仍有很高的參考價值。[4] 這批學者的研究雖然深入詳實，但由於當時石經山上的九個藏經洞僅開放了雷音洞，其他八個石室均以石門封鎖，僅能通過石門的窗格看到石室中的部分經文碑石，且雲居寺南塔地基下的地穴尚未發掘，因此他們掌握的研究資料並不充分。[5]

一九五六年，中國佛教協會對雲居寺和石經山藏經洞進行了系統科學的整理，對當地的碑刻和經石做了全面的傳拓，歷時三年，拓片分藏在中國佛教協會、北京圖書館（今國家圖書館）、中國科學院圖書館、北京市文物研究所及上海、吉林的六個收藏單位。[6] 隨後北京圖書館金石組對拓片進行了系統的整理編目工作。一九七八年，中國佛教協會編輯出版了《房山雲居寺石經》一冊，對房山石經做了初步的系統介紹。[7] 八

3 《房山雲居寺研究》，《東方学報》5 副刊。此書已有中文譯本，見上引書。

4 塚本善隆，〈石経山雲居寺と石刻大蔵経〉，《東方学報》5 副刊，頁 1-245。後名為〈房山雲居寺の石刻大蔵経〉收入《中国近世仏教史の諸問題》，塚本善隆著作集 5，頁 293-610。中譯文見汪帥東譯，《房山雲居寺研究》，頁 1-260。

5 除了雷音洞內的經石之外，塚本善隆等人還收集了相當數量的石碑拓本，見上引塚本善隆論文中譯本，頁 13、75。

6 北京圖書館金石組，中國佛教圖書文物館石經組，《房山石經題記彙編·前言》，頁 1。

7 中國佛教協會編，《房山雲居寺石經》。

〇年代，房山石經整理研究小組也發表了一系列相關的研究文章，結集成《房山石經之研究》。[8] 晚近的研究者，則有氣賀澤保規、雷德侯（Lothar Ledderose）等學者。[9]

塚本善隆等人所做的研究，主要是從佛教史發展的內在理路中探尋房山石經的歷史淵源與發展歷程，其關照主要在於佛教史。房山石經中的石刻史料對於唐代河北地區的中古史研究有重要意義，陳尚君提到房山石經以及其他河北出土的石刻對於唐代文史研究的啟發。[10] 近年來，隨著中古史學界藩鎮研究的不斷深入，揭示出河朔三鎮內部具有差異性，河北與唐廷之間的關係十分微妙，並非完全獨立，而是處於一種動態平衡之中。[11] 反過來，中古史的新突破也可作為我們理解河北地區，

8 中國佛教協會編，《房山石經之研究》。較新的論文結集見呂鐵鋼、吳立民等著，《房山石經研究》（一、二、三）。

9 氣賀澤保規，〈唐代房山雲居寺の発展と石経事業〉、〈「房山石経」新研究の意味〉，收入《中国仏教石経の研究——房山雲居寺石経を中心に》，頁 3-22、23-106。氣賀澤保規，〈金仙公主と房山石経をめぐる諸問題——礪波護氏の批判に答えて〉，《駿台史学》139，頁 23-50。氣賀澤保規，〈房山雲居寺石経事業と唐後半期の社会〉，收入氣賀澤保規編，《中国中世仏教石刻の研究》。Lothar Ledderose, "Carving Sutras into Stone before the Catastrophe: The Inscription of 1118 at Cloud Dwelling Monastery near Beijing," pp. 381-454. 松浦典弘，〈唐代河北地域の藩鎮と仏教——幽州（盧龍軍）節度使の事例から〉，《大手前大学論集》10，頁 57-76。

10 陳尚君，《新出石刻與唐代文史研究》，收入氏著《貞石詮唐》，頁 26-37。

11 河朔三鎮，又稱為「河北三鎮」，是唐代中後期地方藩鎮興起之後，在河北地區實際占據統治地位的地方勢力，包括范陽節度使、成德節度使、

特別是幽州地區的佛教政策，以及佛教史的發展提供新的思考角度。

二、中原與河北的互動與交流

（一）蕭氏家族的資助

就雲居寺與唐代中原地區的關係而言，雖然雲居寺所在的幽州地區偏居河北，距離中原地區較遠，但與隋唐兩朝的高官和皇室不乏聯繫。舉其要而言，隋代支持靜琬（?－639）刻經的不是其他人，而是皇后與其弟蕭瑀（575－648）。[12] 蕭瑀為昭明太子蕭統（501－531）之曾孫，煬帝皇后蕭氏之同母弟，武德年間因與傅奕論爭，為佛教辯護而著名。

蕭氏家族自梁武帝（464－549）以來世代信奉佛教，如陳寅恪（1890－1969）先生所言，蕭氏家族對於佛教之信仰直至唐初未嘗中斷，幾與蕭梁盛日無異。[13] 蕭瑀祖父蕭詧（519－

魏博節度使三者。河朔三鎮的內部差異可參考張國剛，《唐代藩鎮研究》（增訂版）；李碧妍，《危機與重構——唐帝國及其地方諸侯》。

12 關於蕭瑀與佛教的關係，塚本善隆、矢吹慶輝、陳寅恪等前輩學者均已指出，參見塚本善隆前揭文章；矢吹慶輝，《三階教之研究》；陳寅恪，〈武曌與佛教〉，收入《金明館叢稿二編》，頁 155-156。除蕭瑀外，蕭氏一族與佛教之關係甚深，詳參愛宕元，〈隋末唐初における蘭陵蕭氏の仏教受容〉，收入福永光司編《中国中世の宗教と文化》，頁 539-574。

13 陳寅恪，〈武曌與佛教〉：「南北朝皇室中與佛教關係最深者，南朝則蕭梁，北朝則楊隋，兩家而已。兩家在唐初皆為亡國遺裔。其昔時之政治地位，雖已喪失大半，然其世代遺傳之宗教信仰，故繼承不替，與梁

562）深明佛理，為武帝所嘉賞，著有《華嚴》、《般若》、《法華》、《金光明經》四經《義疏》四十六卷，其父蕭巋（542－585）著有《大小乘幽微》十四卷。[14] 蕭瑀的同輩中，奉佛最有力的還有其兄蕭璟（?－638）。他參與波羅頗迦羅密多羅（565－633）的譯場，擔任總知監護一職，統理譯經事務。[15] 蕭瑀之侄慧銓（生卒年不詳）出家為僧，《續高僧

隋盛日無異也。」（陳寅恪，《金明館叢稿二編》，頁 155-156）

14 《周書》卷 48〈蕭詧傳〉：「蕭詧，字理孫，蘭陵人也，梁武帝之孫，昭明太子統之第三子。幼而好學，善屬文，尤長佛義，特為梁武帝所嘉賞。……篤好文義，所著文集十五卷，內典《華嚴》、《般若》、《法華》、《金光明義疏》四十六卷，並行於世。」（參令狐德棻等撰，《周書》，頁 855、863）《隋書》卷 79〈蕭巋傳〉：「蕭巋字仁遠，梁昭明太子統之孫也。父詧，初封岳陽王，鎮襄陽。……巋著《孝經》、《周易義記》及《大小乘幽微》十四卷，行於世。」（參魏徵、令狐德棻撰，《隋書》，頁 1791、1793）

15 《續高僧傳》卷四〈玄奘傳〉載玄奘答薛元超、李義府之問中提到僕射蕭瑀也參與了波頗的譯場：「譯經雖位在僧，光價終憑朝貴。至如姚秦鳩摩羅什，則安成侯姚嵩筆受；元魏菩提流支，則侍中崔光錄文；貞觀波頗初譯，則僕射蕭瑀、太府蕭璟、庶子杜正倫等監閱詳定……。」（道宣，《續高僧傳》，郭紹林點校，頁 128）此處玄奘的記憶恐係訛誤，《續高僧傳·波羅頗迦羅蜜多羅傳》、《大唐內典錄》、《開元釋教錄》中均不見蕭瑀之名。更有力的證據是，《高麗藏》本《般若燈論釋》卷十五的題記保存了波羅頗迦羅蜜多羅譯場的譯場列位，其文云：「貞觀四年六月於勝光寺，中印度三藏波羅頗迦羅密多羅奉詔譯，玄謨譯語、沙門僧伽譯語、三藏同學崛多律師證譯、沙門法琳執筆、沙門惠明執筆、沙門慧賾執筆、沙門慧淨執筆、沙門慧乘證義、沙門法常證義、沙門慧朗證義、沙門曇藏證義、沙門智解證義、沙門智首證義、沙門僧辨證義、沙門僧珍證義、沙門道岳證義、沙門靈佳證義、沙門文順證義、上柱國

傳》〈慧銓傳〉載：「釋慧銓，姓蕭氏，今特進宋公瑀之兄子也。……以家世信奉，偏弘法華，同族尊卑，咸所成誦。故蕭氏法華，皂素稱富。特進撰疏，總集十有餘家，採掇菁華，糅以胸臆，勒成卷數，常自敷弘。」[16] 可見蕭氏家族注重《法華經》之弘揚。蕭瑀還總結前人十餘家之學說，撰成《義記》。[17]

蕭瑀受其家庭環境熏染，從小信奉釋教。蕭瑀本人對於佛教的崇信也見於正史及僧傳等。《舊唐書》〈蕭瑀傳〉云：「好釋氏，常修梵行，每與沙門難及苦空，必詣微旨。」[18] 太宗知其好釋教，特賞賜佛像及經卷：「太宗以瑀好佛道，嘗賚繡佛像一軀，并繡瑀形狀於佛像側，以為供養之容。又賜王褒所書《大品般若經》一部，并賜袈裟，以充講誦之服焉。」[19] 蕭瑀雖身居要職，甚至一度向太宗求請出家，可見其對於佛教崇信之深。當他聽聞靜琬在房山地區刻石經之後，欣然出資襄助。據唐臨《冥報記》載：「內史侍郎蕭瑀，皇后之同母弟也。性篤信佛法，以其事白后。后施絹千匹，及餘錢物，以助

公房玄齡參助詮定、散騎常侍太子詹事杜正倫詮定、禮部尚書趙郡王李孝恭詮定，光祿大夫太府卿蘭陵男蕭璟總知監護。」此題記與《開元釋教錄》卷八關於波頗譯場的記載完全吻合，應為波頗譯場的原始紀錄，最為可信。（見池田溫，《中國古代寫本識語集錄》，頁 181、182 以及《高麗藏》相關圖版）致誤的原因或為參與譯場的房玄齡與未參與譯場的蕭瑀都擔任僕射一職，玄奘將二人混淆。

16 道宣，《續高僧傳》（下），郭紹林點校，頁 1187、1188。

17 此事亦載於《弘贊法華傳》、《法苑珠林》。

18 後晉·劉昫等撰，《舊唐書》卷 63，〈蕭瑀傳〉。

19 同上引書。

成之。瑀亦施絹五百匹。朝野聞之，爭共捨施。」[20] 靜琬最初在雷音洞中刻《法華經》，除因其自身信仰之外，恐亦與贊助人蕭氏家族崇奉《法華經》有關。

（二）金仙公主賜經

除了蕭氏家族的支持外，玄宗時期，房山刻經還受到來自皇室的直接支持。開元年間，中原地區運送了一批經本到房山，作為刻經的底本，這對唐代中後期的房山刻經有深遠影響。當時提出向房山地區頒賜藏經的是玄宗的妹妹金仙公主（689－732）。據《山頂石浮屠後記》所載，金仙公主在開元十八年（730）奏請朝廷賜予雲居寺「大唐新舊譯經四千餘卷」，以作為石刻的經本。負責押送經本的是編纂《開元釋教錄》的智昇（生卒年不詳），同時還將房山附近的麥田、果園、山嶺賜予雲居寺，以助刻經之需。[21] 依據這條珍貴的歷史

20　高楠順次郎監修，《大正藏》冊 51，頁 789 下。

21　《山頂石浮屠後記》：「大唐開元十八年，金仙長公主為奏聖上賜大唐新舊譯經四千餘卷，充范陽縣為石經本。又奏范陽縣東南五十里上　村趙襄子淀中麥田莊并果園一所及環山林麓，東接房南嶺，南逼他山，西止白帶山口，北限大山分水界，并永充供給。山門所用，又委禪師玄法，歲歲通轉一切經，上延寶曆，永福慈王，下引懷生，同攀覺樹。粵開元廿八年庚辰歲朱明八日，前莫州吏部常選王守泰記山嶺石浮圖後。送經京崇福寺沙門智昇檢、校送經臨壇大德沙門秀璋、都檢校禪師沙門玄法……。」（見北京圖書館金石組，中國佛教圖書文物館石經組，《房山石經題記彙編》，頁 11）此前有不少學者討論過金仙公主與房山刻經的關係，較早的有塚本善隆前揭文章。最近的研究有 Jinhua Chen, "A Daoist Princess and a Buddhist Temple: A New Theory on the Causes of the

記載，研究藏經版本的學者多認同房山石經唐代後期刊刻的石經，應是以智昇運送的經本為底本刊刻的。

金仙公主的贊助不僅為房山刻經帶來了經本和財政支持，還刺激了一大批地方官員和附近的居民為刻經事業捐資出力。節度使劉濟就提到了金仙公主贊助的巨大意義：「繼而玄宗開元聖文神武皇帝第八妹金仙長公主。特加崇飾，遐邇之人增之如蟻術焉。有為之功，莫此為大。」[22] 因此，開元年間，房山雲居寺刻經迎來了它的全盛時期。

三、安史之亂與會昌滅佛對幽州佛教的影響

如前文所述，唐代前期房山刻經獲得了當時的高官與皇室的支持，除了這股力量之外，房山刻經也受到幽州地方官員的鼎力支持。地方勢力自始至終是房山刻經的一股重要力量，從房山刻經遺留下來的數量眾多的題記可以充分說明此問題。

安史之亂以降，中原地區和幽州地區的佛教交流雖然並未斷絕，雲居寺的僧人常有遊歷長安的經歷。[23] 但這些大多屬於

Canon-delivering Mission Originally Proposed by Princess Jinxian (689-732) in 730," *Bulletin of the School of Oriental and African Studies*, 2006. pp. 267-292；氣賀澤保規，〈金仙公主和房山雲居寺石經——唐代政治史的一個側面〉，《第三屆中國唐代文化學術研討會論文集》，頁 292-310。羅炤，〈《山頂石浮屠後記》中的三個問題〉；手島一真，〈關於金仙公主送納經典的事業——「新舊譯經四千餘卷」與《開元釋教錄》〉，上述兩文均收入房山石經博物館編，《石經研究》第 1 輯。

22 劉濟，《涿鹿山石經堂記》，收入《房山石經題記彙編》，頁 15、16。

23 《真性大德神道碑》中談到真性的弟子惠增「早歲辭鄉，遊京就學。曾於薦福寺講《大花嚴經》，聲震洪都，藝交清級。眾稱開士，時謂入

僧人的個人行為，就房山刻經事業而言，此後房山刻經未受到此前類似蕭氏家族和金仙公主這樣的高官與皇室的支持，這顯示了中央對地方掌控力的下降與幽州地區的相對隔絕獨立。但這並不意味著幽州地區的佛教發展與中原脫離了聯繫，相反，雲居寺的刻經活動受制於河北與中原的政治關係。若幽州與中原的聯繫較為鬆散，雲居寺的刻經活動則相對獨立。若幽州的節度使不得不執行中央的政令，雲居寺的刻經活動則受制於中央的佛教政策。

（一）安史之亂的影響

安史之亂期間，叛軍和朝廷在長安和洛陽之間進行拉鋸戰爭，兩京地區的佛教遭受了毀滅性的打擊。這一地區長達七年的戰亂，無可避免地導致了佛寺的毀壞、佛教經典的亡佚和僧人的逃亡。

不但兩京地區如此，山東半島等較偏遠的地方也受到波及。圓仁（793－864）的《入唐求法巡禮行記》詳細記載了開成年間山東半島的佛教局勢。開成五年（840）二月二十七日，圓仁到達登州牟平縣（今山東煙台東舊牟平縣）的廬山寺，「未時，入寺宿。只有三綱、典座、直歲五人，更無僧人。佛殿破壞。僧房皆安置俗人，變為俗家。」[24] 三月，圓仁抵達登州（今山東蓬萊、龍口），借宿於開元寺，「開元寺僧房稍

流」。（參《房山石經題記彙編》，頁 17-19）

24 圓仁著，白化文、李鼎霞等校註，《入唐求法巡禮行記校註》，頁 218。

多，盡安置官客，無閑房。有僧人來，無處安置。」[25] 連登州的官寺開元寺都將僧房盡用於安置官客，讓僧人無法留宿。三月十五日，圓仁行至萊州（今山東掖縣），「出城外東南龍興寺宿。佛殿前有十三級磚塔。基階頹壞，周廊破落。寺無眾僧，僅有二僧。寺主典座，心性平庸，不知主客之禮」。[26] 第二天「早朝，常住供喫粥。寺家無飯，各自求食」[27]。龍興寺亦為官寺，卻依然衰落了。這座寺廟不但經濟條件惡劣，僧人的修養和學問都令人不敢恭維。三月十九日，圓仁至青州北海縣（今山東濰坊）觀法寺留宿，見「佛殿僧房破落，佛像露坐。寺中十二來僧盡在俗家，寺內有典座僧一人」[28]。四月六日，圓仁抵達長白山（今山東鄒平縣附近）中著名的醴泉寺，見「寺舍破落，不多淨喫。聖跡陵夷，無人修治。寺莊園十五所，於今不少。僧途本有百來僧，如今隨緣散去。現住寺者，三十向上也。」[29] 可見安史之亂對山東半島的佛教打擊甚嚴重，經過將近百年，直至會昌滅佛前夕，山東半島的許多寺院依然衰頹，難以恢復到往日的盛況。

與兩京地區和山東半島等地不同，幽州是安史之亂的策源地，安祿山（703－757）的大本營，動蕩的時局對其影響較小。無論是寺廟還是經卷等保留都相對完整。安史之亂期

25 圓仁著，白化文、李鼎霞等校註，《入唐求法巡禮行記校註》，頁 222。

26 圓仁著，白化文、李鼎霞等校註，《入唐求法巡禮行記校註》，頁 238。

27 圓仁著，白化文、李鼎霞等校註，《入唐求法巡禮行記校註》，頁 239。

28 圓仁著，白化文、李鼎霞等校註，《入唐求法巡禮行記校註》，頁 240。

29 圓仁著，白化文、李鼎霞等校註，《入唐求法巡禮行記校註》，頁 252。

間，房山石經刻經並未停止。氣賀澤保規先生統計了房山石經中《大般若經》的題記，其中安史之亂期間（756－762）共刻《大般若經》四十八枚，相當於每年平均刻經七枚左右，刻經的速度僅次於玄宗天寶年間和德宗貞元年間。[30] 貞元至元和年間，刻經事業在劉濟（757－810）、劉總（?－821）父子的護持下穩步推進，他們刻了《法華經》和一部分《大般若經》。中晚唐時期，房山雲居寺的刻經事業主要是得到幽州地方上的支持。從現存《大般若經》中的年號，可以窺見唐廷和幽州藩鎮之間的微妙關係。[31]《大般若經》卷一九八有「聖武元年二月八日上經一條」（安祿山年號），卷二〇一、卷二〇二有「聖武二年三月廿七日上」，卷二〇五、卷二〇六有「乾元元年四月八日」（肅宗年號），卷二〇八有「乾元元年四月廿八日」，卷二一二有「順天二年十月八日敬上」（史思明年號），卷二一四有「顯聖元年七月十五」（史朝義年號）、「顯聖元年四月八日」，卷二一四有「應天元年二月八日」（史思明年號）等題記。值得注意的是，《大般若經》中的年號既有安史叛軍所使用的「偽號」，也有肅宗使用的「乾元」年號。凍國棟先生認為這是因為當時部分吏民的個人行為，說明他們仍然奉唐之正朔。[32] 雖然使用「乾元」年號的《大般若

30 氣賀澤保規，〈唐代房山雲居寺の発展と石経事業〉、〈〈房山石経〉新研究の意味〉，收入《中国仏教石経の研究——房山雲居寺石経を中心に》，頁 3-22、23-106。

31 安史偽號的使用與河北地區的政治社會關係可參看仇鹿鳴，〈長安與河北之間——中晚唐的政治和文化〉，頁 88-102。

32 凍國棟，〈墓誌所見唐安史之亂間的「偽號」行用與吏民心態——附說

經》的資助人中有普通的平民，但也包括幽州的軍將。《大般若經》卷二〇五題記載：「幽州節度都巡遊奕烽鋪使汝州梁川府左果毅都尉員外置同正員賞緋魚袋上護軍南陽張鼎造經一條乾元元年四月八日。」[33] 軍將的參與使得題記的解讀超越了普通吏民的個人偏好，而具有特殊的政治意涵。史思明（703－761）於至德二年（757）十一月十五日歸唐，乾元二年（759）復叛，此卷《大般若經》使用肅宗年號的原因並非個人偏好，而是其刻於史思明短暫的歸唐時期。史思明歸唐時期，不但使用了唐廷的年號，還在幽州進行了年號改易運動。目前存世的有〈憫忠寺寶塔頌〉，原來的年號或為大燕年號，後來經過改刻，將年號更易為肅宗「至德二載」，碑文中原來用以歌頌安祿山的文字也改為歌頌唐廷，相關史實，前人已多有考述。[34] 安祿山叛唐的次月，《大般若經》中就出現了聖武年號；史思明短暫歸唐時期，房山刻經使用肅宗年號；史思明復叛，房山刻經又轉而使用新的叛軍年號。年號的使用折射出幽州藩鎮與唐廷的關係，也反映出幽州始終在叛軍的掌控之下。

總的說來，安史之亂以後，唐代中央與地方的關係發生了深刻變化。中央政府對地方藩鎮的掌控力下降，不同的藩鎮區域與中央的關係存在顯著差異，其中尤為顯著的是河北藩鎮。張國剛將安史之亂以後的藩鎮分為四種類型：河朔割據型、中

「偽號」的模仿問題〉，《魏晉南北朝隋唐史資料》，頁 179-189。

33 北京圖書館金石組，《房山石經題記彙編》，頁 105。

34 尤李，〈〈憫忠寺寶塔頌〉考釋——兼論安祿山、史思明宗教信仰的多樣性〉，《文史》4，頁 107-132。

原防遏型、邊疆御邊型、東南財源型。[35] 幽州屬於河朔三鎮之一，最為獨立。其獨立性表現為三個方面：在政治上，節度使不由中央派遣，而由本鎮擁立。在財政上，賦稅截留本鎮，而拒不上供中央。在軍事上，違背中央意志養蓄重兵，專恣一方，與中央政府分庭抗禮。[36]

職是之故，安史之亂以前，河北地區的佛教受到高官與皇室的護持，中原地區與河北地區的佛教政策相關性較強，河北地區的佛教主要受到中央政府政策的影響與制約。安史之亂以後，河北藩鎮日趨獨立，其佛教政策時常游離於中央政策之外，與中原的佛教形勢判然有別。

（二）武宗滅佛對於房山刻經的影響

武宗滅佛是唐代佛教史上的重要事件，它與北魏太武帝、北周武帝、五代後周世宗三次滅佛事件，合稱為「三武一宗」法難。它發生於唐武宗會昌年間，又稱為「會昌滅佛」。關於武宗滅佛的研究，前人已多有論述。[37] 究其原因，既有佛教內

---

35 張國剛，《唐代藩鎮研究》（增訂版），頁 44、45。

36 張國剛，《唐代藩鎮研究》（增訂版），頁 46。

37 唐代佛教史專著中論及會昌滅佛的有塚本善隆，《唐中期の浄土教》；山崎宏，《支那中世仏教の展開》；滋野井恬，《唐代仏教史論》；吉川忠夫，《中国の排仏論》；道端良秀，《唐代仏教史の研究》。另外單篇論文有春日禮智，〈会昌法難の意義〉，《東方宗教》29，頁 1-16；K Ch'en, "The Economic Background of the Hui-ch'ang Suppression of Buddhism," *Harvard Journal of Asiatic Studies* 19 (1/2), pp. 67-105；龜川正信，〈會昌の廢佛に就いて〉，《支那仏教史学》6.1，頁 47-68；嚴耀中，〈會昌滅佛後的湖州唐陀羅尼經幢——兼論武宗滅法對佛教的影

部的奢侈腐化，也有唐代中期以後財政狀況惡化，同時還與佛道之爭等因素有關。

關於會昌滅佛，圓仁的《入唐求法巡禮行記》是一份重要的歷史記載。[38] 由於正史當中對佛教內容的相對輕視，在《舊唐書》、《新唐書》及《資治通鑒》中，雖然有一些對於會昌滅佛事件的紀錄，但並不算詳細。而圓仁的記載從一個僧人的視角，詳細記錄了會昌滅佛從開始到結束過程中，圓仁本人的所見所聞。[39] 他的足跡遍布長安、河北、山東等地，他筆下的會昌滅佛體現了這種地域差異性。

《入唐求法巡禮行記》卷四載：

> 三四年已來，天下州縣准勑條疏僧尼還俗已盡，又天下毀折佛堂蘭若寺舍已盡，又天下焚燒經像僧服罄盡，又天下剝佛身上金已畢。天下打碎銅鐵佛，稱斤兩收撿訖。天下州縣收納寺家錢物庄園，收家人奴婢已訖。唯黃河已北鎮（河北正定成德軍節度使）、幽（北京范陽節度使）、魏

響〉，頁 102-108。

38 關於此文獻的研究，參考岡田正之〈慈覚大師の入唐紀行に就いて（一、二、三、四）〉，《東洋学報》11.4、12.2、12.3、13.1，頁 87-117、頁 99-103、頁 86-104、頁 110-150。小野勝年，《入唐求法巡礼行記の研究》，京都：法藏館，1989 年。

39 相對於正史而言，《入唐求法巡禮行記》的史料價值毋庸置疑。例如：正史中對於會昌法難的記載僅從會昌五年武宗頒布大規模沙汰僧人，拆毀寺廟的命令開始。而實際在此之前，會昌法難已經經歷了幾年的孕育期，圓仁在《入唐求法巡禮行記》中詳記其事。（頁 152-281）

> （大名府魏博節度使）、路（山西潞安昭義節度使）等四節度，元來敬重佛法，不毀折寺舍，不條疏僧尼。佛法之事，一切不動之。頻有勑使勘罰，云：「天子自來毀折焚燒，即可然矣。臣等不能作此事也。」[40]

會昌滅佛時，其他諸節度均執行武宗滅佛的命令，拆毀佛堂蘭若，焚燒經像僧服，唯有成德、范陽（即幽州）、魏博、昭義四節度不執行中央之政策。幽州雖地處偏遠，但由於是叛軍的大本營，唐廷對其是否執行中央政策異常敏感，反應迅速。中央得知此四節度未執行廢佛政策後，派敕使前來質問，欲加以處罰。但四鎮的回應異常強硬，竟然要求皇帝親自前來處置佛寺，否則拒不執行政令，態度囂張跋扈。他們如此回應是因為唐廷當時奈何不了他們，四鎮的軍事實力讓他們有底氣拒絕執行唐廷的敕令。這一方面是因為此四節度與當時唐廷的關係相對獨立，同時也與其濃厚的崇佛氛圍有關。《入唐求法巡禮行記》的記載影響頗大，湯用彤先生（1893－1964）根據圓仁的記載，認為會昌滅佛時，河北地區並未受到影響。[41] 馮金忠先生甚至還認為當時河北藩鎮的佛教不但未受到衝擊，甚至還因此得到發展的機會。[42]

當時的房山刻經與雲居寺的情況如何呢？遺存至今的雲居

40 圓仁著，白化文、李鼎霞等校註，《入唐求法巡禮行記校註》，頁 496。

41 湯用彤，《隋唐佛教史稿》，頁 49。

42 馮金忠，〈幽州鎮與唐代後期人口流動——以宗教活動為中心〉，《青島大學師範學院學報》24.1，頁 7。

寺寺主真性（752－835）的神道碑，記載了會昌滅佛時期雲居寺的境遇，據〈大唐雲居寺故寺主律大德神道碑銘〉（以下簡稱〈真性碑銘〉）載：

> 暨太和九祀，方伯司徒史公之領戎也。益傾南望之誠，兼陳北巷之敬。以其年季秋，示寂於本寺東院，俗年八十四，……上足仲說、恒智、鑒直、惠增、志千、千展、寶定等七人，……議刻貞珉，紀其盛德，……俄屬先朝大興沙汰，寺皆毀廢，僧遁林巖。洎佛法重興，屢更星歲，七人之內，惟寶定存。乃與寺主僧弘信，再議崇立焉。[43]

此碑是當時的雲居寺寺主真性的神道碑，碑中提到的「俄屬先朝大興沙汰，寺皆毀廢，僧遁林巖」就是會昌滅佛時寺院被拆除，僧人隱遁逃逸的情形。在這方碑銘中，雲居寺的情況似乎不容樂觀，寺院和僧人同樣遭受毀滅性的打擊，以致於到宣宗重興佛法的時候，真性的七位得意弟子僅剩寶定（生卒年不詳）一人還在寺中。

〈真性碑銘〉與圓仁《入唐求法巡禮行記》的記載存在著差異，應以何者為是呢？會昌六年的《憫忠寺重藏舍利記》也記載了會昌滅佛期間，幽州城執行唐廷政策的情況：「洎會昌乙丑（會昌五年，845）歲，大法淪墜，佛寺廢毀。時節制司空清河張公（張仲武，幽州節度使），准敕於封管八州內寺留一所，僧限十人。越明年，有制再崇釋教，僧添二十。置勝果

43 北京圖書館金石組編，《房山石經題記彙編》，頁 17。

寺，度尼三十人。」[44]《舍利記》中提到的「清河張公」即當時的節度使張仲武（?－849），他於會昌元年（841）至大中（849）擔任幽州節度使。張仲武在擔任節度使期間執行了皇帝的敕令，在幽州城中留寺一所，留僧十人。

《資治通鑒》「會昌五年七月」條詳載武宗當時下達敕令的具體內容：「上惡僧尼耗蠹天下，欲去之，道士趙歸真等復勸之；乃先毀山野招提、蘭若，敕上都、東都兩街各留二寺，每寺留僧三十人；天下節度觀察使治所及同、華、商、汝州各留一寺，分為三等：上等留僧二十人，中等留十人，下等五人。」[45] 不同的州滅佛的政策有所區別：兩都留兩所寺廟，每寺留三十人；各州都只留一所寺廟，但又分為上、中、下三等，保留僧人的人數在五人到二十人不等。胡三省注引《實錄》詳細解釋了廢佛政策，並說明哪些州分屬上、中、下三等：

> 中書門下奏請上都、東都兩街各留寺十所，每寺留僧十人，大藩鎮各一所，僧亦依前詔。敕上都、東都每街各留寺兩所，每寺僧各留三十人。中書門下奏，「奉敕諸道所留僧尼數宜令更商量，分為三等：上至二十人，中至十人，下至五人。今據天下諸道共五十處四十六道，合配三等：鎮州、魏博、淮南、西川、山南東道、荊南、嶺南、汴宋、幽州、東川、鄂岳、浙西、浙東、宣歙、湖南、江

44 董誥等編，《全唐文》，頁 10214。

45 司馬光，《資治通鑒》，頁 8015、8016。

西、河南府，望每道許留僧二十人……。」[46]

幽州在敕令中屬於上等，留僧二十人。但是武宗八月又下令「尋又詔東都止留僧二十人，諸道留二十人者減其半，留十人者減三人，留五人者更不留。」[47] 根據武宗在八月所下的新敕令，當時的幽州應留寺一所，留僧十人。

《憫忠寺重藏舍利記》記載的是會昌五年八月新廢佛政策的執行情況，兩處記載是吻合的。且《順天府志》「憫忠寺」條載：「武宗會昌五年，下令毀削佛寺，幽燕八州，惟憫忠獨存。宣宗大中初，敕諸道起廢，節度使張仲武復增大之。」[48] 憫忠寺是幽州城東南的一座寺廟，因存放了隋文帝分發的舍利而地位尊崇，可知會昌廢佛時幽州地區未廢的寺廟為憫忠寺，而非雲居寺。〈真性碑銘〉中記載雲居寺在會昌滅佛時遭受的厄運與幾處史料都是吻合的，說明雲居寺在滅佛時的確遭受了嚴重的打擊。

那麼如何解釋圓仁《入唐求法巡禮行記》與〈真性碑銘〉記載的差異，難道單純是〈真性碑銘〉所載為真，而圓仁所載有誤嗎？筆者認為也並非如此簡單，會昌滅佛時幽州佛教的局勢發展與幽州與中央朝廷的關係有關。幽州的權力長期掌握在地方將領手中，而節帥經常被殺，更替頻繁是幽州的一個顯著問題。因此幽州相較同屬河朔三鎮的魏博與成德，對唐廷的認

46 司馬光，《資治通鑑》，頁 8016。

47 司馬光，《資治通鑑》，頁 8018。

48 《順天府志》，頁 10。

可更為依賴。因此它的節帥既有相對獨立的一面，也有對唐廷較為恭順的一面。[49] 會昌時期，幽州最有影響力的節帥為張仲武。他來自臨鎮的雄武軍，統轄軍隊不多，但由於其「宿將」的地位，在幽州城內頗有威望。

《資治通鑒》卷二百四十八「會昌五年」條載：

> 五臺僧多亡奔幽州。李德裕召進奏官謂曰：「汝趣白本使，五臺僧為將必不如幽州將，為卒必不如幽州卒，何為虛取容納之名，染於人口！獨不見近日劉從諫招聚無算閒人，竟有何益！」張仲武乃封二刀付居庸關曰：「有游僧入境則斬之。」[50]

《通鑒》的記載實際上很好地反映了幽州與唐廷的這種複雜而微妙的關係。一方面，由於河朔三鎮的獨立性，幽州起初並未嚴格執行武宗滅佛的命令，對僧人的政策相對寬容。因此五臺僧得知幽州的寬鬆政策之後，紛紛由五臺奔赴幽州避難。但是此事被中央政府得知後，對幽州縱容其他節鎮的僧人入境避難的行為異常不滿。因為河朔三鎮不執行中央政策已屬不當，而任由其他節鎮之僧人入境避難，將會進一步削弱武宗滅佛政策的執行效果。劉從諫（803－843）為會昌年間的叛臣，李德裕（787－850）顯然對於幽州節度使的放任態度極其不滿，因此用叛臣劉從諫來隱晦地警告節度使張仲武——若不嚴格執行中

---

49 李碧妍，《危機與重構——唐帝國及其地方諸侯》，頁 252。

50 司馬光，《資治通鑒》，頁 8018。

央之政令，將以叛臣處之。張仲武權衡利弊之後，懾於李德裕的威脅，不再放任五臺僧入幽州。

張仲武的態度前後有別與兩個因素有關：一、會昌滅佛的政策執行力度從一開始的寬鬆到後來的嚴苛。二、張仲武本人對佛教的態度與中央政府對其施加的壓力之間存在矛盾與張力。其本人為支持佛教的態度，只是迫於中央政府的壓力，不得不推行廢佛政策。因此會昌滅佛結束，宣帝即位後，張仲武立即推行了恢復佛教的政策。

四、結語

如上所述，本文主要說明了兩點：一、房山地區的佛教在安史之亂以前，受到唐代高官和皇室的支持，並與中原佛教聯繫緊密。安史之亂以後，房山刻經與節度使的關係更為密切。二、與其他地區不同，安史之亂期間，房山雲居寺刻經較少受到政治局勢的影響，甚而在節度使的護佑下繼續開展。會昌滅佛期間，當時的幽州節度使與中央政府之間處於動態平衡的關係中，相對其他藩鎮更為獨立，但又依賴中央政權的認可，表現出順從的一面。受此影響，雲居寺在會昌滅佛中，的確受到波及，但相對其他地域受到的破壞相對較小，恢復的也更為迅速。

徵引書目

古籍

《入唐求法巡禮行記校註》，〔日〕圓仁著，白化文、李鼎霞等校註，石家莊：花山文藝出版社，1992 年。

《弘贊法華傳》，〔唐〕慧詳撰，T51, no. 2067，CBETA 電子佛典集成光碟，2019 年。

《光緒順天府志》，〔清〕周家楣，繆荃孫等編纂，北京：北京古籍出版社，2001 年。

《全唐文》，〔清〕董誥等編，北京：中華書局，1983 年。

《周書》，〔唐〕令狐德棻等撰，北京：中華書局，1971 年。

《法苑珠林校註》，〔唐〕釋道世撰，周叔迦、蘇晉仁校註，北京：中華書局，2003 年。

《冥報記》，〔唐〕唐臨撰，方詩銘輯校，北京：中華書局，1992 年。

《隋書》，〔唐〕魏徵、令狐德棻等撰，北京：中華書局，1973 年。

《資治通鑒》，〔宋〕司馬光撰，北京：中華書局，1956 年。

《舊唐書》，〔後晉〕劉昫等撰，北京：中華書局，1975 年。

《續高僧傳》，〔唐〕道宣撰，郭紹林點校，北京：中華書局，2014 年。

專書、論文或網路資料等

小野勝年 1989《入唐求法巡礼行記の研究》，京都：法藏館。

山崎宏 1971《支那中世仏教の展開》，京都：法藏館。

尤李 2009〈〈憫忠寺寶塔頌〉考釋——兼論安祿山、史思明宗教信仰的多樣性〉，《文史》4，頁 107-132。

中國佛教協會 1978《房山雲居寺石經》，北京：文物出版社。

仇鹿鳴 2018《長安與河北之間——中晚唐的政治和文化》，北京：北京師範大學出版社。

北京圖書館金石組、中國佛教圖書文物館石經組 1987《房山石經題記彙編》，北京：書目文獻出版社。

矢吹慶輝 1973《三階教之研究》，東京：岩波書店。

吉川忠夫 1975〈中国の排仏論〉，《南都仏教》34，頁 1-23。

池田溫 1990《中國古代寫本識語集錄》，東京：東京大学東洋文化研究所。

李碧妍 2015《危機與重構——唐帝國及其地方諸侯》，北京：三聯書店。

呂鐵鋼、吳立民等 1999《房山石經研究》（一、二、三），香港：中國佛教文化出版。

松浦典弘 2009〈唐代河北地域の藩鎮と仏教——幽州（盧龍軍）節度使の事例から〉，《大手前大学論集》10，頁 57-76。

岡田正之 1921〈慈覚大師の入唐紀行に就いて（一、二、三、四）〉，《東洋学報》11.4、12.2、12.3、13.1，頁 87-117、頁 99-103、頁 86-104、頁 110-150。

房山石經博物館編 2016《石經研究》第 1 輯，北京：燕山出版社。
春日禮智 1967〈会昌法難の意義〉，《東方宗教》29，頁 1-16。
氣賀澤保規 1997〈金仙公主和房山雲居寺石經——唐代政治史的一個側面〉，《第三屆中國唐代文化學術研討會論文集》，中國唐代學會編輯委員會編，臺北：中國唐代學會。
氣賀澤保規 2010〈金仙公主と房山石経をめぐる諸問題——礪波護氏の批判に答えて〉，《駿台史学》139，頁 23-50。
氣賀澤保規 2013〈房山雲居寺石経事業と唐後半期の社会〉，《中国中世仏教石刻の研究》，東京：勉誠出版。
氣賀澤保規編 1996《中国仏教石経の研究——房山雲居寺石経を中心に》，京都：京都大学学術出版会。
凍國棟 2003〈墓誌所見唐安史之亂間的「偽號」行用與吏民心態——附說「偽號」的模仿問題〉，《魏晉南北朝隋唐史資料》20，頁 179-189。
陳尚君 2016《貞石詮唐》，上海：復旦大學出版社。
陳寅恪 1980《金明館叢稿二編》，北京：三聯書店出版社。
張國剛 2010《唐代藩鎮研究》（增訂版），北京：中國人民大學出版社。
馮金忠 2007〈幽州鎮與唐代後期人口流動——以宗教活動為中心〉，《青島大學師範學院學報》24.1，頁 5-11。
湯用彤 2008《隋唐佛教史稿》，武漢：武漢大學出版社。
滋野井恬 1973《唐代仏教史論》，京都：平楽寺書店。

塚本善隆 1935〈石経山雲居寺と石刻大蔵経〉，《東方学報》5 副刊，頁 1-245。

塚本善隆 1975a〈房山雲居寺の石刻大蔵経〉，《中国近世仏教史の諸問題》，塚本善隆著作集 5，東京：大東出版社。

塚本善隆 1975b《唐中期の浄土教》，京都：法蔵館。

塚本善隆 1981《唐代仏教史の研究》，京都：法蔵舘。

愛宕元 1982〈隋末唐初における蘭陵蕭氏の仏教受容〉，福永光司編，《中国中世の宗教と文化》，京都：京都大学人文科学研究所。

龜川正信 1942〈會昌の廢佛に就いて〉，《支那仏教史学》6.1，頁 47-68。

嚴耀中 2000〈會昌滅佛後的湖州唐陀羅尼經幢——兼論武宗滅法對佛教的影響〉，《佛學研究》9，頁 102-108。

Chen, Jinhua. 2006. "A Daoist Princess and a Buddhist Temple: A New Theory on the Causes of the Canon-delivering Mission Originally Proposed by Princess Jinxian（689-732）in 730." *Bulletin of the School of Oriental and African Studies*, pp. 267-292.

Ch'en, K. 1956. "The Economic Background of the Hui-ch'ang Suppression of Buddhism." *Harvard Journal of Asiatic Studies*, 19（1/2）, pp. 67-105.

Ledderose, Lothar. 2004. "Carving Sutras into Stone Before the Catastrophe: The Inscription of 1118 at Cloud Dwelling Monastery near Beijing." *Proceedings of the British Academy*, vol. 125, pp. 381-454.

Reischauer, Edwin O. 1995. *Ennin's Diary: the Rrecord of a Pilgrimage to China in Search of the Law.* Translated from Chinese by Edwin O. Reischauer. New York: The Ronald Press Company.

Fangshan Stone Sutra Project in Later Tang：

From the Perspective of the Interaction Between Zhongyuan and Youzhou

Zhang Xu
Ph. D. Candidate,
Research Institute of Ancient Books, Zhejiang University

Abstract

After An-shi Rebellion, the political situation of Tang Dynasty has changed significantly. The rise of regional military governors caused subtle changes to the relationship between the central and the domestic governments. Different regions apparently held different attitudes towards central government's policies. From the Buddhist perspective, even for Huichang Persecution in Wuzong Era, which has a pervasive effect in later Tang, the impacts varied from different regional military governors. This paper focuses on Hebei region, which is special both in military governorship politics and Buddhism distribution. This paper employed mainly extant historical records and Fangshan Stone Sutra colophons, to analyze the process of Buddhism development of Hebei in later Tang, to display the influences of An-shi Rebellion and Huichang Persecution on Fangshan Stone Sutra project, and to explain the abstruse causes and connections.

Keywords: Fangshan Stone Sutra, Buddhism in Hebei, Youzhou, Military governor in Tang Dynasty

聖地的變容
——十至十三世紀政治變動下的寧波阿育王寺

黃庭碩
國立臺灣大學歷史學研究所博士候選人

摘　要

晉、唐時期以佛塔崇拜為核心，發展為東南佛教聖地的寧波阿育王寺，在九、十世紀之交遭逢連串政治波動影響，逐步發展出嶄新面容。在唐末大動亂時期，寺中藏有的阿育王塔開始受到地方軍閥的競奪，最後由吳越勝出，並被移轉至杭州。憑藉佛塔崇拜餘威，阿育王寺在吳越時期仍備受君民禮敬；或因如此，入宋後，宋廷非但沒有歸還寶塔，反倒積極介入寺務——先在十世紀末派遣禪僧管理，進而在十一世紀初將其更為「十方禪剎」——從而使阿育王寺走上「禪寺化」道路。本文詳細考察十至十三世紀政治變動對阿育王寺之影響，及阿育王寺所以成為禪林重鎮之因由，並主張相較於阿育王寺的前期發展，這段時期的主要驅力似已從信眾的自發奉納，移轉至政治的外部干涉。這個轉換究竟只限於育王寺自身，抑或與多數唐、宋南方寺院發展的軌跡相吻合，值得日後續做追蹤。

關鍵詞：阿育王寺、阿育王塔、寺院管理、禪寺化、聖地

一、前言

提及今天位於浙江省寧波市的阿育王寺，許多人會很自然地將其與禪宗聯想在一塊，原因無他：作為著名「禪宗五山」之一的阿育王寺，自南宋以降一直是禪宗的重要道場，並在中、日交流史上扮演著至為關鍵的角色。[1] 不過，若稍加檢視此寺歷史，便會赫然發現，寧波阿育王寺與禪宗的關係，事實上要晚至十一世紀才漸趨顯明，然在此之前，阿育王寺早已豎立於寧波近六百年之久。換言之，作為禪寺聞名的寧波阿育王寺，就寺史而言乃相對晚期的發展。

關於寧波阿育王寺的早期發展，筆者曾有專文討論。[2] 簡單來說，此寺之創建與阿育王傳說在三、四世紀傳入漢地息息相關。其時佛教徒相信，他們所處的漢地即為阿育王曾經統轄的贍部洲（*Jambudvīpa*）部分，是以藏有諸多阿育王時代留下的遺物，包含傳說阿育王造來盛裝佛舍利，並廣送至贍部洲各處的八萬四千座舍利塔——亦即「阿育王塔」。約在四世紀末，有人宣稱在寧波鄮地發現一座育王塔，是以很快吸引若干信眾聚集，並於五世紀初在其周邊建起寺院。其後，此寺得到南朝政府的間斷資助，極端尊崇阿育王的梁武帝，更賜予此寺「阿育王寺」之名和諸多經濟上的優免，為其日後發展奠下

---

1 參見森克己，〈日宋交通と阿育王山〉，《增補日宋文化交流の諸問題》第 9 章，頁 133-147；見黃啟江，〈參訪名師——南宋求法日僧與江浙佛教叢林〉，頁 185-233。

2 黃庭碩，〈晉唐時期寧波阿育王寺的創建與發展〉，頁 91-142。

基礎。

隋滅陳後，對南方打壓政策，李唐承之，或因如此，寧波阿育王寺在整個七世紀都沒有留下太多官方贊助的紀錄；但與此同時，我們卻可看到此時期的寧波阿育王寺，產出了諸多環繞寶塔而生的靈驗故事，其中頗不乏地方信仰及在地創造的痕跡，可推測該寺至其時已成為浙東的一個信仰中心。隨著時間的推展，寧波阿育王寺終在七、八世紀之交進入唐朝廷視野，並在官方的認可與優禮下，再次確立起其在地域社會的法律權勢。八世紀以降，寧波阿育王寺復通過陸路及海上交通，將其聲名傳播至京城與域外。

就此看來，推動寧波阿育王寺早期發展的最主要動力，不妨說是盛行於社會的舍利塔崇拜——正因為有下至庶民、上至皇帝的廣大信眾堅信，盛裝著佛骨舍利的「阿育王塔」擁有超凡入聖的靈驗神力，才得以源源不絕地吸引來自諸方廣大信眾前來頂禮、供養，進而使阿育王寺得以挺立過朝代更迭，並由一個地方性的信仰中心，逐步擴展為全國知名的聖地。但是，就在李唐覆亡後的一個半世紀，寧波阿育王寺迅速走上「禪寺化」[3]道路，至南宋時期，此寺已儼然成為禪宗一大重鎮。對照前期發展，寧波阿育王寺的這番轉折，不禁讓人甚感突兀。

事實上，正如本文所將揭示，寧波阿育王寺在十世紀後的發展，深受外在環境變動——特別是政治面——的影響。在

3 本文所謂的「禪寺化」，指的是寺院體制上的改造，即從唐代常見的寺院體制——寺內分門別院，諸院各自為政的方式——轉為全寺僧人皆服從同套修行、作息規章的嶄新作法。在宋代，這樣的改變經常以更名為「禪寺」的方式呈現。更詳盡的說明，參見本文第四節。

政治力的強勢介入下，寧波阿育王寺的走勢往往隨著不同時期的寺院管理政策擺盪，更關鍵的是，在十、十一世紀期間，育王寶塔長時間被安置在寧波以外的所在，遂讓作為阿育王寺前期發展主要驅力的舍利崇拜不得不退居二線，轉由其他力量引領。這是我們在理解阿育王寺後期發展時所應留意的背景。以下開始本文討論。

二、唐末五代地方政權與寧波阿育王寺

從九世紀後期的若干記載看來，阿育王塔在當時仍是寧波阿育王寺得以馳譽全國之所繫。[4] 首先，在會昌毀佛期間（840－846），此塔一度被唐政府沒收，扣留於越州府庫中，待宣宗即位（847）重興佛法，越州政府方又釋出此塔，但或許出於管控考量，州府沒有直接將其還給寧波阿育王寺，反倒送往當州的開元寺安置，結果引發兩寺爭端。屢次求塔未果的阿育王寺僧，決定向浙東觀察府申訴，終獲判還。重得此塔的阿育王寺旋即在大中四年（850）正月齋日舉辦了一場盛大的傳塔供養法會，與會者高達八千餘人。據聞法會現場降下如雪天花，夜中舍利寶塔更放出五色光芒，彷彿在向信眾宣告其靈驗如故。其後，浙東觀察使楊嚴又於咸通年間（860－873）向朝廷奏報寶塔靈異，獲懿宗特准敕度三七僧，命其精嚴香火、為國祈福。[5] 由此可知，靈驗的寶塔既是龐大信眾的保證，還有蒙

4　以下討論主要根據贊寧，〈寶塔傳〉，《明州阿育王山續志》卷 13，頁 328。

5　楊嚴任職時間史料無徵，查戴偉華，《唐方鎮文職僚佐考》，咸通五至

獲朝廷資助的可能，無怪乎越州開元寺要如此執意與阿育王寺爭奪此塔。

不過，受限地理位置的緣故，寧波阿育王寺雖在有唐一代已極富盛名，但整體看來，其與政府的關係仍稱不上很深——不僅李唐王室從來不曾對此寺所藏的舍利塔給予特別待遇，[6] 中央的幾次恩賞也多只是間歇式的被動回應，從未提供長久奧援。[7] 換言之，直到九世紀後期，寧波阿育王寺的主要供養來源仍是民間，即便有官員參與，他們也多採私人名義進行。然而，前述情況在進入十世紀後為之一變。現有史料顯示，寧波阿育王寺與政治的關係開始變得日趨緊密。這個轉變，實與唐末黃巢之亂造就的嶄新政治地理格局息息相關。

乾符元年（874），王仙芝、黃巢在河南、山東一帶起事，和唐帝國展開為時數年的爭鬥，並在八八〇、八八一年先後攻進洛陽、長安，建立起大齊政權。八八二年後，唐軍開始反擊，並陸續收復失土。八八四年，黃巢戰死，其餘部轉戰大江南北，直至九世紀末整個動亂才告平息。在此期間，整個唐帝國陷入嚴重的失序，朝廷對地方的控制力大幅縮減，代之

十年（864－869）未繫浙東觀察史名，可以推測楊嚴當在這段時間出任。（見戴偉華，《唐方鎮文職僚佐考》，頁 303-304）

6　與此成為對照的，是李唐王室對於另一座阿育王寺——即法門寺——的熱切贊助。

7　除了前文提到的懿宗特准敕度三十七僧外，最重要的一次即中宗復辟（705－710）時為其重訂常住田範圍。（見黃庭碩，〈晉唐時期寧波阿育王寺的創建與發展〉，頁 125-126）

而起的則是自立性極強的地方軍閥。這些地方強人一面向唐廷輸誠，以獲取中央賦予的合法治理權；另方面則致力鞏固、拓展基礎。為有效調度地方資源、遂行統治，各地軍閥除了需因地制宜地設計出各種臨時性的政軍體制，還得盡可能地爭取民心，讓轄內百姓願意主動、積極配合施政。相較於體制設計，後者更近於統治意識型態宣傳，可以採取的方式很多，其中一種常見手法，便是尊崇、禮敬當地信仰傳統，以搏取信眾認同；更甚者則將其引為統治思想資源，藉以增添政權之神聖性。十世紀以後的寧波阿育王塔，便是在這樣的時局進入十世紀地方軍閥的視野。

最早注意到寧波阿育王塔的軍閥，是在九、十世紀之交控有明州（州治即今寧波）達十八年之久的刺史黃晟（?－909）。黃晟為明州鄞人（今寧波奉化），年少從軍，後歸鄉里募眾據有平嘉埭，被權知明州事楊僎召為平嘉浦將，再轉任奉化鎮將。後助浙東觀察使董昌擊殺餘姚鎮將相嘉，被奏授充浙東道東面指揮使。景福元年（892），明州刺史鍾文季過世，黃晟遂自稱刺史，據有明州。[8]乾寧二年（895），董昌在越州稱帝，時任鎮海節度使的錢鏐（852－932）——亦即後來的吳越初代國主——奉詔征討，黃晟幾經權衡，決定倒戈響應，並在破越之役立下彪炳戰功，遂蒙錢鏐嘉賞，而得在戰後續任明州刺史，直到開平三年（909）過世。[9]表面上看，黃晟僅是錢鏐創建的吳越國轄下一介州長，然因前期吳越國承襲的是唐末

8　《資治通鑑》卷 259，昭宗景福元年，頁 8438。

9　黃晟生平，見〈黃晟傳〉，《九國志》卷 5，頁 3279。

以來的藩鎮體制，是以除了錢鏐創業集團的直轄州外，較晚加入的州級官長仍帶有很強的自立性，[10] 幾可視為國中之國，黃晟治下的明州即是如此。

在八九二至九〇九年間，黃晟雖先後臣屬董昌、錢鏐勢力，然其仍在根據地明州保有相當的獨立性，不僅積極招攬文儒，[11] 還致力強化明州防務、拓建州治羅城，以「保一州生聚之安」，[12] 儼然是明州的實質支配者。[13] 雖說作為一位沒有擴張野心，且又出身在地的州級軍閥，黃晟所需面對的治理難題當不若錢鏐那些跨州級軍閥嚴峻。不過為了能長安其位，人心的凝聚仍有必要，這當是黃晟於天祐年間（904－907）意圖從寧波阿育王寺請出舍利塔，迎回故鄉鄞縣禮敬的一大考量。[14] 神奇的是，據傳此塔被攜至準備開往鄞縣的船上時，卻忽然變得沉重異常，「加人助力亦不能舉」，再也無法搬運，讓目睹此狀的黃晟忍不住發出「地薄無緣」的感嘆，終在開船前夕斷然

---

10 關於唐末「州」的自立傾向，參見何燦浩，〈唐末地方的獨立化〉，《唐末政治變化研究》第 3 章，頁 21-42。

11 本傳稱「晟好禮尚文士，江東儒學之流多往之。辟前進士陳鼎、羊紹素以為賓介，頗加優待，築居于城中，謂之措大營。」（見〈黃晟傳〉，《九國志》卷 5）

12 〈郡志三·敘郡下·城郭〉，《寶慶四明志》卷 3，頁 5020。

13 因此有史家將錢鏐轄有明州的年份，繫於黃晟過世之年。《吳越備史》載：「梁開平三年四月，刺史黃晟卒，武肅巡之，遂有其地，因城望海鎮。」（見〈州考·明州〉，《吳越備史》，頁 20）

14 當然，黃晟自己的佛教信仰亦是促成此舉的重要動力。據傳黃晟乃受過「八戒」的佛弟子，且對境內高僧禮遇備至。（見〈明律篇·梁京兆西明寺慧則傳〉，《宋高僧傳》卷 16，頁 398）

中止迎塔還鄉之舉。[15]

黃晟過世後，明州和平轉移至錢鏐之手，[16]也讓包含寧波阿育王寺在內的所有明州信仰資源，得為錢鏐所用。錢鏐本身就是一個對神靈、道術擁有廣泛熱忱，且深諳地方信仰之政治潛能的領導，自不會放過向以靈驗著名的寧波舍利塔。[17]貞明二年（916）年末，錢鏐遣其弟錢鏵隨同幾位僧人備妥「船舫香花」，至寧波阿育王寺恭迎寶塔，擬將其運送至杭州城南的羅漢寺安置。與黃晟失敗的遷塔成為顯著對照的是，錢鏵一行人順利在隔年初（917）運至杭州，此塔更在上元日大放光明，照耀得「江中如晝」。錢鏐本人也親自扶持盛放著舍利塔的「彩輦」，一路隨行至目的地羅漢寺。是年，錢鏐特命建造「木浮圖九層」，並將此塔安置於「第三層七寶龕」中。據聞，此後每當錢鏐在羅漢寺舉行大型齋日，此塔便會綻放出耀眼靈光。[18]

---

15 贊寧，〈寶塔傳〉，頁 328。

16 與當時州郡官長多請求在過世後立子為嗣不同，黃晟在臨終前特別「上疏不請以子為嗣」，並將府庫所蓄盡數留給錢鏐，讓明州得以在他死後順利移轉。（見〈吳越・黃晟傳〉，《九國志》卷 5）附帶一提，根據晚近出土的〈錢匡道墓志〉，可知黃晟有子娶叛逃至吳國的錢鏐弟錢鏢之女，且時間當在錢鏢逃至吳國後，據此可以推測黃晟之子可能也已出奔楊吳。若然，黃晟很可能是為了避嫌以保家門，才特意請求不以子為嗣。墓志內容參見劉剛、薛炳宏，〈江蘇揚州出土錢匡道墓志考釋〉，頁 78-85。

17 參見阿部肇一，《中国禅宗史の研究——政治社会史的考察》（增訂），頁 132-144；賴建成，《吳越佛教之發展》，頁 35-37；楊俊峰，〈五代南方十國的封神運動〉，頁 334-337。

18 贊寧，〈寶塔傳〉，頁 328。

前述記述皆出自吳越高僧贊寧（919－1001）撰於開寶五年（972）的〈寶塔記〉，儘管歌頌寶塔之靈驗，乃是貫穿全篇記文的主軸，然贊寧於此將黃晟與錢鏐請塔之成敗前後相接地擺放在一起，不僅營造出強烈的對比感，更像在暗示讀者：此座寶塔極有靈性，唯有經其認可、具備一定特質者，才夠格將其請出寧波供養，而錢鏐就是這樣一位非凡人物。我們現已無法確認兩段敘事的真實性，但可推測，這是當時流傳甚廣的軼聞，經由人們口耳相傳的渲染，錢鏐很自然地被賦予一種神聖性。值得玩味的是，錢鏐本人也甚為看重此塔，更有意要以此為媒介，進一步強化佛教及其政權的聯結。一個重要線索是，寧波阿育王塔的新安置處——羅漢寺，就是錢鏐第十九子令因負責主持的寺院，令因也因此成為「真身寶塔寺主」；三年後（920），令因再被任命為兩浙僧統，使其住持的羅漢寺成為兩浙佛寺中心。[19] 也就是說，寧波阿育王塔自始便被錢鏐安置在一個無論是對錢「家」，抑或吳越「國」，都具有深刻意涵的處所，重要性不言可喻。從後見之明看來，寧波阿育王塔也確實在後期吳越國的王權形塑上扮演著重要角色，此部分留待下節再談。

綜上所言，可知由於唐末政局的變化，使得原與政治關係相對疏離的寧波阿育王寺開始引起地方軍閥注意。為順利汲取資源、遂行統治，地方軍閥要較一統帝國更注重地方統合，因此他們往往對地方既存的信仰傳統給予高度尊重，甚

---

19 〈吳越國故僧統慧因普光大師塔銘并序〉，《唐文拾遺》卷 52，頁 10964。贊寧〈寶塔傳〉作「今譚」，當是形音相近所致。

至援引靈威，提高政權的合法性，乃至神聖性。寧波阿育王寺所藏的舍利寶塔便擁有如此潛能，此乃明州刺史黃晟及吳越王錢鏐先後嘗試將此塔請至其發跡之地供養的緣故——差別在於前者最終失敗，後者則得到寶塔認可，成功將其移轉至杭州。接下來要追問的是，假使寧波阿育王寺係因藏有一座著名的舍利塔，才得以進入地方政權視野，那麼，當這座寶塔被請至他處供養，寧波阿育王寺與政權的關係是否因此生變？

三、塔、寺分離後的寧波阿育王寺

在討論寧波阿育王寺的後續發展前，筆者擬先對被移往杭州供養的舍利寶塔略做追蹤。贊寧〈寶塔傳〉在記述完錢鏐建造木浮圖以安置舍利塔且累歲行齋供養後，旋即跳到二代國主文穆王錢元瓘（932－941 在位）時代。文稱：「文穆王深加禮敬，以職事殷繁，請僧代禮寶塔，其誠信如此。」[20] 雖然讀來略顯格套，然現存資料顯示，錢元瓘的佛教信仰甚深，不僅廣建寺院，也相當禮敬高僧，更關鍵的是，他在即位隔年（933）便有重修寧波阿育王寺之舉，[21] 就此看來，記文所言當有一定的可信度。錢元瓘之後的兩代國主錢弘佐（941－947 在位）及錢弘倧（947 在位）雖沒留下任何與寧波育王塔相關的記載，不過，錢弘佐曾在開運元年（944）遣僧慧龜前往婺州雙林寺，開南朝高僧善慧大士之塔，取其靈骨、舍利及淨

20　贊寧，〈寶塔傳〉，頁 328。

21　贊寧，〈護塔靈鰻菩薩傳〉，《明州阿育王山志》卷 5，頁 99。

瓶、香鑪等物至錢塘，為之建龍華寺供養，[22] 可見弘佐甚為關注境內所藏聖骸（sacred relics），若然，他理當不會對近在咫尺的育王寶塔視若無睹；至於錢弘倧則繼位不到半年，便因政爭被迫讓位與其弟錢弘俶（948－978 在位），是以後人追述時，常基於名分不正之由加以忽略。因此筆者認為，弘佐、弘倧未必沒有禮敬寶塔之舉，只是贊寧為了將歌頌焦點聚集於末代國主弘俶身上，才選擇性地略過兩人。

從錢弘俶登基不久，便下命為藏放舍利寶塔的木浮圖「重修彩繪」，而令此塔在修成後「放大光明」的記載看來，[23] 他很清楚地認知到此塔對其統治正當性的象徵意涵，這理當不是錢弘俶的臨時起意，而應理解為吳越國主即位禮儀中的一環。當然，除了援引佛教聖物以增添政權神聖性外，吳越國主還廣泛採取各種資源——從儒家的天下理論，到道教的科儀——求取不同群體的認同。[24] 不過，相較前幾代國主，錢弘俶與佛教的關係顯然更為深刻。事實上，他所以能順利即位，據傳便有佛門助力。九四七年三月，弘俶奉錢弘佐之命出鎮台州，到鎮

22 《佛祖統紀》卷 43，〈法運通塞志〉，開運元年條，頁 1010；亦見〈習禪篇．晉永興永安院善靜傳（附靈照）〉，《宋高僧傳》卷 13，頁 313。

23 贊寧，〈寶塔傳〉，頁 328。

24 關於吳越國主與儒家天下觀的關係，參見山崎覺士，《中国五代国家論》第 3 章，〈呉越国王と「真王」概念——五代天下の形成、其の一〉，頁 102-132；第 7 章，〈未完の海上国家——呉越国の試み〉，頁 230-267。吳越國主對於道教資源的運用，見曾國富，〈道教與五代吳越國歷史〉，頁 33-39；趙幼強，〈唐五代吳越國帝王投簡制度考〉，頁 31-36。

後他特意延請高僧德韶（891－972）問道。德韶在言談間提示：「此地非君為治之所，當歸國城，不然將不利矣！」[25] 且叮囑道：「他日為霸主，無忘佛恩。」[26] 弘俶聞言，旋請歸國。是年末，吳越內衙統軍使胡進思發動政變，廢弘倧，改立時在杭州的弘俶。意外登上王位的錢弘俶因此對德紹格外感念，即位不久便將他迎至杭州，尊為國師，接著開始大力崇奉佛法。

錢弘俶不僅優禮僧人、遍造佛寺經幢，更在九五四年親受「菩薩戒」，成為佛弟子，讓自己更有資格贊助及介入國內佛教活動。與此同時，他也積極活用境內佛教歷史資源與新時代技術——特別是印刷術——去建構、宣揚帶有濃重佛教色彩的政治理念。[27] 其中，與本文關係最為密切的是，錢弘俶在九五五年開始以移至杭州的寧波寶塔為藍本，有系統地製作盛裝舍利或《寶篋印經》的小塔，並廣頒境內。[28] 今日尚存四十餘座錢弘俶所造阿育王塔，共有銅、鐵、銀製三類：銅塔皆造於九五五年，有二十餘座；鐵塔製於九六五年，共

25 〈大元帥吳越國王〉，《吳越備史》卷 4，頁 233。

26 〈天台山德韶國師〉，《景德傳燈錄》卷 25，《大正藏》冊 51，第 2076 號，頁 407。

27 黃繹勳，〈吳越諸王（893－978）與佛教〉，頁 136-140；李志鴻，〈十世紀中國南方佛教政治論述的建構與宣傳——以佛教印經為線索〉，頁 15。

28 相關研究成果甚多，較新研究有：Shi Zhiru, “From Bodily Relic to Dharma Relic Stūpa: Chinese Materialization of the Aśoka Legend in the Wuyue Period,” pp. 83-109；馬場紀壽，〈渡海而來的陀羅尼——斯里蘭卡經典的傳播與東亞佛教文化〉，頁 93-106；李志鴻，〈十世紀中國南方佛教政治論述的建構與宣傳——以佛教印經為線索〉，頁 43-56。

十來座；銀製僅有兩座，皆出自杭州雷峰塔，具體製作時間不明，然應在九七〇年代。銅塔與鐵塔基底分別鑄有「吳越國王錢弘俶敬造八萬四千寶塔」及「吳越國王俶敬造寶塔八萬四千所」字樣，可知錢弘俶的造塔計畫，明確帶有效法阿育王廣造八萬四千舍利塔的意圖，因此許多學者逕將此種造型的塔稱作「阿育王塔」。[29]

錢弘俶選擇在九五五年這個時間點大規模地製作「阿育王塔」，很可能是有意識地針對同年由後周世宗（954－959 在位）發起的毀佛行動做出回應——當北方政權如火如荼地整肅佛教之際，吳越統治者反倒以佛教守護者自居，更熱切地擁抱佛教，進而將自己的領土打造為佛國。這幾可說是一場意識型態戰爭，在這場戰爭中，寧波阿育王塔及其成百上千的複製品，無疑就是最醒目的宣傳品。[30] 後周世宗過世後，毀佛行動戛然而止，北方政權又恢復對佛教有限度的支持，也讓吳越針鋒相對的佛教政策頓失著力之處。不過，現有出土文物顯示，錢弘俶直至納土前夕，其造塔計畫都未曾中斷。通過不懈地造塔與頒塔，錢弘俶積極地向臣民宣揚、灌輸，從而樹立起自己作為當代阿育王的鮮明印象。

與此併行的，是錢弘俶對寶塔的供養與禮敬。顯德五年（958）四月，內藏寶塔的羅漢寺木浮圖為火所焚，所幸並未波及寶塔，然為安全起見，錢弘俶命人將寶塔移轉至龍華寺

29 關於吳越阿育王塔的研究相當豐富，中文方面可參考王鍾承，〈吳越國王錢弘俶造阿育王塔〉，頁 109-178。

30 筆者擬另行撰文，更詳盡地討論此課題，這裡權且從略。

（今杭州下城區）——即奉有善慧大士之靈骨舍利之所——安置。九六二年，錢弘俶下令重造木塔，並將舍利塔擺放於第二層，「設黃金寶座，掛懸珠玉」，復飾以讓「觀瞻者亂目」之「百寶」。其後，錢弘俶在大乘律典中讀到吉利王為迦葉佛造塔、並覆金薄於上的段落，[31] 遂決定重以「甃砌莊餙，造檀香殿，雕鎪精麗」，塔上懸掛「百寶珠瓔，風觸振響，音如天樂」，又「別造金塔，極麗窮華」，極盡供養之能事。[32] 錢弘俶的前述行徑，使得傳說由阿育王遺留下的舍利寶塔，幾成為吳越國最重要的政治象徵。北方王朝對此當知之甚深，是以當錢弘俶上表稱臣時，宋太宗特別指明要他將舍利寶塔連同版籍，一同送至開封。換言之，在太宗眼裡，此塔不啻為王者「名器」，不能輕易假人。[33] 此後，阿育王塔便從杭州被移至開封供奉，更加遠離其發祥地寧波。

總之，在九一七年以後，寧波阿育王寺就失去了推進其前期發展的首要動力：傳說中的育王寶塔。這也意味著，那些對靈塔懷抱著熱切信仰、原應前往寧波參拜的道俗人士，將隨之

31　應出自《摩訶僧祇律》卷 33，文曰：「迦葉佛般泥洹時，有王名吉利，欲作七寶塔。時有臣白王言：『未來世當有非法人出，當破此塔得重罪。唯願王當以塼作，金銀覆上。若取金銀者，塔故在得全。』王即如臣言以塼作、金薄覆上，高一由延、面廣半由延，銅作欄楯，經七年七月七日乃成。作成已香華供養及比丘僧。」（見《大正藏》冊 22，第 1426 號，頁 497-498）

32　引文皆出自贊寧，〈寶塔傳〉，頁 328。

33　見《續資治通鑑長編》卷 30，太宗端拱二年八月，頁 686。亦見《佛祖統紀》卷 44，〈法運通塞志〉，太平興國八年條，頁 1028；卷 54，〈歷代會要志・鄮山舍利〉，頁 1254。

轉移至杭州，[34] 從而對寧波阿育王寺的信眾基礎帶來一些負面影響。不過，儘管喪失最富盛名的育王寶塔，寧波阿育王寺仍保有其他較為次要的神聖要素，使其得以繼續招攬信眾，乃至吸引官方護持。寧波阿育王塔傳說本具有很強的吸納力與再造力，是以至晚在唐初，已有部分佛教及地方信仰元素被整併到相關敘事之中，至唐中期，寧波阿育王寺業已發展出一整組以阿育王塔為核心的神聖遺跡——除阿育王塔外，還有據信由迦葉佛留下的左右足跡，和誠心守護舍利塔的「護塔魚菩薩」。[35]

在寧波阿育王寺交出舍利寶塔後的吳越時期，前述的「護塔魚菩薩」及時發揮了重大的彌補作用，讓阿育王寺沒有就此被吳越政權給遺忘。贊寧曾撰有〈護塔靈鰻菩薩傳〉，鮮活地記下此神物在九、十世紀之交的靈驗傳聞。[36] 傳中宣稱，護塔靈鰻乃追隨寶塔東來，並棲息在寺東井中的神物，性喜「名香異花」，又常以人身現形，協助前來禮塔的信徒。不過，或許是靈鰻形象與兩浙地方固有的鰻信仰過於近似，[37] 頗有人對靈鰻來歷表示懷疑，甚至流傳著幾則到寺訪客將靈鰻捕走、欲

34 《宋高僧傳》便載有一位名為道潛的僧人，特意至杭州參謁阿育王塔，並「跪而頂戴，淚下如雨」地虔心禮敬，以致親眼目睹舍利放出繚繞紅光。見卷 13，〈習禪篇．周廬山佛手巖行因傳（附道潛）〉，頁 315。

35 黃庭碩，〈晉唐時期寧波阿育王寺的創建與發展〉，頁 122-124、126-128。

36 下文涉及靈鰻菩薩的整理皆出自此文，不再另引出處。

37 此種信仰與祈雨習俗有關。日本學者安藤更生認為，「魚菩薩」或「靈鰻菩薩」很可能就是廣泛存在於江浙一帶的鰻信仰之變形。（見安藤更生，《鑒真大和上傳之研究》，頁 154-162）

烹而食之的故事，惟其結局皆是靈鰻在過程中神奇地消失，復又神奇地出現在原來水井中，從而驗證了其神聖性。由於靈鰻可說是伴塔而生的靈物，因此在寶塔於九一七年被移送至杭州後，當地人便盛傳原在阿育王寺的靈鰻亦忽焉消失，即便寺僧「頻齎名花」誘之也絲毫不見蹤影，是以信眾都相信靈鰻必定是跟隨寶塔同往杭州，繼續履行其護塔職任。

前述流言在兩浙廣泛流傳，甚至連錢鏐本人都有耳聞，以至他在九二七年[38]夢見一名「首戴結鰻花冠，兩掖挾蟹」的菩薩前來與之相會。錢鏐醒來後，從僧人法崇處得知這可能是護塔靈鰻示現，便命隨從臨近水井查看，果真發現一條「銀星小鰻」。這則情報讓錢鏐甚感訝異，從而決定慎重地派出一個由「近侍吳頊、五都將何新」與「僧清福、宗韜」諸人組成的團隊，在嚴冬中備妥香花往迎，再將其安放在新造於舍利塔西山根處的三口井中。這三口新井旋即成為信眾的新參拜所——每逢佛誕，便有許多道俗人士攜花至井畔引而觀之。由於育王寶塔與靈鰻的靈威遠播，使得吳越諸王亦不敢怠慢其所生之處，是以二代國主錢元瓘即位隔年（933）便下令重修阿育王寺。整修期間，有人宣稱在寧波舊井中瞥見鰻魚身影，信徒們為此想出一個合理解釋：原來靈鰻從未棄寺而去，反倒不停來回往返於杭州、寧波兩地之間。他們甚至相信，每當阿育王寺周邊落下飄搖風雨，便是靈鰻歸返故井的時刻。有關靈鰻的種種傳

38 原文作「同光丁亥歲」。同光為後唐莊宗李存勗年號，實際上只到九二六年四月，亦即丙戌年，而下一年九二七年方為丁亥，不過地方上的年號書寫經常與中央的實際狀況有落差，因此斷為九二七年應無太大錯誤。

說顯示，除官方支持外，阿育王寺仍有堅強的信眾基礎，這應是阿育王寺能夠在顯德年間（954－960）遭遇火厄後，迅速徵集到足夠再造資金的原因。[39]

九五八年，羅漢寺遇火，設於育王寶塔旁的新井也遭受波及，「井亭煨燼，井泉亦竭」，在位的末代國主錢弘俶因此下令重造磚井，卻遍尋不著靈鰻蹤影。僧人皓卿上言，稱弘俶若願為育王寶塔重建「九層浮圖」，靈鰻自會歸來。也如前文所言，錢弘俶果真在九六二年於龍華寺再造一座金碧輝煌的新木塔，並在建成隔年，派遣昱從、守賢、子蟾、贊寧等高僧至寧波阿育王寺井邊開設道場，同時命錢仁晁、褚延昌駕駛設有佛像的船隊前往恭迎，終於順利尋獲靈鰻。一行人遂畢恭畢敬地將其運回杭州，得到消息的錢弘俶也親自來到江畔迎接，捧送盛放著靈鰻的罌缶入城，讓靈鰻與育王寶塔重聚。[40] 其後，信眾繼續盛揚著靈鰻來去無蹤、瞻前忽後的事蹟，讓此信仰在兩浙益發興旺。〈靈鰻菩薩傳〉甚至提到，在九六八至九七二年之間，明州刺史曾將靈鰻重新請回寧波，為之舉辦一場祝禱法會，可知靈鰻本身已經晉升到得被信眾單獨供養的程度。

「靈鰻」信仰的獨立，當與贊寧等吳越高僧的積極接納有關。在〈靈鰻菩薩傳〉末尾，我們可以看到贊寧花費相當長的一段文字為「靈鰻菩薩」的正當性進行熱切辯護。他首先指

---

39 阿育王寺遭火厄事，見行彌，〈阿育王山舍利寶塔記〉，《明州阿育王山志》卷 3，頁 45。

40 原文作「文穆王躬扶罌入」，然文穆王錢元瓘早在九四一年即過世，是以筆者認為此處的「文穆王」當為「忠懿王」——亦即錢弘俶——之誤。

出，南方澤國本就存在許多或稱「溪鰻」、或稱「土蟯」的鰻種，其共通點是「變幻莫測」。「靈鰻」既為菩薩應現，神通自不待言。接著，贊寧又針對「水族」是否夠格冠以「菩薩」之名，以及菩薩是否可能以靈鰻樣貌現身，進行解說。他認為，《華嚴經》稱「微塵眾類」皆能獲得「佛子」之名，可見「眾生與佛心更無差別相」，稱靈鰻為菩薩並沒有大驚小怪的需要；且菩薩本無定形，而會以其得度時的模樣現身說法，就像龍可以幻化為鱧、螺、梭、鯉等物那般；更重要的是，從靈鰻「護寶塔、利羣生」的菩薩行徑看來，他可謂實至名歸，毋需再以「手擎如意、身挂花鬘」的既定形象加以證明。贊寧的辯解是否具有佛學上的有效性，於此暫且不論，只想指出，經過贊寧等高僧的認可與加持，「靈鰻」的護法菩薩身分更形鞏固，也因此更具有受到獨立崇奉的價值與空間，而不再僅是舍利信仰的附庸。

基於前述討論，可知儘管育王寶塔自九一七年便從寧波被移轉至杭州，然基於靈鰻信仰的擴大與獨立，使得作為寶塔發源地的寧波阿育王寺在吳越時期仍然得以維繫其聖地地位，進而吸引官民源源不絕地布施、贊助。

四、北宋寧波阿育王寺的「禪寺化」

寧波阿育王寺與地方政權的特殊關係，隨著北宋的征服南方諸國而結束。儘管宋太宗對寧波舍利塔深感興趣，特意遣人將其運至開封安置，但卻沒有因此愛屋及烏地給予寧波阿育王寺任何恩賞，和吳越時期的處置形成顯著對比。這多少是因為，作為一個定都開封，政治核心位於華北的一統帝國，趙宋勢必不會再如吳越此在地政權那般悉心經營兩浙。這也意謂著，新政府願意投注於兩浙寺院的資源，必然要較吳越時期減少許多。那麼，在此嶄新時局中，阿育王寺是否再度與政治拉開距離，走回仰賴信眾供養以推動發展的早期老路呢？並非如此。

事實上，寧波阿育王寺入宋不到三十年，就在政府的有意主導下，被徹頭徹尾地改造為一間「禪寺」。明初著名文士宋濂（1310－1381）為阿育王寺撰寫的碑銘中，曾以幾句話簡要追溯阿育王寺的入宋發展，文稱：

> 宋初，寺又新。大中祥符元年，復賜以「廣利」為額，拓為十方禪剎。其主僧自宣密素公始，可考見。宣密五傳至大覺璉公……。[41]

此處的「寺又新」，可能會讓讀者誤以為是北宋官府主導的翻新計畫。不過參照前節對於吳越時期阿育王寺發展的討論，筆者傾向認為，這是指阿育王寺在顯德年間（954－960）遇火後的重修，此時趙宋已立，自可謂「宋初」，然整個整建工程當與趙宋無涉。也就是說，阿育王寺為宋廷接收後，首先值得一提的大事，就是在大中祥符元年（1008）被頒予「廣利」寺額，並被拓為「十方禪剎」。

大中祥符元年這個時間點，即是寧波阿育王寺作為「禪寺」的起始。就寧波阿育王寺的發展而言，這是一個重大的轉折，因為在此之前，我們幾乎看不到有什麼著名禪師曾經駐錫

---

41 宋濂，〈阿育王山廣利禪寺碑銘〉，《明州阿育王山志》卷 4，頁 75。

於阿育王寺，反倒有許多材料顯示，在唐末五代之際此寺曾是南山律學的重要基地。

南山律為唐初著名律師道宣（596－667）所創，旨在弘揚《四分律》意旨，由於道宣長期駐錫終南山，因而此派被稱為南山律學。南山律在唐代流傳甚廣，江南一帶也相當盛行。[42]不過從許多著名律師早年從各地輻輳京師問學的現象看來，律學中心仍在長安，[43]要至黃巢攻破兩京，南山律師為了避難紛紛逃離兩京，最先進的南山律學才開始往地方寺院移轉。[44]而讓寧波阿育王寺逐漸轉為南山律學重鎮者，首推慧則（835－908）。慧則本姓糜，吳郡崑山人，年少厭俗，十九歲便至長安西明寺出家，二十一歲得度，從學當時的南山學大師玄暢（797－875）。慧則在京城活動近三十年，廣明元年（880）遇黃巢犯闕，逃返江南。他先掛錫於天台山國清寺，乾寧元年（894）轉至寧波阿育王寺，至九〇八年過世。慧則在浙東一帶極富盛名，錢鏐特命其於越州臨壇，主持授戒儀式。前文提到的明州刺史黃晟，便是慧則的「八戒弟子」；與此同時，慧則還吸引許多年輕僧人前來問學，因而培養出一批積極弘揚南山學的新銳律師，其中尤以釋希覺最為重要。[45]

42 見嚴耀中，〈反佛與自律〉，《江南佛教史》第 6 章，頁 116-118。

43 如出身宣城、在福州受戒、並深得律學宗旨的玄暢，便「仰京室西明寺有宣律師舊院多藏毘尼教迹」，入京求學，而成為懿宗朝著名律師。（見〈護法篇 · 唐京兆福壽寺玄暢傳〉，《宋高僧傳》卷 17，頁 430-431）下文的慧則亦然。

44 相關討論見 Benjamin Brose, *Patrons and Patriarch*, ch. 2, pp. 35-41.

45 慧則生平，見〈明律篇 · 梁京兆西明寺慧則傳〉，《宋高僧傳》卷 16，希覺（864－948）本姓商，生於潤州溧陽，家本業儒，然因唐末戰亂波及而中落，僅能靠傭書為生，二十五歲那年頓感時不我與，遂至溫州開元寺出家，並於隔年（889）受戒。希覺出家後悉心律學，因聽聞西明寺慧則律師至天台山掛錫，遂前往從學，盡窺南山律學堂奧。其後，希覺隨同慧則轉往寧波阿育王寺，直至慧則過世才離開。希覺起先以慧則所作的《出集要記》解說南山之學，然不甚滿意，遂又撰寫《增暉錄》二十卷，發揚其說。此書在兩浙大為盛行，不僅使得南山律頓成江浙顯學，也讓希覺青出於藍地成為當時南山律最具代表的學者。[46] 著名的法眼文益（885－958）便在「弱年」時聽聞「律匠希覺師盛化其徒於鄮山育王寺，甚得持犯之趣」，前往從學，並被希覺譽為「我門之游夏」。[47] 假使「弱年」指的是二十歲上下，則文益問學之年當在九〇五年前後，其時慧則尚在，然聲名似已不及希覺。

慧則過世後，寧波阿育王寺可能還維持了一段作為南山律學重鎮的時光。儘管慧則逝去不久，希覺也選擇離開寧波，前往溫州宣講，復被吳越朝廷延請至杭州，最後圓寂於錢塘千佛寺，再也沒有回到阿育王寺；[48] 不過，慧則或有其他弟子繼續

頁 397-398。本傳稱他「窆于鄮山之岡」，鄮山即寧波阿育王寺所在，可以推測慧則人生的最後十四年應該都是在阿育王寺度過。

46 希覺生平，見〈明律篇・漢錢塘千佛寺希覺傳〉，《宋高僧傳》卷 16，頁 402-403。

47 見〈習禪・周金陵清涼文益傳〉，《宋高僧傳》卷 13，頁 313。

48 〈明律篇・漢錢塘千佛寺希覺傳〉，《宋高僧傳》卷 16，頁 402-403。要說明的是，慧則過世後希覺或許沒有馬上離去，因為據說僧皓端

坐鎮寧波，使得有意學習南山律者仍有意願前來此處學習。對於北宋天台復興有著重要貢獻的螺溪義寂（919－987），便曾因此在阿育王寺遭遇神祕體驗，《宋高僧傳》載：

> 釋義寂，字常照，姓胡氏，溫州永嘉人也。……受具已往會稽學南山鈔，既通律義，乃造天台山研尋止觀。……甞寓四明育王寺，夢登國清寺，上方有寶莊嚴幢座，題曰「文殊臺」，設柂梐闌隔，求入無由。俄覩觀音菩薩從堂徐出，以手攘却行馬，低迂相接，斯須覺已與觀音身泯合不分。因而驚寤，自是之來，樂說無盡矣。[49]

義寂的遭遇乃僧傳中常見的「感通夢」，多半發生在虔誠傳主遭遇瓶頸時，神奇地夢見諸佛、菩薩、神人或高僧為之指點迷津，使其超克當前困境。[50] 從義寂的求法路徑看來，這段經驗很可能發生在他前往天台山之前。換言之，義寂所以寓居在阿育王寺，應當就是他「往會稽學南山鈔」之旅的其中一站。或許是因為單純的律學業已無法滿足義寂的求法之心，使他感到

（890－961）在「弱冠」時曾於寧波阿育王寺「遇希覺律師盛揚南山律」，換算為西曆，當在九〇九年前後，亦即慧則逝世隔年。（見〈義解篇 · 宋秀州靈光寺皓端傳〉，《宋高僧傳》卷7，頁157）不過假使希覺本傳所言無誤，他續留在阿育王寺的時間大概不會太長。

49 〈義解篇 · 宋天台山螺溪傳教院義寂傳〉，《宋高僧傳》卷7，頁162-163。

50 有關僧傳的「感通夢」書寫，參見梁麗玲，〈歷代僧傳「感通夢」的書寫與特色〉，頁65-104。

某種焦慮，日思夜夢、遂生「感通」，經觀音菩薩指點，義寂決定轉往天台「研尋止觀」。據《佛祖統紀》，義寂係於十九歲受完具足戒後赴會稽習律，[51] 時約九四〇年前後，此時距慧則圓寂、希覺離寺已近三十年，阿育王寺仍有堅實的南山律學傳統，可以想見慧則遺澤之深遠。

阿育王寺的南山律學傳統，是否延續至吳越納土以後，囿於材料頗難回答，不過倒是可以約略看出天台在兩浙復興後的影響。天台典籍歷經安史之亂及會昌法滅後散毀嚴重，至五代時期已有許多教義不明所以，因此螺溪義寂特請吳越末主錢弘俶遣使至日本及高麗訪求教典，從而帶動天台復興。[52] 其後，來自高麗的義寂高足寶雲義通（927－988）在乾德年末（968）假道四明、準備歸國傳法時，為明州刺史錢惟治（949－1014）極力慰留，遂打消返鄉之念，改以明州為基地，大闡天台之教，並培養出一批傑出弟子，其中包含對宋代天台發展具有重要定向之功的四明知禮（960－1028）。[53] 有意思的是，在義通圓寂後，他的弟子並沒有將其遺骨舍利埋藏在他長期駐錫的寶雲寺，而是奉其遺命葬於阿育王寺內西北角。對此，《佛

51 〈興道下・十五祖螺溪淨光尊者大法師〉，《佛祖統紀》卷 8，頁 204。

52 晚近有學者考證，錢弘俶主要是向日本求取教籍，而非過去學者傾向認為的高麗，見沈海波，〈北宋初年天台教籍重歸中土的史實〉，頁 187-205。

53 義通事蹟可見：方祖猷，〈宋明州高麗寶雲義通大師事跡考——兼論其在佛教史上的作用〉，頁 35-44。關於四明知禮的綜合性討論可見 Chan Chi-wah, “Chih-li (960-1028) and the Formation of Orthodoxy in the Sung Tien-tai Tradition of Buddhism.”

祖統紀》小註解釋道：「育王未為禪時，其徒嘗請寶雲諸師屢建講席。寶雲既終，因葬骨於此地。」[54] 可見宋初阿育王寺僧對於最新潮的天台學風極感興趣，因而屢屢延請義通師徒至寺講授天台教義；義通自己顯然也對阿育王寺懷抱著特殊感情，才會選擇此處作為自己的下葬之地。就此看來，或許在九七〇、九八〇年代，天台之學在阿育王寺中頗有影響力。

從以上梳理可知，唐末五代的寧波阿育王寺曾是南山律學重鎮，至北宋初則受到江浙天台復興影響，積極吸納天台之學。與此成為對照的是，我們絲毫看不到其與禪宗——特別是在唐末五代於東南區域迅速擴散的江西禪——的關聯。當然，這並不意味阿育王寺內全然沒有禪僧的活動，儘管禪寺在唐晚期已創，然舊寺院仍應維持著各學派僧人分門別院同居一寺的情況；此外，寺院亦有義務接待四處掛單的遊方僧，其中必不乏寓居禪僧。惟就現存史料看，及至十世紀七〇、八〇年代之交，禪宗對於阿育王寺的影響仍不明顯。就此而言，北宋政府於一〇〇八年將阿育王寺拓為「十方禪剎」，可說頗為突兀。

如果說北宋政府的改制並非基於阿育王寺既有學脈的考量，我們似乎有理由懷疑，此舉背後存在著政治控管意圖。這裡涉及宋代寺院體制問題，更具體地說，即「十方制」與「禪寺」之性質。所謂「十方制」，係指帶有官派性質的住持選任方式，當此類寺院住持有缺，就會由州僧官協議討論出候選名單，再交由官府圈選；與此相對的是「甲乙徒弟制」，採行此制的寺院，住持多由師徒一脈相承，舉選過程為寺內業務，官

54　〈興道下・十六祖四明寶雲尊者大法師〉，《佛祖統紀》卷 8，頁 207。

府無權過問。正因政府對於十方寺院業務擁有較多介入空間，因此宋代政府很鼓勵甲乙制寺院轉為十方制，針對無人繼承或毀廢的寺院，也會主動將其改為十方制。[55]「禪寺」則是唐代中期以後逐漸發展出的一種新寺院體制。有別於既有寺院採取內部分門別院，諸院各自為政、經濟各自獨立的方式，禪寺則打破各院藩籬，讓寺內僧人皆遵循同樣一套修行、作息規章。相較於舊制，禪院事權較統一，對官府來說更便於管理，因此也是宋代政府較為偏好的體制。[56]從住持選任方式來看，舊寺院多採甲乙制，新興禪寺則多主十方制，是以在許多時候，這兩種改制是結合並行的。阿育王寺轉為「十方禪剎」，便可作如是觀。

如所周知，北宋政府為了強化寺院管理，曾掀起一波「革律為禪」風潮——即將舊寺院改為「禪寺」體制，儘管這波改制在神宗朝以降最為明顯，[57]不過筆者以為，寧波阿育王寺在

55 見黃敏枝，〈宋代佛教寺院的體制並兼論政府的管理政策〉，《宋代佛教社會經濟史論集》第 8 章，頁 301-348。

56 詳細討論見劉淑芬，〈唐、宋時代的功德寺——以懺悔儀式為中心的討論〉，頁 287-289。

57 宋代有所謂「革律為禪」的說法，許多便是指將既有寺院體制轉換為禪院體制。（見劉淑芬，〈唐、宋時代的功德寺——以懺悔儀式為中心的討論〉，頁 288-289）不過，近來有學者指出，此語有少部分僅指涉住持制度的更張——亦即以律寺稱甲乙制、以禪寺稱十方制——未必真正涉及寺院宗派所屬的變化。（見 Morten Schlütter, “Vinaya Monasteries, Public Abbacies, and State Control of Buddhism under the Northern Song (960-1127),” pp. 136-160；劉長東，〈宋代的甲乙制與十方制寺院〉，《宋代佛教政策論稿》第 5 章，頁 185-189；國威，〈宋代寺院的制度改

一〇〇八年被改為「十方禪剎」，可能也有類似用意。[58] 從前文論及唐末五代盛行於阿育王寺的幾種學風可知，十世紀的阿育王寺很可能仍維持著唐代舊制——讓不同學派僧人共處一寺，並自行推派住持。然而，北宋政府接收阿育王寺不到十年，就開始介入人事。事實上，早在端拱元年（988），太宗便已用敕令方式，派遣居素禪師前去主持寺務。[59] 居素禪師即前引宋濂〈阿育王山廣利禪寺碑銘〉中提到「宣密素公」，是法眼宗僧人雲居道齊（929－997）的法嗣，曾駐錫明州大梅山保福禪寺，後奉敕前來主持阿育王寺。宋廷在此時或已有改造阿育王寺體制的意圖，才會派遣擁有住持禪寺經驗的「禪師」進駐，以便主持院內的改革規畫。一〇〇八年的正式改制，很可能就是此十餘年努力的成果。自此以降，寧波阿育王寺的住

革及空間重組〉，頁 8-12）不過就阿育王寺的變革來說，可能兼有兩個層次的變化，因為在此之前，我們基本上看不到其與禪僧的關係。

58 審查人提醒，北宋朝廷之所以選擇阿育王寺作為改造先聲，除了一般性的政策考量外，很可能也涉及其時的南方控制方針，此語誠是。事實上，宋廷當對阿育王寺之於吳越政權的特殊意涵有所了解，不大可能任其自由發展。筆者亦曾注意阿育王寺的靈鰻信仰，在入宋後似有與舍利崇拜脫鉤的傾向，以致在哲宗元祐元年獲賜「淵靈」廟額，而被納入祠祀體系。（見〈諸祠廟・靈鰻井神祠〉，《宋會要輯稿》冊 20，禮 20 之 126，頁 827；〈淵靈廟禱雨記〉，《明州阿育王山志》卷 5，頁 100-101）此轉變除了舍利塔的北移開封，使靈鰻信仰失去憑依外，或許也有來自官方的有意改造。惟前述討論仍帶有頗大臆測成分，筆者希望未來能夠蒐羅更多資料，對北宋政府的南方接管政策進行較完整的勾勒。

59 一〇〇八年以降的阿育王寺住持名單，見〈先覺考〉，《明州阿育王山續志》卷 16，頁 395-400。

持人事權便為北宋官府牢牢掌握。

就歷史發展看來，北宋政府對阿育王寺的介入影響深遠。學者早已指出「十方制」與「甲乙制」各有優缺、利弊互見。「十方制」的優點是容易請到德高望重、天下知名的僧人前來駐錫，讓寺院得以在短時間得到萬方矚目，從而獲得豐厚的檀施。[60] 十一世紀的寧波阿育王寺，可說就是「十方制」的獲益者——因為正是名動京師的禪師大覺懷璉（1010－1090）在治平年末（1067）的住持，方奠定阿育王寺在北宋叢林的地位。[61] 大覺懷璉本為福建漳州陳氏子，年幼慕道，遠赴洪州泐潭往依懷誠禪師，從學十餘年後遊廬山，任圓通居訥（1010－1071）的掌記。仁宗聞居訥之名，詔住京師十方淨因禪院，訥因目疾舉懷璉自代，懷璉遂入京，與仁宗暢談佛法，奏對稱旨，遂獲「大覺禪師」之號。其後仁宗頻與之問答，還親自寫詩恩賜，使懷璉聲名大振，京城士大夫因此樂與其遊。治平年間（1064－1067），懷璉乞書歸老，獲得英宗許可，更特准他「經過小可菴院隨性住持」，[62] 懷璉遂南下渡江，先後在金山（今江蘇鎮江西北）、西湖短暫停佇，終在明州刺史及九峰鑒韶的力邀下，出任阿育王山廣利禪寺第五代住持。

60 黃敏枝，〈宋代佛教寺院的體制並兼論政府的管理政策〉，頁 310。

61 大覺懷璉生平，見〈大覺璉禪師〉，《禪林僧寶傳》卷 18；〈明州育王山懷璉大覺禪師〉，《明州阿育王山志》卷 9，頁 153-156。

62 《佛祖歷代統記》卷 18，《大正藏》冊 49，第 2036 號，皇祐二年正月條，頁 665。

這樣一位深得皇帝敬重的著名禪師決定駐錫明州，自屬當地一大盛事，是以四明人士得知此事後，開始積極向懷璉表達禮敬之意，以求博取皇帝歡心，他們採取的辦法是：眾人集資出力，在廣利禪寺中新建一座名喚「宸奎」的樓閣，讓懷璉得於此珍藏仁宗所賜御詩。[63] 也由於英宗即位後很有心地蒐集「仁宗御書」以藏諸寶文閣，[64] 是以聽聞此事後，特詔廣利禪寺摹寫副本送至京師珍藏，同時恩賜廣利禪寺每年得「度僧一人」。懷璉在廣利禪院共駐錫二十三年，直到一〇九〇年去世，其間他每日與九峰鑒韶、佛國惟白、參寥道潛等人同室講道，共參佛理，據傳此法後來廣為叢林仿效。[65] 懷璉亦和兩浙官僚士人多有往來，如明州進士樓异（生卒年不詳）便曾攜同鄉士人舒亶（1042－1104）入阿育王山拜謁懷璉，並作詩紀念；[66] 而在京師便已和懷璉相知的蘇軾，不僅在出典杭州時期（1089－1091）頻繁與其通信，更在懷璉逝世後為其撰作祭文，並從懷璉弟子所請，為寺中的宸奎閣親寫碑記。[67] 懷璉的駐錫，迅速且有效地打開阿育王寺在禪林中的

63　見蘇軾，〈宸奎閣記〉，《明州阿育王山志》卷 4，頁 69-70。

64　《續資治通鑑長編》卷 199，仁宗嘉祐八年十二月。

65　宋濂，〈阿育王山廣利禪寺碑銘〉，頁 75。

66　樓异，〈遊育王寺（二首）〉、舒亶，〈和樓試可遊育王（二首）〉，《明州阿育王山續志》卷 11，頁 266、267。

67　蘇軾，〈與育王大覺璉禪師〉、〈與大覺禪師璉公書〉、〈與大覺禪師璉公〉、〈大覺鼎銘〉、〈祭大覺禪師〉，《明州阿育王山續志》卷 11，頁 263、265、266；〈宸奎閣記〉，《明州阿育王山志》卷 4，頁 69-70。

聲名，不過，阿育王寺的著名禪寺形象，直至南宋才得以真正確立。

五、寶塔的復歸及禪門重鎮之確立

北宋時期的阿育王寺，在大覺懷璉過世後雖沒有太多資料傳世，不過我們倒是可從大觀元年（1107）的一道詔敕，評估其在叢林中的位置。此年徽宗詔賜「明州育王寺掌管仁宗御容」的僧行可「師號、度牒各二道」，作為「酬獎」。[68] 儘管無法知悉詔令的發布緣由，至少可以確定，阿育王寺在北宋末藏有「仁宗御容」。在宋代，由於皇帝御容具有禮儀用途，朝廷對於其繪製、奉安及祭儀皆有嚴格規定，一般說來，得以供奉御容的佛寺道觀，多半與皇帝私人關係緊密，也因此較易獲得朝廷額外恩賞。[69] 可以推測，阿育王寺所以奉有「仁宗御容」，與其藏有仁宗賜予懷璉的御詩有關；而既奉有「仁宗御容」，便表示朝廷必然要對其進行例行性的照料與維護，也意味著此寺與普通剎宇不可同日而語。

不知是否意識到阿育王寺與北宋朝廷存在著特殊連結，金將兀朮於一一三〇年侵略浙東時，曾捨棄同在左近的天童山，直趨育王山。[70] 值得注意的是，正是在此次金兵入山事件，阿

68 〈大師禪師雜錄．徽宗大觀元年〉，《宋會要輯稿》冊 200，道釋 1 之 7，頁 7872。

69 相關討論見劉興亮，〈論宋代的御容與奉祀制度〉，頁 20-31。

70 金兵捨天童寺、入侵阿育王寺事，見《佛祖統紀》卷 48，〈法運通塞志〉，建炎四年條，頁 1120、1121。

育王塔的蹤影再次出現於史料之中。如前所言，吳越末代國主錢弘俶在九七八年納土稱臣時，便奉太宗之命，將育王寶塔自杭州運至開封，進獻給朝廷。太宗對此塔亦極為禮敬，為之在開封開寶寺中建造一座高達十一級、上下達三百六十尺的浮圖，作為安置之所。該工程共花費億萬錢，且歷經八年才完成，據稱「巨麗精巧，近代所無」。[71] 收藏著育王寶塔的開封寺浮圖，在建成後屢顯神異，是以真宗在大中祥符六年（1013）親謁此塔時，特賜以「靈感」之名。是塔後於仁宗慶曆四年（1044）遭逢火厄，所幸埋藏在地宮的舍利無損，開寶寺也得以繼續收藏。[72]

這也是北宋史料最後一次出現寶塔蹤影，再來就是八十五年後的宋金戰爭。神奇的是，此時寶塔又回到其發源地寧波，且由阿育王寺保藏，據傳兀朮亦知悉此事，並以奪取這座靈驗的寶塔作為入山一大目標。得到消息的第十代住持月堂道昌禪師（1089－1171）[73]，趕忙將寶塔深藏於後山地窖內，順利躲避金兵耳目。取塔未果的兀朮，本欲大肆破壞院內建築，卻因目睹壁間瑞像大放靈光，心生恐懼，遂拜禱離去，育王寺因此逃過劫難。[74] 且不論此事的靈驗元素，假定情節大抵屬實，則

71 《續資治通鑑長編》卷 30，太宗端拱二年八月，頁 686。

72 分見《續資治通鑑長編》卷 80、150，大中祥符六年六月、慶曆四年五月，頁 1828、3633。亦見〈法運通塞志〉，《佛祖統紀》卷 45、46，大中祥符六年條、慶曆四年條，頁 1057、1058、1073。

73 月堂道昌生平，參見〈臨安府淨慈佛行月堂道昌禪師〉，《嘉泰普燈錄》卷 12，頁 324-327。

74 見〈法運通塞志〉，《佛祖統紀》卷 48，建炎四年條，頁 1120、1121；

寶塔復歸寧波育王寺的時間，勢必落在北宋晚期。如果說寶塔的移至開封，反映的是北宋朝廷對其蘊涵的佛教王權意義之看重，那麼將其移出首都，發還至其發源地寧波，自然多少帶有點貶謫意味，若然，此時間點很可能便落在朝廷抑佛較為激烈的徽宗時期（1101－1125）。[75]

然而，歷史走勢往往出人意表，將育王寶塔送返江浙的北宋朝廷萬沒想到，他們自己居然也在不久的將來被金人驅離華北、落足東南，彷彿跟隨著寶塔步履。建炎四年（1130）二月，沒能捕獲高宗的金兵決定北撤，也讓一度出海避難的南宋朝廷得於四月返陸；高宗一行先於越州（今浙江紹興）暫駐年餘，才在紹興元年（1131）十一月決定移蹕進昇為臨安府的杭州。[76] 或許在暫居越州期間，高宗業已聽聞鄰近的育王寺藏有仁宗書跡與舍利寶塔，是以移都臨安隔年（1133），他便下詔廣求「祖宗宸翰」，育王寺第十一代住持無竭淨曇（1091－

物初觀，〈上壑翁相國啟〉，收於《明州阿育王山續志》卷 11，頁 275。

75 關於徽宗崇道抑佛的較新研究，參見 Patricia Ebrey, *Emperor Huizong*, ch. 12, pp. 343-371。另外，一則引發我們遐想的有趣參照是，在徽宗賜予「掌管仁宗御容」的育王寺僧行可「師號、度牒各二道」的大觀元年（1107），他亦下令將原置於啟聖院的「釋迦栴檀像」——此像係南唐後主李煜降宋時所獻——移出，改置「御容殿」。（見《佛祖統紀》卷 47，〈法運通塞志〉，大觀元年條，頁 1103）那麼，育王寶塔是否可能也在此前後被移出開封、送返育王寺，並在原供塔地設置「仁宗御容」呢？故且誌之。

76 參見《建炎以來繫年要錄》卷 31、32、49，建炎四年二月丙戌、四月癸未、紹興元年十一月戊戌，頁 610、630、871。

1146）[77]立即響應，進獻仁宗墨寶。高宗大喜之餘，不僅賜予御札，還親自寫下「佛頂光明之塔」六字加號於寶塔，[78]更恩賜育王寺享有「買田贍其徒」的特權。[79]也就是說，在南宋朝廷還未完全站穩腳步的年代，阿育王寺即已通過彌足珍貴的院藏資產，與其建立起連結。南宋朝廷也格外看重育王寺，一待時局稍定，便派遣著名僧人前往住持，讓育王寺得以驚人速度自江浙叢林脫穎而出。

首先對南宋阿育王寺發展發揮重大作用的，是由官方委任的第十四代住持：真歇清了（1088－1151）。清了為兩宋之交著名的曹洞宗僧人，以宣揚「默照」禪法著稱。他在北宋宣和二至六年（1121－1124）、南宋建炎四至紹興五年（1130－1135）間，曾歷主真州長蘆及福建雪竇二寺，並使二寺規模均達「千七百僧」以上，顯然具有非凡的行政組織能力，朝廷因此特意在紹興六年（1136）詔請清了駐錫育王寺。清了初到寺時，院內「齋鼓不伐，晝突不黔」，蕭索至極，尤有甚者，院方還背負「幾二十萬」的欠債，使寺僧鎮日憂心不

---

77 無竭淨曇的生平，見〈臨安府法慧無竭淨曇禪師〉，《嘉泰普燈錄》卷7，頁195-196；〈育王淨曇禪師〉，《五燈會元》卷18，頁1173-1174。

78 見樓鑰，〈題跋・恭題仁宗賜懷璉御頌〉，《攻媿集》卷69，頁6-7；賜田食眾事，見〈鄞縣志二・敘祠・寺院・禪院二十二〉，《寶慶四明志》卷13，頁5166。

79 陸游，〈明州育王山買田記〉，《渭南文集校注》卷19，頁248。案：宋令規定擁有常住田產的寺院，不得再向百姓購置田產，儘管在落實上不甚嚴格，然仍有其法律上的意義，相關討論見楊際平，〈宋代政府對寺觀的土地、賦役政策〉，頁250-260。

已。所幸，清了的到來很快改變前述光景。他入住不久，便招徠「遠親近鄰」「扶老攜幼，肩踵相摩，舳艫相銜」至寺頂禮，並有效地向信徒募捐款項，讓寺方在短時間內便償還八九成債務，從而解決了財務上的困窘。阿育王寺自此得以回歸正常營運。[80]

清了僅在阿育王寺駐錫不到兩年，便於紹興八年（1138）被轉調溫州，[81] 不過，其後幾任住持亦多有豐富的行政閱歷。例如：第十五代住持無示介諶（1080－1148）在出掌阿育王寺前，曾先後住持寧波名藍蘆山寺、瑞巖寺，他性格剛毅，施行「古法」御眾，即使首座有犯，亦照罰不誤，被人稱為「諶鐵面」，是以凡他住持之所皆「道法大振」；[82] 第十六代住持佛智端裕（1085－1150），則先被「敕居建康保寧」，復移「蘇城萬壽」、「閩中賢沙」、「壽山西禪」、杭州「靈隱」等寺，紹興十八年（1148）在阿育王寺力邀下出任住持；[83] 第十七代住持圓悟粹雖無太多生平事蹟傳世，不過從他其後被調

80 真歇清了的生平，見釋正覺，〈崇先真歇了禪師塔銘〉，《明州天童景德禪寺宏智覺禪師語錄》卷 4，頁 198-199。亦見石井修道，〈慧照慶預と真歇清了と宏智正覚と〉，頁 143-168。

81 事實上，真歇清了及其師弟宏智正覺（1091－1157）便是通過這樣的例行輪調，在不同寺院大倡宗風，進而在江浙建立起綿密的叢林網絡，成為與臨濟、雲門鼎足的勢力。（黃啟江，〈江浙曹洞叢林與宋、日佛教關係〉，頁 275-311）

82 〈慶元府育王無示分諶禪師〉，《嘉泰普燈錄》卷 13，頁 353-354；〈育王介諶禪師〉，《五燈會元》卷 18，頁 1213。

83 〈鄧州丹霞佛智蓬庵端裕禪師〉，《嘉泰普燈錄》卷 14，頁 363-365；〈育王端裕禪師〉，《五燈會元》卷 19，頁 1280-1282。

派主持另一重要山頭徑山寺看來，應也是位具備組織手腕的大德。這些案例顯示，自真歇清了以降，朝廷便甚為關切阿育王寺住持之選任，這自然極有助鞏固及提高此寺聲望。

南宋朝廷的用心，在第二十代住持大慧宗杲（1089－1163）任上，收到最醒目的成效。大慧宗杲是南宋臨濟宗的領軍人物，[84] 與張浚（1097－1164）、張九成（1092－1159）等政壇要員甚為親密。[85] 紹興七年（1137），宗杲受張浚之邀，入主徑山，遂以此為據點，大倡臨濟宗風。宗杲初至時，徑山寺僧數僅三百，然宗杲憑藉其非凡道價，很快吸引大批衲子雲集，以致「憧憧往來，其門如市」，不到兩年，坐夏僧人數便暴漲至「一千七百有奇」，已非寺中舊院所能容，宗杲因此特在徑山建立「千僧閣」，以納諸僧。[86] 在宗杲的經營下，徑山寺奠定了其江浙禪林龍頭的地位。讓人備感唏噓的是，宗杲的離寺亦與其政壇友人有關。由於與宗杲交好者多為主戰派人士，是以他早已成為主和派除之後快的眼中釘。紹興十一年（1141）四月，張九成入山為亡父「修崇」，未料他與宗杲的一番對談，卻被以秦檜為首的政敵構陷為坐議朝事，因而被

84　大慧宗杲嗣法楊岐派大師圓悟克勤（1063－1135），提倡「看話禪」，鼓勵學子參究公案，以從中獲得生命體悟，此舉對中國禪發展帶來重大影響。有關宗杲的研究不勝枚舉，較為精要的介紹見鄧克銘，〈大慧宗杲禪師禪法之特色〉，頁 281-293；石井修道，〈大慧宗杲の看話禅の成立について〉，頁 39-79。

85　楊惠南，〈看話禪和南宋主戰派之間的交涉〉，頁 192-211。

86　祖詠編，《大慧普覺禪師年譜》，《中華大藏經》冊 77，第 1708 號，紹興八、九、十年條。

貶；宗杲亦受牽連，不僅被追回度牒，還先後被發配至衡州及梅州編管。直到秦檜過世隔年（1156），才「被旨復僧」，獲得赦免北還。[87]

儘管宗杲曾遭流放達十餘年，然其道壇聲望卻沒有因此下跌，是以在紹興二十六年年底，朝廷便命他前往寧波住持阿育王寺。彷彿住持徑山時的翻版般，宗杲入主阿育王寺後，旋招來高達「萬兩千指」的「裹糧問道者」，[88] 讓院內「百廢並舉」，且「檀度向從，冠於今席」。因應寺內僧眾的急遽成長，宗杲首先增修廚房，並新鑿「妙喜」與「蒙」兩座新泉，以暫緩院內供食之急；與此同時，他還花費緡錢十萬餘，命工開築「海岸閑地」，作為寺之「南畝」；最後，宗杲組織八萬四千名信士結成「般若勝會」，向其勸募緡錢、衣盂，以供院方歲入與齋廚。[89] 宗杲的前述作為，大幅改善阿育王寺的基礎建設，也讓繼任者得以調度更多資源營運寺務，是以宗杲雖然僅住持年餘，便於紹興二十八年（1158）年初被調返徑山，但就在這短短一年多，阿育王寺已晉升為規模直逼徑山寺的另一

87 《大慧普覺禪師年譜》，紹興十一至二十六年條。亦見楊惠南，〈看話禪和南宋主戰派之間的交涉〉，頁 195-197。

88 出任育王寺第二十四代住持的佛照德光，便是在宗杲入住育王山時前往求法。（見周必大，〈佛照光禪師塔銘〉，《明州阿育王山續志》卷11，頁 270）

89 《大慧普覺禪師年譜》，紹興二十七年條。又，妙喜泉與蒙泉在鑿成之後皆造有碑銘，以資紀念，前者為張九成作，後者係宗杲自撰，分見〈妙喜泉銘（有序）〉、〈蒙泉銘〉，《明州阿育王山寺》卷 4、5，頁 70、71、74。

禪林重鎮。

需要強調的是，宗杲的作為並不僅是他個人的創發，在其偉岸身影之後，還有一群人在為阿育王寺的營運獻策、奔波。發揮關鍵作用的，是宗杲龐大的弟子群。事實上，「般若會」這個組織從提案到生成，都得歸功於宗杲的高足擇微（生卒年不詳）。伴隨宗杲駐錫阿育王寺的擇微，因見院方無法供給輻輳至此的衲子足夠口糧，遂慨然率「同志二十輩」四處募化，這才徵集八萬餘名願意「各捐己帑」的信眾共結「般若會」，再以這些布施用作「求田供眾之資」。[90] 也因如此，儘管宗杲住持時間不長，然而其種種規畫並沒有就此及身而止，反而由續留在阿育王寺的弟子承繼與發揚。前述提及的寺田開墾，就是絕佳事例。

儘管宗杲在其任上正式提出開築海岸閑地的構想，且可能也開始著手進行，但他畢竟只主持年餘寺務便離去，必不可能在其任內完成拓墾事業，而需仰賴後繼者不懈地推動，這正是續留在阿育王山的宗杲弟子群所為之事。緊接著宗杲擔任第二十一代住持的，是其法嗣大圓遵璞（生卒不詳），[91] 他甫主事，便命其徒彥平前往阿育王山南邊的奉化縣「請官地海塗圩而為田」，並以般若會所儲支付開墾所需的工錢，不足部分還特請宗杲「衣缽助之」。[92] 可知宗杲雖已離寺，仍能通過主持阿

---

90 李泳，〈上塔般若會碑〉，《明州阿育王山寺》卷 7，頁 117。

91 遵璞事蹟見〈慶元府育王大圓遵璞禪師〉，《嘉泰普燈錄》卷 18，頁 467；〈育王遵璞禪師〉，《五燈會元》卷 20，頁 1341、1342。

92 李泳，〈上塔般若會碑〉，《明州阿育王山寺》卷 7，頁 117。

育王寺的弟子，對寺務營運給予一定的支持與關心。遵璞過世後，由其首席弟子妙智從廓（1119－1180）出掌住持。[93] 他也繼承其師的未竟之業，致力募集資金、開墾寺業。在此期間，從廓得到宗杲的方外友人、其時的朝廷重臣湯思退（1117－1164）「捨金協濟」，又獲名喚「無相大師靖公」（生卒不詳）的僧人「捐財」，終在乾道三年（1167）於象山灣岸建立起專屬於阿育王寺的龐大沿海莊園──「般若莊」。[94] 經過宗杲、遵璞、從廓祖孫三代前後十年的努力，育王寺的經濟基礎大幅擴充，足以輕易維持院內動輒千人的龐大僧團。就阿育王寺的發展歷程來說，無疑是一大里程碑。[95]

從廓的貢獻還不僅止於實現宗杲擘畫的藍圖，他自己於寺務營運亦有若干發明與推進。據樓鑰（1137－1213）為其撰寫的塔銘可知，「才具素高」的從廓曾屢於院內「興土木之工」，建築「極其壯麗」；在他領導下，育王寺「增庾入數千斛」，更從諸方信眾募來許多「金帛」。除去每月固定撥

93 此為〈上塔般若會碑〉和樓鑰的說法，見樓鑰，〈塔銘·育王山妙智禪師塔銘〉，《攻媿集》卷 110，頁 25。惟據《明州阿育王山續志》卷十六所載的住持名單，遵璞與從廓中間尚有第二十二代住持慈航了朴，其為第十五代住持介諶之徒，但或許住寺時間不久，於寺務並無太大貢獻，了朴生平參見〈慶元府天童慧航了朴禪師〉，《嘉泰普燈錄》卷 17，頁 452-453；〈天童了朴禪師〉，《五燈會元》卷 18，頁 1223、1224。

94 李泳，〈上塔般若會碑〉，《明州阿育王山寺》卷 7，頁 118。

95 謝和耐認為唐宋時期阿育王寺的地產發展足以作為其時寺院不斷擴張的一個縮影，亦即：從高坡地拓展到平原，再向海濱延伸。（見謝和耐著、耿昇譯，〈財富的累積〉，《中國 5－10 世紀的寺院經濟》第 3 章，頁 119、120）

作「飯僧」之用的定額外，從廓還利用剩餘物資創建「長生局」五所，以備日常所需。[96] 這些作為，在在使得阿育王寺成為更加理想的修業場所。更重要的是，阿育王寺作為禪林要地的聲名，就是在從廓任上，經由海路傳至日本。南宋時期最早的兩位訪華日僧——重源（1121－1206）與榮西（1141－1215）——分別在一一六七、一一六八年來到寧波，並在相遇後結伴於江浙巡禮，歷訪天台、育王等地，他們歸國後，將其見聞及在諸寺領受之清新禪風攜回日本，從而對島內佛教界帶來震撼，開啟新一波日僧入宋求法風潮。[97] 從廓本人的偈語，也經由重榮傳予後白河法皇（1127－1192），據聞法皇讀來自覺「有所發明」，特向從廓「修弟子禮」，更年年向阿育王山致贈書信與財幣。[98] 法皇此舉對從廓的日本聲名自有推波之效，其駐錫的阿育王寺也因此被視為一大求法中心。

在禪學之外，阿育王寺對於日人還有另一巨大吸引力，即院中藏有的育王寶塔。事實上，此塔復歸寧波後，再次以其靈驗之力成為擁有廣泛信眾的浙東聖蹟。因五臺山落入金人之手而無緣親履的日僧重源，便是在歸國前聽從深信阿育王塔的宋人建議，前往巡禮。[99] 此塔及宋人的信仰實踐給重源帶來

---

96 樓鑰，〈塔銘·育王山妙智禪師塔銘〉，《攻媿集》卷 110，頁 25。

97 黃啟江，〈參訪名師——南宋求法日僧與江浙佛教叢林〉，頁 185-233。

98 〈育王山妙智禪師塔銘〉云：「日本國王閱師偈語，自言有所發明，至遜國以從釋氏，歲修弟子禮，辭幣甚恭。」據日本學者的研究，可知塔銘中的「日本國王」，即是指後白河法皇。（見森克己，〈日宋交通と阿育王山〉，頁 139-141）

99 森克己，〈日宋交通と阿育王山〉，頁 137-139；榎本涉，〈大陸へ殺到

極為深刻的印象——他不僅仔細審視寶塔的外觀形制，還從旁記錄宋人參拜團隊的組成、規模及禮塔儀式，[100] 更將涉及阿育王塔的相關訊息帶回日本。從重源處得知相關情事的後白河法皇，遂在致贈財幣之餘，一併運上高級木材，供寺方建造「舍利殿」；從廓很可能就是運用這批建材，修築起一座「器用精妙，莊嚴無比」的「金塔」，用以盛放寶塔。[101] 落成的金塔很快成為寧波的新宗教地標，更促成信眾成長，以致在乾道年間（1165－1173）形成每年定期舉辦的「禮塔會」傳統。[102] 此日漸蓬勃的信仰，復又透過日宋頻繁的交流，一波波傳至日本，[103]

する僧たち〉，《僧侶と海商たちの東シナ海》第 3 章，頁 131-132。

100 重榮如此轉述他的見聞：「謂阿育王山者，即彼王，八萬四千基塔之其一被安置彼山，件塔四方皆削透云云。其上奉納金塔（當時帝王所被造進云云，件根本塔，高一尺四寸云云），其上銀塔，其上金銅塔，如此重重被奉納云云，件舍利現種種神變，或現丈六被攝之姿，或現小像，或現光明云云，……彼國人心已信心為先，或道或俗，徒黨五百人，若千人，如此同時始精進，起猛利之淨信，三步一禮成參詣，其路雖不遠，或三月，若半年之間，遂其前途，參著之後，皆悉奉唱釋迦之寶號，一向成奉禮神變之思，其中隨罪之輕重，有神變之現否云云。」（見藤原兼實，《玉葉》卷 38，壽永二年正月廿四日條，頁 593、594）

101 樓鑰，〈塔銘·育王山妙智禪師塔銘〉，《攻媿集》卷 110，頁 25。

102 張津等纂修，〈鄞縣·古跡七〉，《乾道四明圖經》卷 2，頁 4893。

103 例如《平家物語》宣稱平清盛曾捐贈千兩黃金予育王寺，希望寺方為平家後人祈福。學者多認為此事乃後世杜撰，然也強調其有現實基礎。（見高橋昌明，〈平清盛中國外交政策與大輪田泊〉，頁 40、41）另外，宋人參詣育王山時的禮拜文，也被日人抄錄下來傳回本國，迄今尚保存於金澤文庫，可知日人對此確實懷有濃厚興趣。（見森克己，〈日宋交通と阿育王山〉，頁 133-135）

從而強化日僧參謁此山之意念。總之，對於南宋入華日僧來說，阿育王山是兼具「求法」與「巡禮」雙重性質的聖地，擁有很高的參拜順位。

至淳熙年間（1174－1189），盛行於兩浙的阿育王塔信仰再次引起南宋政府注意。奉命出鎮寧波的孝宗二子魏王趙愷（1146－1180），首先於淳熙二年（1175）四月入山禮敬寶塔、恭視高宗御書，趙愷自言他從小便聽聞寶塔之名，然至此年才有機會乘職務之便前來頂禮。據傳在他祈願當下，寶塔「毫光大發，青紅交眩，變示不一」，驚歎不已的趙愷，遂當場作了十六句讚文，命人鐫刻於金塔四周，作為目睹靈迹之見證。[104] 趙愷可能也將此事上呈朝廷，是以在同年十一月，孝宗專程遣使至育王山，命從廓恭送寶塔至行在瞻仰。傳至禁庭中的寶塔，再次屢顯神異：舍利先於「於塔尖上湧現，如月輪相」，次日又「復現寶塔兩角，如水晶珠」。孝宗見之大喜，特召從廓入內慰問，並賜其「妙智禪師」之號；隔年（1176）正月，孝宗敕內侍奉塔還山，臨行前御書「妙勝之殿」四字，命從廓懸掛於供塔之所。[105] 南宋官方的乞靈寶塔，不禁讓我們聯想起吳越政權的舉措——儘管孝宗不似錢鏐那般，就此將寶塔移轉至杭州供奉，然向其祈福之心卻相距不遠，這很可能進一步拉抬起阿育王寺在孝宗心中的地位。

104 趙愷，〈供舍利金塔記〉，《明州阿育王山寺》卷 3，頁 43、44。

105 從廓，〈阿育王山舍利寶塔記〉，《明州阿育王山寺》卷 3，頁 44、45。還塔時間見〈法運通塞志〉，《佛祖統紀》卷 48，淳熙三年條，頁 1136。

有意思的是，從廓於淳熙七年（1180）過世後，宗杲法嗣仍不絕如縷地出任阿育王寺住持之位，箇中原因現已難明，或許是宗杲法嗣利用其師深厚綿密的政治人脈，不斷說服朝廷派遣同脈禪師出任主事；亦可能是朝廷積極評價宗杲、遵璞、從廓三代的經營業績，有意延續既有委任模式，繫阿育王寺聲名於不墜；又或者是兩層因素兼而有之。無論如何，臨濟楊岐派禪師基本壟斷一一八〇年後的阿育王寺務，乃甚為明顯之事實。這些住持一面致力將阿育王寺打造為臨濟楊岐派的重要據點，另方面則利用與朝廷的緊密關係，不斷積累資源、鞏固寺院基礎，讓阿育王寺成為江浙地區數一數二的大寺院。繼從廓出任第二十四代住持的佛照德光（1121－1203）便是如此。

德光為大慧宗杲住持阿育王山時所收門徒，深具慧根，有問輒舉，被同門讚為天縱之資；宗杲圓寂後，德光先受台州刺史李浩之邀，出任州內鴻福寺住持，五年後復轉光孝寺。道價本高的德光，在經營寺務上亦擁有良好評價，遂成為朝廷極欲網羅的人才。淳熙三年（1176），孝宗請他至杭州住持靈隱大寺，期間兩度詔見、對問佛法大意，並賜予「佛照禪師」雅號，禮遇備至。七年（1180），育王寺住持從廓圓寂，孝宗特別援引「仁宗待大覺禪師懷璉故事」，讓德光接任住持之位。[106] 此舉顯示孝宗很有意識地要透過高僧的加持，維繫阿育王山的興旺；德光也沒有讓孝宗失望，其駐錫確實讓阿育王寺得以延續其作為禪林重要山頭的資格。最足以證明此事者，係日僧大日房能忍（生卒不詳）——因自創達摩宗而在日本飽受

106 周必大，〈佛照光禪師塔銘〉，《明州阿育王山續志》卷 11，頁 270。

抨擊——於淳熙十六年（1189）特地派遣兩名弟子練中及勝辨入宋，至阿育王寺尋求德光之印可，[107]足見德光地位之不凡連日僧都有所體認，這也不啻意味其駐錫之所即是求法聖地了。

同樣重要的是，入主阿育王寺的德光也沒有就此安於現狀，反倒積極拓展財源。德光認為，高宗既曾於南宋初賜予院方買田特許，若不加善用實在可惜，遂以身作則地將孝宗贈與他的錢財盡數捐出，與「大臣長者居士」的「修供之物」一同拿去購置田產，瞬間增添「五千石」歲入。[108]德光在光宗紹熙四年（1193）轉調徑山，阿育王寺轉由其弟子秀巖師瑞（生卒不詳）主持，惟其時德光年事已高，僅就任一年多，便乞老歸於育王。其後，德光便與師瑞以阿育王寺為據點，「更唱迭和，相為引重」，再次引來衲子雲集，讓院方備感經濟壓力。德光師徒便命「智日、智月等十僧」負責擴增田土，作為「經久之計」，這進一步拓展了院屬地產規模。[109]及至十三世紀初，阿育王寺已成為轄有上萬畝田產林地、歲入三萬斛的龐大寺院。[110]

歷經南宋朝廷半個多世紀來的有意扶植，及歷代官派禪

107 在德光的認可下，達摩宗果真在日本取得一席之地。（參見黃啟江，〈參訪名師——南宋求法日僧與江浙佛教叢林〉，頁 196、197）

108 陸游，〈明州育王山買田記〉，《渭南文集》卷 19，頁 248。

109 樓鑰，〈江州普照院記〉，《攻媿集》卷 57，頁 15。

110 據《寶慶四明志》載，阿育王寺有「常住田三千八百九十五畝，山一萬二千五十畝」。（見卷 13，〈鄞縣志二．敘祠．寺院．禪院一十二〉，頁 5167）阿育王寺的歲入，見劉昌詩，〈四明寺〉，《蘆浦筆記》卷 6，頁 48。

僧住持的悉心經營，阿育王寺終於在十二、十三世紀之交，成為江浙一等一的禪林大院。相較於十二世紀，十三世紀的阿育王寺材料頗為零散，僅存者如：寧宗在位期間（1194－1224）曾親書「孤雲」、「六殊勝地」、「佛照庵」等字，賜予阿育王寺第三十代住持孤雲道權（生卒不詳），讓宸奎閣「所藏益富」；[111] 嘉定（1208－1224）與嘉熙年間（1237－1240），院方曾為整修寺容及舍利塔殿，分別花費萬緡餘錢；[112] 而在南宋晚期，亦有第四十六代住持物初大觀（1201－1268）為寺「新眾屋百楹」的記載。[113] 這些片段內容大抵反映，十三世紀的阿育王寺基本仰仗與朝廷的緊密關係，及其厚植的經濟根柢穩健地營運著，使得它成為東南叢林中無法被忽視的龐然存在。正因如此，當史彌遠於嘉定年間（1208－1224）向寧宗提出「五山制度」，以期建立層級更為嚴明的寺院體制時，寧波阿育王寺自也毫不意外地列名其中。[114] 歷經十至十三世紀的漫長發

111 〈鄞縣志二・敘祠・寺院・禪院二十二〉，《寶慶四明志》卷 13，頁 5167。

112 嘉定年間的整修，見薛叶，〈育王上塔碑記〉卷 3，《明州阿育王山志》，頁 46；物初觀，〈上鄞翁相國啟〉，《明州阿育王山續志》卷 11，頁 275。嘉熙年間的整修，見〈度宗〉，《宋人軼事彙編》卷 3，頁 102。

113 元熙，〈鄮峰西菴塔銘〉，《明州阿育王山志》卷 8，頁 133。

114 就筆者管見，對於南宋五山最為精詳的研究，當屬石井修道，〈中國の五山十刹制度の基礎的研究〉（一）、（二）、（三）、（四），頁 89-132、82-122、61-129、30-82。儘管承認五山制度的形成尚有許多不明之處，不過石井修道支持此制度的存在，並認為其與孝宗個人有深切的關係。晚近研究可見黃敏枝，〈宋代佛教寺院的體制並兼論政府的管理政

展，阿育王寺的禪林重鎮形象終焉底定。

六、結語

就寧波阿育王寺的歷史發展走向來說，十至十三世紀是極為關鍵的時段。在這約莫四百年間，阿育王寺因應政治環境的波動，以及育王寶塔的長期離寺，逐步向禪宗靠攏，並在十三世紀前期躍升為江浙首屈一指的禪林大道場。以下扼要重述此進程。首先，在九世紀末，隨著唐帝國中樞的崩解，地方軍閥開始日益勃興，為拉攏民心、鞏固政權，各地方勢力開始異常積極地探掘、尊崇域內各種信仰資源，以求取信眾認同。本與唐政權關係較疏的寧波阿育王寺，便隨著此政治格局的驟變，進入地方政權的視野——無論是在九、十世紀之交控制明州長達十餘年的黃晟，抑或接下來掌握兩浙實權、建立吳越國的錢鏐，都期望能將阿育王寺所藏之著名舍利塔移轉到自己的發跡地，藉以增加政權之合法性與神聖性。

被吳越政權成功在九一七年移送至杭州的育王寶塔，被歷代國主視為重要的政治資產而虔心供養著。及至熱切想將王權與佛教結合在一起的末代國主錢弘俶時期，更以育王寶塔為母本，仿製了數以千百計的舍利小塔，分送至轄境各處，意圖將

策〉，頁 313-317；劉長東，〈宋代的五山十剎制〉，《宋代佛教政策論稿》第 7 章，頁 349-379；王仲堯，〈五山十剎及其研究考實〉，《南宋佛教制度文化研究》（上），第 5 章，頁 272-326。亦有學者認為此制並非由史彌遠提出，見 Lan Jih-chang, “A Critique and Discussion of the View that Shi Miyuan Proposed the Five Mountain, Ten Monastery System,” pp. 45-66。

自己建構為當代的阿育王，從而使育王寶塔幾成為吳越政權代名詞。或因如此，吳越納土後，宋太宗特地將育王寶塔運至開封，以展示政權之轉移。有意思的是，失去寶塔的阿育王寺，並沒有就此被吳越政權冷落，因為自唐初作為寶塔崇拜衍生物而逐步發展起來的護塔靈鰻信仰，在十世紀的兩浙依舊盛行。信徒堅信靈鰻在追隨寶塔至杭州的同時，仍沒有忘記發源地，是以經常往返杭州與寧波，從而為兩地搭建起神聖橋樑。影響所及，不僅吳越統治集團對靈鰻禮敬備至，連贊寧這樣的高僧亦從佛理上給予肯定，遂讓失去寶塔的阿育王寺，仍能在吳越保有聖地地位。

伴隨著兩浙在九七八年為北宋政權所接收，寧波阿育王寺再度重回一統帝國管轄，在吳越時期獲得的高規格待遇也隨之中止。然而，政治力對阿育王寺的影響非但沒有就此減弱，反倒強勢開啟其禪寺化歷程。從唐末五代史料看來，十世紀的寧波阿育王寺曾作為南山律學重鎮，至七〇、八〇年代又逐漸浸染新復興的天台學風，但就在九八八年，太宗毫無前兆地命令一位禪師前去主持寺務，並在二十年後正式將阿育王寺改建為「十方禪剎」。筆者以為，此番改制近似「革律為禪」風潮的先聲，係政府為加強寺院控管而進行的體質改造行動。此後，阿育王寺住持皆由北宋政權指派的禪師擔任，並在名震天下的大覺懷璉於十一世紀末擔任第五代住持時，躍升為兩浙一大禪宗山頭。

寧波阿育王寺在北宋晚期的發展不甚明朗，僅能推測其寺因藏有仁宗墨寶而獲贈「仁宗御容」，從而與朝廷建立起特殊關係；此外，可能在極端崇道的徽宗時期，育王寶塔又被移回阿育王寺收藏。也正是寺中握有的特殊資源，讓阿育王寺得在戰局甫定時獲得朝廷青睞，並在官方有意扶植下迅速壯大。從紹興六年（1136）詔請曹洞宗大師清了住持以降，育王寺歷任住持多為兼具道壇聲望與組織能力者，在他們的經營下，院方體質獲得長足改善。其中最為關鍵的，莫過於紹興二十六年（1156）臨濟高僧大慧宗杲的駐寺。宗杲入駐後，育王寺旋即吸引多達千餘名衲子雲集求法。為因應寺內僧眾的暴增，宗杲發起一系列擴大寺內衣食財源的革新，其中包含成立帶有法人性質的「般若會」，以及闢墾沿海閑地。儘管宗杲僅駐寺年餘，然憑藉著與政府要員的密切關係，其法嗣幾乎壟斷了其後育王寺住持之任，而他的徒子徒孫也勤勉地推動著宗杲擘畫的藍圖，終於在十二、十三世紀之交，成為名震天下的禪林重鎮。也因如此，其在嘉定年間被朝廷納為等秩最高的禪林「五山」之一，可說是水到渠成。

在強調阿育王寺「禪寺化」同時，我們也應留意，於北宋末復歸寧波的寶塔，使得盛行於社會的舍利崇拜，再次成為阿育王寺招引信眾的重要吸力，更在十二世紀晚期形成一年一度的「禮塔會」。此傳統一路延續至十三世紀，[115]甚至享有跨地域聲望，是以當元軍於至元十二年（1275）二月攻陷臨安後，旋在隔月至寧波阿育王寺迎奉寶塔；五月，寶塔北抵上都，引來「百官四眾，爭先迎覩」，在上都華嚴寺暫留月餘後，寶塔又被迎至大都；九月，於玉塔寺為之舉辦盛大的祈福法會，連

115　《寶慶四明志》猶云「至今歲為禮塔會，遐邇畢集」，見卷 13，〈鄞縣志二・敘祠・寺院・禪院二十二〉，頁 5167。

忽必烈都親臨致敬。法會結束後，寶塔由特使恭送南返，十二月抵達寧波，據聞「海人歡呼鼓舞，塞塗溢巷，如赤子之見其親之歸」，可見其在浙東一帶擁有的深厚信眾基礎。[116] 我們似乎可以說，伴隨著育王寶塔的復歸，南宋的阿育王寺再次尋回推動其早期發展的重要驅力：舍利崇拜。其與禪學重鎮相輔相成地構成南宋阿育王寺的聖地內涵，這是過去未曾見過的嶄新面貌。

綜上所言，我們可以發現漢唐時期因藏有育王寶塔、而被視為東南一大聖地的寧波阿育王寺，在十至十三世紀期間受到外在政治波動的強力牽引，發生了幾個不同階段的變化，而在每個階段，其「聖地」地位與內涵皆非一成不變。若我們將「佛」、「法」、「僧」視為成「聖」的三大要素，那麼漢唐時期的寧波阿育王寺之所以為「聖」的關鍵，無疑就是因為藏有「佛」之遺骸。然而，這個情形在十世紀產生轉變，吳越時期，由於佛骨舍利被移轉至杭州，使得阿育王寺失去最神聖之物，所幸，早在唐代前期，此寺便以佛骨舍利為中心，發展出諸多衍生性、附加性信仰，是以即便寶塔離寺，其神聖性仍得以延續——即便其程度可能要打上一些折扣。與此同時，唐末的大亂，使不少北方高僧選擇南遷，其中，律學大師慧則的入駐，讓阿育王寺成為九、十世紀之交的律學中心，吸引諸多僧

116 行彌，〈阿育王山舍利寶塔記〉，《明州阿育王山志》卷 3，頁 44、45。附帶一提，甚至到十三、十四世紀之交，阿育王寺都還因為藏有舍利塔的緣故，享有「歲時使者香幣踵至」的待遇，且屢有「不遠數千里，裹糧以來」的虔誠善士至寺參禮。（見袁桷，〈阿育王寺住持東生明禪師塔銘〉，《明州阿育王山志》卷 8，頁 128）

人前往求法，這意味著「法」與「僧」開始成為構築育王寺神聖性的核心組成。

在十世紀末逐步禪寺化的阿育王寺，由於住持皆非著名大德，是以「法」與「僧」二要素也逐漸沉寂，加之寶塔的缺席，使得阿育王寺僅能仰賴既有的舍利衍生信仰維繫其神聖性，這或許是其聖地意味最為淡薄的一段時日。直到十一世紀末大覺懷璉的進駐，才一改此局面。懷璉的到來，重新為阿育王寺注入「僧」與「法」兩個向度，與此同時，懷璉還帶來另個非佛教的神聖性物件——仁宗御書。這項對趙宋皇室別具意義的存在，讓阿育王寺得以與朝廷建立起特殊橋樑。十二世紀初寶塔的復歸，則意味著「佛」這個最緊要的神聖要素，重返育王寺。相較於常因人事而興衰的「僧」與「法」，「佛」顯然更具有恆常的號召力，再加上新獲得的仁宗御書，遂使阿育王寺得以在宋金戰爭還未止歇之際，便吸引南宋朝廷注意。局勢暫穩後，南宋朝廷決意大力扶植其營運。在計畫性的安排下，深具經營手腕的名僧被陸續派往住持，讓「僧」與「法」得以連綿不絕地延續，再結合佛骨舍利的靈威，終令阿育王寺在十三世紀初期攀至其發展史上的巔峰。

前述整理讓我們多少有種感覺——儘管阿育王寺確實擁有佛教社群公認的神聖要素，使其成為著名「聖地」，然與前期發展相較，調動、組合這些要素的主要動力，似乎已不再是信仰的自發邏輯，而是來自不同時期政府的有意干涉。他們各自懷抱不同的意圖，左右阿育王寺的發展，當然，其中仍存在著一些不可控制的變因——如懷璉的駐錫——但整體說來，來自政府的管控力道確實要較過去增強許多。前述觀察，究竟只限於寧波阿育王寺自身，或者可以施用到絕大多數由唐入宋的南方寺院發展，有待更為細緻的考察。期盼日後能以這篇小文為起點，續對這段時期的佛教界變動做出更為深刻的探討。

徵引書目

佛教藏經或原典文獻

《大慧普覺禪師年譜》，《中華大藏經》冊 77，北京：中華書局，1994 年。

《佛祖歷代統記》，《大正藏》冊 49，第 2036 號，東京：大藏經刊行會。

《明州天童景德禪寺宏智覺禪師語錄》，《明版嘉興大藏經》冊 32，臺北：新文豐，1987 年。

《景德傳燈錄》，《大正藏》冊 51，第 2076 號，東京：大藏經刊行會。

《摩訶僧祇律》，《大正藏》冊 22，第 1426 號，東京：大藏經刊行會。

古籍

《九國志》，〔宋〕路振，收入傅璇琮等編，《五代史書彙編》6，杭州：杭州出版社，2004 年。

《五燈會元》，〔宋〕釋普濟，北京：中華書局，1984 年。

《玉葉》，〔日〕藤原兼實，東京：國書刊行會，1906 年。

《佛祖統紀》，〔宋〕志磐，上海：上海古籍，2012 年。

《吳越備史（附補遺、世系圖、州考）》，〔宋〕范坰、林與，北京：中華書局，1991 年。（景學津討原本）

《宋高僧傳》，〔宋〕贊寧，北京：中華書局，2006 年。

《宋會要輯稿》，〔清〕徐松輯，北京：中華書局，1957 影印北平圖書館印行本。
《攻媿集》，〔宋〕樓鑰，收入《四部叢刊初編集部》，臺北：商務出版社，1967 年。（武英殿聚珍版本）
《明州阿育王山志》，〔明〕郭子章編，新北：新文豐，2013 年。
《明州阿育王山續志》，〔清〕釋畹荃編，新北：新文豐，2013 年。
《建炎以來繫年要錄》，〔宋〕李心傳，北京：中華書局，2013 年。
《唐文拾遺》，〔清〕陸心源編，北京：中華書局，1987 年。
《乾道四明圖經》，〔宋〕張津等纂修，收入《宋元方志叢刊》5，北京：中華書局，1990 年。
《渭南文集校注》，〔宋〕陸游著，馬亞中、涂小馬校注，杭州：浙江古籍出版社，2015 年。
《資治通鑑》，〔宋〕司馬光編，北京；中華書局，2004 年。
《嘉泰普燈錄》，〔宋〕釋正受，海口：海南出版社，2011 年。
《禪林僧寶傳》，〔宋〕惠洪，鄭州：中州古籍出版社，2014 年。
《寶慶四明志》，〔宋〕胡榘修，方萬里、羅濬纂，收入《宋元方志叢刊》5，北京：中華書局，1990 年。
《續資治通鑑長編》，〔宋〕李燾，北京：中華書局，2004 年。

專書、論文或網路資料

山崎覺士 2010《中国五代国家論》，京都：思文閣出版社。

方祖猷 1996〈宋明州高麗寶雲義通大師事跡考——兼論其在佛教史上的作用〉，《寧波大學學報（人文科學版）》3，頁 35-44。

王仲堯 2012《南宋佛教制度文化研究》，北京：商務出版社。

王鍾承 2012〈吳越國王錢弘俶造阿育王塔〉，《故宮學術季刊》29.4，頁 109-178。

石井修道 2017〈大慧宗杲の看話禅の成立について〉，《駒沢大学禅研究所年報》29，頁 39-79。

石井修道 1982-1985〈中國の五山十剎制度の基礎的研究〉（一）、（二）、（三）、（四），《駒澤大學佛教學部論集》13-16，頁 89-132、82-122、61-129、30-82。

石井修道 1978〈慧照慶預と真歇清了と宏智正覚と〉，《駒沢大学仏教学部研究紀要》36，頁 143-168。

安藤更生 1960《鑒真大和上传之研究》，東京：平凡社。

何燦浩 2001《唐末政治變化研究》，北京：中國文聯。

李志鴻 2017〈十世紀中國南方佛教政治論述的建構與宣傳——以佛教印經為線索〉，《中國文哲研究通訊》27.4，頁 43-56。

沈海波 2000〈北宋初年天台教籍重歸中土的史實〉，《中華佛學研究》4，頁 187-205。

阿部肇一 1986《中国禅宗史の研究——政治社会史的考察》（增訂），東京：研文出版。

高橋昌明 2008〈平清盛中國外交政策與大輪田泊〉，《東亞文化交流：空間・疆界・遷移》，臺北：臺大出版中心，頁 23-42。
馬場紀壽 2016〈渡海而來的陀羅尼——斯里蘭卡經典的傳播與東亞佛教文化〉，《全球史、區域史與國別史——復旦、東大、普林斯頓三校合作會議論文集》，北京：中華書局，頁 93-106。
國威 2018〈宋代寺院的制度改革及空間重組〉，《中華佛學研究》19，頁 1-22。
梁麗玲 2015〈歷代僧傳「感通夢」的書寫與特色〉，《臺大佛學研究》30，頁 65-104。
曾國富 2008〈道教與五代吳越國歷史〉，《宗教學研究》2，頁 33-39。
森克己 2011《增補日宋文化交流の諸問題》，東京：勉誠出版。
黃庭碩 2017〈晉唐時期寧波阿育王寺的創建與發展〉，《早期中國史研究》9.2，頁 91-142。
黃啟江 1997〈江浙曹洞叢林與宋、日佛教關係〉，《北宋佛教史論稿》，臺北：商務出版社。
黃啟江 2005〈參訪名師——南宋求法日僧與江浙佛教叢林〉，《臺大佛學研究》10，頁 185-233。
黃敏枝 1989《宋代佛教社會經濟史論集》，臺北：學生書局。
黃繹勳 2004〈吳越諸王（893 － 978）與佛教〉，《中華佛學學報》17，頁 126-153。
楊俊峰 2010〈五代南方王國的封神運動〉，《漢學研究》

28.2，頁 327-362。
楊惠南 1994〈看話禪和南宋主戰派之間的交涉〉，《中華佛學學報》7，頁 192-211。
楊際平 2003〈宋代政府對寺觀的土地、賦役政策〉，《李埏教授九十華誕紀念文集》，雲南：雲南大學出版社。
趙幼強 2002〈唐五代吳越國帝王投簡制度考〉，《東南文化》1，頁 31-36。
榎本涉 2010《僧侶と海商たちの東シナ海》，東京：講談社。
劉長東 2005《宋代佛教政策論稿》，成都：巴蜀書社。
劉剛、薛炳宏 2014〈江蘇揚州出土錢匡道墓志考釋〉，《東南文化》6，頁 78-85。
劉淑芬 2011〈唐、宋時代的功德寺——以懺悔儀式為中心的討論〉，《中央研究院歷史語言研究所集刊》82.2，頁 261-323。
劉興亮 2012〈論宋代的御容與奉祀制度〉，《歷史教學》6，頁 20-31。
鄧克銘 1987〈大慧宗杲禪師禪法之特色〉，《中華佛學學報》1，頁 281-293。
賴建成 2010《吳越佛教之發展》，新北：花木蘭文化出版社。
謝和耐著、耿昇譯 2004《中國 5-10 世紀的寺院經濟》，上海：上海古籍出版社。
戴偉華 2007《唐方鎮文職僚佐考》，桂林：廣西師範大學出版社。
嚴耀中 2000《江南佛教史》，上海：上海人民出版社。
Brose, Benjamin. 2015. *Patrons and Patriarch: Regional Rulers and*

Chan Monks During the Five Dynasties and Ten Kingdoms. Honolulu : University of Hawai i Press.

Chan, Chi-wah. 1993. "Chih-li (960-1028) and the Formation of Orthodoxy in the Sung Tien-tai Tradition of Buddhism." Ph.D. Dissertation, University of California.

Ebrey, Patricia. 2014. *Emperor Huizong.* Cambridge: Harvard University Press.

Lan, Jih-chang. 2014. "A Critique and Discussion of the View that Shi Miyuan Proposed the Five Mountain, Ten Monastery System." *Journal of Cultural Interaction in East Asia* 5, pp. 45-66.

Schlütter, Morten. 2005. "Vinaya Monasteries, Public Abbacies, and State Control of Buddhism under the Northern Song (960-1127)." in William Bodiford ed., *Going Forth: Visions of Buddhist Vinaya.* Honolulu: Hawaii University Press, pp. 136-160.

Shi, Zhiru. 2013. "From Bodily Relic to Dharma Relic Stūpa: Chinese Materialization of the Aśoka Legend in the Wuyue Period." in John Kieschnick and Meir Shahar ed., *India in the Chinese Imagination: Myth, Religion, and Thought.* Philadelphia: University of Pennsylvania Press, pp. 83-109.

The Transformation of a Sacred Site:

the Aśoka Temple in Ningbo under the Political Changes from the Tenth to the Thirteenth Centuries

Ting Shuo, Huang
Ph.D. Candidate,
Department of History, National Taiwan University

Abstract

The Aśoka Temple in Ningbo became a famous Buddhist sacred site in southeastern China for the worship of stupa from the fifth to the ninth centuries. However, at the turn of the tenth century, the religious landscape of the Aśoka Temple changed dramatically because of political turbulence. During the late chaotic years of Tang dynasty, local warlords started to compete for the sacred stupa. The stupa was finally under control of the Wuyue kingdom and then moved to its capital, Hangzhou. Although losing the stupa, the Aśoka Temple was still held in high esteem in the Zhejiang area by the contemporaries. Probably because of this, the Song regime, the new conqueror, not only decided to keep the stupa apart from the Aśoka Temple but also increasingly interfered in the temple management. Chan monks were sent to administer the temple in late tenth century and the temple was further turned into a public Chan monastery in the eleventh century, both paved the way for the transformation of the Aśoka Temple into Chan. This paper explicates how political upheavals influenced the religious site and proposes that the transformation of the Aśoka Temple might represent a pattern for other Buddhist monasteries in southern area during the Tang-Song transition.

Keywords: Aśoka Temple, Aśoka stupa, Temple management, Monastic reform, Sacred site

平安時代天台宗的政治性格及歷史發展
——與攝關政治交涉為中心的考察

郭珮君
中央研究院中國文哲研究所博士後研究員

摘 要

自從九世紀初期入唐僧最澄返回日本，天台佛教開始被系統性地引進日本，逐漸在既有的奈良佛教傳統中建立起新勢力。在日本平安時代，僧侶與政治勢力的交涉相當密切。以攝政、關白為首的朝廷，和天皇一同作為國家政治結構的頂點，與強調自身護國性格的天台宗始終維持著密切聯繫。甚至，許多僧侶出身於政治勢力強大的家門，並在天台宗宗門內取得優勢地位。本文將考察日本天台宗成立過程中，天台宗僧侶與政治勢力的互動，希望提供另一項思考日本天台佛教的角度。也就是，佛教教團面臨政治環境的劇烈變動，可能選擇如何回應，又可能採取什麼樣的行動維護教團的發展。平安時代後期不但是武士崛起的時代，更是日本的政治勢力由中央轉向地方的重要轉換期，在這樣的變化期中，考察以比叡山為中心的天台宗僧侶行動，應有助於進一步理解日本政教關係的變化與特質。本文將透過僧傳等佛教資料，配合平安時代的貴族日記等史料，希望以教團與攝關政治的交涉作為切入點，從政教關係的角度理解平安時代後期天台宗佛教呈現的特色。

關鍵詞：天台宗、平安佛教、天台座主、攝關政治、《天台座主記》

一、前言

延曆二十三年（804），最澄入唐前往天台山，在台州隨天台山修禪寺座主道邃受菩薩戒、學習天台法門，又隨天台山佛隴寺座主行滿學習。受刺史陸淳資助，得以抄寫大量典籍。在越州從順曉受金剛界灌頂，學習密教法門。隔年，最澄攜豐富求法成果返日，來自唐國的佛教知識，成為日本天台宗成立的資本。

延曆二十五年（806），最澄奏請天台宗年分度者名額，創立日本天台宗。年分度者起源自七世紀末的持統天皇時期，[1] 可確保僧侶名額，維繫教團發展。〈天台法華宗年分緣起〉是現存最早的與日本天台宗直接相關的史料。[2] 最澄自延曆二十五年（806）至弘仁九年（818）之間自筆的六封文書，詳細且直接地說明了日本天台宗取得年分度者名額、成立戒壇的過程，以及宗主最澄對於天台宗僧侶的期待。

日本天台宗成立之初，最澄清楚宣示比叡山門徒「護國」的使命。在比叡山上，僧侶們讀誦經典、修行止觀，目的皆是為了成為國家的棟樑之才。在《山家學生式》中，最澄強調日本天台宗的緊密聯繫。最澄明確指出比叡山僧侶是大乘類道心佛子，身為「菩薩僧」，應作為「國寶」，為國家付出知識與力量，言行一致。[3] 年分度者應盡的義務則是：「年年每日長

1 《日本書紀》持統十年（696）十二月己巳朔條：「十二月己巳朔。勅旨，緣讀《金光明經》。每年十二月晦日，度淨行者一十人。」

2 京都国立博物館、東京国立博物館編，《最澄と天台の国宝》，頁 306。

3 《山家學生式》：「國寶何物？寶，道心也。有道心人，名為國寶。故

轉長講《法華》、《金光》、《仁王》、《守護》諸大乘等護國眾經，……歲歲每日長念《遮那》、《孔雀》、《不空》、《佛頂》諸真言等護國真言。」[4] 可知日本天台宗於成立之初就是顯、密並重，並特別強調天台僧侶的護國之用。

在積極求法的動力下，繼宗主最澄之後，陸續也有僧侶在官方允許下入唐求法，如圓仁（794－864）與圓珍（814－891）。圓仁於承和五年（838）抵達揚州，未能得到唐代官方許可前往天台山，之後，圓仁前往五臺山巡禮，又入長安寺院學習，並在長安得到當時比叡山仍缺乏的金剛界曼荼羅，歷經諸多困難，最終在承和十四年（847）回到日本。[5] 圓珍於仁壽三年（853）從大宰府前往唐國求法，陸續前往天台山國清寺、越州開元寺、長安青龍寺、福州開元寺學習。除了天台止觀教學之外，也習得密教的三部大法及灌頂法門，於天安二年

古人言：『徑寸十枚，非是國寶；照于一隅，此則國寶。』古哲又云：『能言不能行，國之師也；能行不能言，國之用也；能行能言，國之寶也。』三品之內，唯不能言不能行，為國之賊。乃有道心佛子，西稱菩薩，東號君子。惡事向己，好事與他。忘己利他，慈悲之極。釋教之中，出家二類。一小乘類，二大乘類。道心佛子，即此斯類。今我東州，但有小像，未有大類。大道未弘，大人難興。誠願　先帝御願，天台年分永為大類，為菩薩僧。然則枳王夢猴，九位列落。覺母五駕，後三增數。斯心斯願，不忘汲海；利今利後，歷劫無窮。」（收入《傳教大師全集》1，頁 11）

4　《傳教大師全集》1，頁 12。

5　關於圓仁的旅程，可參閱其日記《入唐求法巡禮行記》。參見顧承甫、何泉達點校，《入唐求法巡禮行記》；小野勝年，《入唐求法巡礼行記の研究》；佐伯有清，《円仁》。

（858）返回日本，以比叡山山王院為據點教學。[6]

日本天台宗不斷更新教學詮釋，在日本國內建立如法權威。在平安時代，甚至以「天台山」或「台山」指稱比叡山，這樣的用法散見於當時的貴族日記中。[7] 這些十世紀的同時代資料，鮮明反映出當時比叡山在法會、祈禱的儀式上扮演的重要角色，也可見比叡山作為日本天台山的意義。

平安時代初期的政治體制是以天皇為頂點的律令制國家。[8] 天台宗並不歸屬於既有僧官體制之下的南都六宗，在立宗之初，如何在王權的支持下，一方面強調宗門的護國效用，一方面體制性地強化自身宗派的權力與地位？[9] 同時，隨著平安時

---

6 參見小山田和夫，《智証大師円珍の研究》；佐伯有清，《円珍》。

7 如《小右記》正暦元年（990）十二月二十五日條：「明日、故信濃守の周忌法事、台山に於いて修す。七僧の粥時一前、今日、上送せしむ。」（參見倉本一宏編，《現代語訳小右記》2，頁 169、170）又，《權記》長德四年（998）三月十四日條：「今日より始めて百箇日を限り、天台山中堂に於いて御諷誦を行なはるべし。料布、俄かに以て相違す。仍りて前信濃守公行朝臣の布を借り、借り送るに依りて橘式部に仰せ、座主の許に上送せしむ。」（參見倉本一宏譯，《權記》（上），頁 121、122）

8 日本平安時代初期的政治型態是近年日本學界相當重視的課題，相關論著可參古瀬奈津子，《日本古代王権と儀式》；米田雄介，《摂関制の成立と展開》；坂上康俊，《摂関政治と地方社会》；大津透編，《摂関期の国家と社会》；樋口健太郎，《中世王権の形成と摂関家》等。

9 相較於天台宗積極和天皇以及朝廷、國家等政治結構產生連結，同樣成立於平安時代的真言宗似乎採取較為消極的態度。（參 Ryuichi Abe, *The Weaving of Mantra: Kukai and the Construction of Esoteric Buddhist Discourse*, pp. 7-8）

代政治局勢的變遷，藤原氏逐漸利用天皇姻親的身分取得不可動搖的政治地位，甚至以攝政、關白的身分主導朝廷，這種從律令國家到攝關政治體制的轉變，是否影響了日本天台宗的發展？

二、平安時代比叡山延曆寺的寺院管理體制

最澄於平安時代初期入唐請法後，返回日本以鄰近平安京的比叡山為根據地，創立了日本天台宗。本節將從寺院管理體制的角度，說明「天台座主」、「俗別當」兩項重要的管理職性質，分析平安時代天台宗延曆寺在寺院管理制度中體現出的特色與意義。

關於天台座主，最為重要的資料是《天台座主記》。如同書名所示，《天台座主記》提供了歷代天台座主就任的紀錄，是考察天台座主歷史時不可或缺的文獻。透過《天台座主記》的內容，可以對歷任天台座主的出身背景有基礎的認識，也可以初步掌握其間的重要事件。《天台座主記》中保留的太政官牒、宣命抄錄，更是理解平安時代寺院管理體制時不可或缺的珍貴資料。

澀谷慈鎧曾以重華校訂本為底本，校勘、編輯出版《校訂增補天台座主記》一書，此本為日本學界較常使用的版本，本文亦採用此校訂本。[10] 另外，東京大學史料編纂所藏寶玲文庫本為相當早期的寫本，由卷末題記「正安二年五月廿一日　增

10　澀谷慈鎧，《校訂增補天台座主記》，東京：第一書房，1973 年。

全書了」可知，完成於正安二年（1300）。[11] 根據史料編纂所提供的史料解題，此寫本或接近於澀谷慈鎧依據的重華本，然確切祖本仍待考證。[12]

(一) 比叡山延曆寺天台座主

根據日本天台宗內部一般性的說法，天台座主之職在天長元年（824）出現，首代座主由曾經陪同最澄入唐的僧人義真（781－833）出任。日後，圓仁、圓珍也都曾擔任天台座主，領導比叡山及天台眾僧。天台座主一開始只是比叡山延曆寺內對於住持的通稱，直到第三代座主圓仁時代，才成為官方認可之職，任命需要太政官牒或是天皇敕命。

事實上，考察初代天台座主義真及第二代座主圓澄的補任官牒，可以發現當中並未明確指出「座主」一職。首先，見天長元年（824）義真補任官牒：

> 天長元年甲辰六月廿二日為座主。年四十六。是座主初也。
>
> 官牒云
>
> 太政官牒　延曆寺
>
> 　右得故十禪師傳燈大法師位最澄弟子義真奏狀偁：先

---

11 東京大学史料編纂所，https://clioimg.hi.u-tokyo.ac.jp/viewer/view/idata/000/0116/1/00000043?m=all&n=20，2017.10.14。

12 東京大学史料編纂所，史料解題：http://wwwap.hi.u- tokyo.ac.jp/ships/shipscontroller?cfname=W01/01.ctl&pfid=kaid01&mngn=00011070&mgno=00011070&kbn=1&session=192168252037CCF6AFECCFC4D5E9E808A6A081560EB3&hcnt=1&lmax=20&nowrec=1，2017.10.14。

> 師最澄，弘仁十三年五月十五日豫知入滅，付屬天台教法竝院內雜事於前入唐弟子僧義真畢，六月四日怡然遷化。自爾以來，義真、圓澄同在比叡之峰鑽仰天台教法，徒眾如舊，遺跡彌新。冀奉勅旨，教示一乘，戒傳流千後際，授一宗之僧首者。
> 左大臣宣奉勅，依請者。寺宜承知，牒到準狀，故牒。[13]

官牒內容未提及座主，而稱義真為「一宗之僧首」，亦即天台宗的領導者。同時，可以推測義真在奏狀中，說明自己是受先師最澄所託，擔負天台教法及院內雜事的重責大任。換句話說，此處的僧首，同時肩負著傳教及寺務管理的責任。

《天台座主記》中記載義真於弘仁十三年（822）五月十五日「依大師付屬，總攝山中雜事」[14]，強調的似乎不是前文所見天台教學的面向，而是針對寺院內部的行政事務。不過，此時尚無「延曆寺」之稱，而只有「一乘止觀院」之名。最澄入滅後，頒下「可傳菩薩戒之官符」，隔年（弘仁十四年，823）二月「勅賜寺額，號延曆寺」。[15] 至此，天台宗比叡山延曆寺才真正成為獨立之寺，可授不同於南都戒壇的菩薩戒。當然，義真獲座主官牒，也是在「延曆寺」之稱成立後。

又，《天台座主記》中可見另一則官牒，亦未明記座主

13 《校訂增補天台座主記》卷 1，頁 6。

14 《校訂增補天台座主記》卷 1，頁 5。

15 《校訂增補天台座主記》卷 1，頁 5。

之稱：

> 承和元年甲寅三月十六日
>
> 官牒云　右大臣宣奉　勅以大法師圓澄為彼寺傳法師者。
>
> 已上，二代未被定座主職，但蒙可為傳法師之宣旨執行寺務。仍山上稱座主云云。[16]

這一條說明出自第二代座主圓澄的條目。與義真不同，圓澄在官牒中被稱作「傳法師」，乍看之下並無負擔寺院行政事務的責任，而是以傳法、傳教為主。然而，文本中卻補充說明，雖然圓澄未被定座主職，卻能「執行寺務」，因此仍然以座主稱之。似乎圓澄亦是以傳法師身分管理寺院相關行政事務。

平安時代的寺院管理體制基本上繼承奈良時代而來。律令制度下的僧官主要由僧正、僧都、律師構成：僧正為法印大和尚位，分為大僧正、僧正、權僧正三階；僧都為法眼和尚位，分為大僧都、權大僧都、少僧都、權少僧都四階；律師為法橋上人位，分為大律師、律師、權律師三階。以上，共有十個不同位階的僧官。

一般而言，平安時代的寺院事務由三綱及其上位的別當負責，南都寺院的情況即是如此。此處的三綱不同於中央官僚體系的僧綱，而是個別寺院的上座、寺主、都維那。在三綱之制上，延曆寺與同時代的其他寺院並無差異。三綱之上，以東大寺、興福寺為首的寺院都設有別當，延曆寺的座主、東寺的長

16　《校訂增補天台座主記》卷 1，頁 8。

者，雖然無別當之名，基本上與別當沒有太大差異。

值得注意的是，「座主」一詞原本並非指稱寺院的管理者，而是指講會中講法的首座僧人，或是對德高望重高僧的尊稱。此一詞彙在日本天台宗文獻中出現甚早，且與宗主最澄有著直接的關係。在《叡山大師傳》中，就以座主尊稱最澄在唐國求法時的師僧，如「座主僧道邃」、「行滿座主」等，[17] 最澄攜回日本的典籍目錄中，亦可以見到以某某座主標示作者的條目。[18] 空海寫給最澄的書信中，曾敬稱最澄為「止觀座主」。[19] 座主作為講會中說法僧人的意義，在唐代也有跡可循，指的是主講經典的僧侶。[20]

無論如何，以上所見座主皆與寺院行政事務無甚關係。在〈弘仁三年遺言〉中，最澄將延曆寺事務分別託付給弟子泰範及圓澄，稱「山寺總別當泰範師兼文書司；傳法座主圓澄師。」[21] 引文雖為最澄遺言，卻未被收入《傳述一心戒文》或

---

17 仁忠，《叡山大師傳》，頁 17。

18 《傳教大師將來台州錄》：「《妙法蓮華經大意》一卷。（荊溪明曠座主述。）（一十紙）」（《大正藏》冊 55，第 2159 號，頁 1055 中）；《傳教大師將來越州錄》：「《止觀記中異義》一卷。（ 座主記，天台沙門乾濟集。）」（《大正藏》冊 55，第 2160 號，頁 1059 上）

19 《弘法大師筆尺牘三通》（風信帖），第三通。（參見丸山猶計，〈国宝　風信帖〉，頁 8；堀江知彥，〈国宝空海筆風信帖〉，頁 8-11）

20 《龐居士語錄》卷 3：「居士見僧講《金剛經》，至無我無人，居士問云：『既無我無人。是誰講？誰聽？』座主無語。」（《卍新纂大日本續藏經》冊 69，第 1336 號，頁 144 上）

21 〈弘仁三年遺書〉，收入《傳教大師全集》5，頁 425。雖有學者指出這份資料非最澄所作，福井康順已論證此遺言非偽作，唯現今所見寫本

是《叡山大師傳》等最澄相關核心史料。福井康順考證此非偽作，是因泰範被視作背叛師門的人物，因此其他門人刻意隱瞞這份最澄重用泰範的重要資料。[22]

最澄在入滅前，分別將延曆寺相關事務託付給自己的兩名弟子。其中，泰範承擔的是與庶務、文書相關的工作，名義為「總別當」；圓澄則以「座主」之名，負責傳法的大任。此處的座主明確與傳法相連，某種程度上更接近前文所見的唐代用法。這份資料似乎有意地凸顯出傳法工作與庶務的分離：別當不負責傳法，傳法座主不干涉寺院事務。

早期天台宗曾出現同時任命別當與座主的事例。在仁壽四年（854）任命圓仁為座主的太政官牒頒下。同一天，也頒下了任命光定（779－858）為別當的官牒：

> 仁壽四年甲戌四月三日　官牒云
>
> 　　傳燈大法師位光定年七十六，臈四十二
>
> 　　左大臣宣奉勅件法師宜定彼寺別當者。[23]

光定與圓仁的身分皆為傳燈大法師，僧位上並無高低。且以年齡、僧臈而言，光定都較圓仁更為年長、資深。任命光定為延曆寺別當，似乎代表著朝廷認可由光定來總籌比叡山中的各項

為後世傳抄。（參見福井康順，〈傳教大師の「弘仁三年遺言」について〉，頁1-9）

22　福井康順，〈傳教大師の「弘仁三年遺言」について〉，頁1-9。

23　《校訂增補天台座主記》卷1，頁9。

行政事務。

同時，也是在第三代座主圓仁被任命時，才出現了真正敕命為座主的官牒：

> 太政官牒　延曆寺
> 傳燈大法師圓仁
> 右大臣宣奉勅件法師宜定彼寺座主者。寺宜承知，牒到准狀，故牒。
> 仁壽四年四月三日　從六位上左大史秦宿禰永平
> 參議左大辨從四位上兼右近衛中將近江守藤原朝臣氏宗[24]

不同於前文所見其他官牒中的「一宗之僧首」或「傳法師」，這份牒文當中明確出現了「座主」的職稱。官方認可的天台座主，事實上始於文德天皇（827－858，850－858 在位）時期。

座主與別當並列的形式並未長久保留在日本天台宗的傳統中。最主要的證據之一，是《延喜式》中有關僧籍、度牒的規定：

> 凡諸大寺僧有死闕者，每月申送僧綱。僧綱勘取度緣，每年牒送於寮，寮即申省，省年終申官。
> 凡延曆寺僧身死者，其度緣戒牒，三綱勘收令座主毀。所

24 《校訂增補天台座主記》卷 1，頁 10。

> 毀名數，作目署印，備之檢閱。[25]

在這條史料中，延暦寺的規定和諸大寺不同。當所屬諸大寺的僧侶死亡，必須透過僧綱體系上呈度牒，並由玄蕃寮、治部省等中央官僚體系依層級完成手續。延暦寺則是由座主銷毀其度牒後備查。

《延喜式》的編纂始於延喜五年（905），完成於延長五年（927）。在平安時代的所謂三代格式，《弘仁式》、《貞觀式》、《延喜式》當中，是唯一留存者。《延喜式》是整合此前《弘仁式》、《貞觀式》及各種法令編集而成者，應含括不少《弘仁式》、《貞觀式》的內容。[26]

由此可以判斷，至遲在十世紀前半，座主的實際地位受到公認，業務內容包括寺院行政事務。此外，圓仁也是唯一以太政官牒的方式奉敕成為天台座主者。其後，圓仁弟子安惠補任天台座主時，採用的並非太政官牒的形式，而是由敕使宣讀天皇宣命。

宣命的體裁並非漢文，而是只使用漢字的和文體文書，具有較強的口傳特質。相較於和文體的宣命，「詔勅」則為漢文體。平安時代，天皇宣命可見於各種任命的儀式中。《天台座主記》中保留了部分天台座主補任時的天皇宣命，最早的一篇，即為第四代天台座主安惠補任時的宣命：

25 〈玄蕃寮〉，《延喜式》卷 21，頁 545。

26 參見虎尾俊哉，〈延喜式の編纂と施行〉，《延喜式》，頁 53-89。

> 貞觀六年甲申二月十六日座主　宣命年六十，臈三十七
>
> 天皇我詔旨土山中乃法師等爾白佐倍土宣勅命乎白。大法師安惠波故座主圓仁大法師乃弟子爾茲天，真言、止觀乃業乎兼習不，故是以彼座主乃平生爾定申婁々爾隨天座主仁治賜布事乎白左倍土宣勅命遠白。
>
> 勅使少納言良峰朝臣經世也。從此以後，任座主每被下宣命。[27]

如上，宣命體的特色是以漢字標示日文語法形式。宣命的內容大致為：天皇下詔天台山中法師，大法師安惠乃故座主圓仁大法師弟子，兼習真言、止觀之業，故以其為座主。當時宣讀宣命的敕使為少納言良峰經世，此後，天皇宣命取代太政官牒，成為天台座主補任時的必要程序。

此外，在安惠座主任內還頒下宣旨「應以止觀、真言兼備者為座主事」，[28] 要求未來的天台座主都必須止觀、真言兼備。這份官牒強調比叡山眾僧皆應遵循宗主最澄的意志，弘揚止觀、真言兩種不同的佛教作法以完成護國使命。雖然這兩種作法脈絡不同，僧侶絕對不可以互相貶低對方的價值。為了維持止觀、真言互不偏廢的傳統，未來只有止觀、真言兼備者可以補任天台座主。這樣的想法也可以和安惠的座主宣命中明言其人兼習止觀、真言相互呼應。

不過，到了平安時代中後期，即便取得天皇的宣命，也未

---

27 《校訂增補天台座主記》卷 1，頁 17。

28 《校訂增補天台座主記》卷 1，頁 19。

必能夠順利成為比叡山延曆寺的天台座主。這類事例的發生有著一定的歷史背景，將在後文加以討論。

（二）延曆寺俗別當

平安時代的諸大寺基本上由寺院三綱及其上的別當管理，而天台宗延曆寺、真言宗東寺的狀況則較為特別，分別由座主、長者作為最高位的長官。事實上，延曆寺中亦有別當，且是由俗人出任。由於身分不同於僧侶，通常稱作「俗別當」。

最澄完成求法請益之行返回日本後，曾經上奏請求仿唐制，設立如同功德使一般，由俗人出任掌管佛教事務的官職。參見弘仁九年（818）最澄上呈的〈勸獎天台宗年分學生式〉：

> 凡此天台宗院，差俗別當兩人結番令加檢校，兼令禁盜賊、酒、女等。住持佛法，守護國家。[29]

在最澄的規畫中，之所以需要俗別當，是為了維持天台宗寺院的秩序，最終目的則是「住持佛法、守護國家」。單看此條內容，似乎俗別當的設立相當單純，不涉及其他寺院事務或是國家對佛教的管理。

事實上，「檢校」寺院、僧侶原本是由僧綱負責。最澄提請新設俗別當負責檢校，其中的背景，一方面還來自最澄對於所受大乘戒的認同，因此排斥受制於所謂小乘戒壇出身的僧綱體系。可以想像，一直以來在中央負責管理國家佛教體系的僧

---

29 《山家學生式》，SAT，T74, no.2377. p. 624c9-11。

綱不會輕易同意如此變化。終最澄一生，如同功德使一般的職位都未付諸實現。

最澄死後，經由藤原東嗣、良峰安世、藤原三守、大伴國道等人再次上奏，嵯峨天皇終於同意設立俗人出任的「別當」來管理比叡山僧人的度牒相關事宜。這也是延曆寺僧人的度牒不直接經由僧綱體系管理的主要原因。總之，弘仁十四年（823）頒下了以俗人出任延曆寺別當的詔敕，見《天台座主記》：

> 三月三日，勅以中納言藤原朝臣三守、右中辨大伴宿禰國道，被定置寺家別當。從此以後，以左大臣為檢校，以左大辨左大史為別當。[30]

如引文所示，藤原三守、大伴國道成為最早的延曆寺別當。儘管《天台座主記》中也未稱之「俗別當」，但一般為了標示其不同於僧侶的身分，仍慣以「俗別當」稱呼。

俗別當最重要的一項工作，在於認定僧侶的僧籍。過去，僧侶的度牒由僧綱署名，象徵中央僧官體系對此僧侶身分的承認。考察現存平安時代天台宗僧侶的度牒，則可發現其上有俗別當的簽署。另外，當比叡山的大乘戒壇成立後，僧侶所受戒牒上同樣可以看到俗別當的署名。由此可見，俗別當在比叡山僧侶僧籍事務上扮演的重要角色。

不過，俗別當在寺院管理體制上的重要性，除了僧籍、戒

---

30 《校訂增補天台座主記》卷 1，頁 5-6。

牒上較為明顯，其他方面似乎並沒有特別積極地介入寺院行政事務。繼延曆寺之後，真言宗的東寺也設置了俗別當職位，此後更擴及東大寺、興福寺、西大寺等南都寺院。

以上，本節說明了天台座主與俗別當兩項重要職位的由來及職責。透過座主、俗別當兩項不同於以往僧綱體系職位的成立，比叡山在平安時代佛教勢力的版圖中，逐漸取得了不同於南都六宗寺院的位置。

三、天台座主補任與平安時代的政治勢力

在日本平安時代，律令國家與佛教之間的關係相當密切，以天皇為首的朝廷可以說是最重要的佛教護持者。最澄對於日本天台宗的期許可以「守護國家」概括，比叡山僧眾日後也以為國祈禱、講經為己任。

對於天台宗而言，守護國家理論針對的對象既是國家，亦是天皇。國家與天皇作為一體的不同表現，衍生出一個值得思考的問題。天皇與國家理論上一致，在平安時代前期王朝國家順利運作的前提下，天台宗為國、為天皇祈禱，並沒有任何與理論相悖之處。然而，隨著日本國家統治型態的轉變，特別是以藤原氏為首的中央貴族在朝廷中掌握權力，甚至透過天皇姻親及妻族、母族長輩的身分成為天皇的輔佐。[31] 這種名義上以天皇為中心，卻長時間架空天皇權力的政治型態，是否依然符

31 關於攝關政治的研究甚多，概論性討論可參見佐佐木惠介，《天皇と摂政・関白》。另可參考坂上康俊，〈初期の摂政・関白について〉，頁183-202。

合天台宗為國祈禱、守護國家的本質？

換言之，日本天台宗標榜自己擔負護國重任，然而面對國家統治型態的轉變，以及天皇、朝廷性質上的不同，是否會與在政治實權上逐漸取天皇而代之的攝關家產生衝突？為了聚焦討論，本節將主要以天台座主的補任狀況為考察對象，思考座主選任上的各種通例與例外，探討日本天台宗與平安時代攝關政治勢力之間的關係。

(一)平安時代天台座主補任情況

首先，將根據《天台座主記》內容，試著梳理九至十二世紀天台座主的補任狀況。雖然關於每位座主的記述詳略不一，基本上皆包括繼任者的基本資訊、任內重要事蹟，以及相關詔敕、宣命。

以下，將以列表方式整理平安時代弘仁十三年（822）至文治六年（1190），第一代至第六十代天台座主的補任狀況：

代數	出任座主時身分[32]	法諱[33]	起訖年	期間	年齡	備註[34]
1		義真◎	天長 1-10	10 年	46-55	依大師付屬，總攝山中雜事
2		圓澄◎	承和 1-3	3 年	63-66	

32 依《天台座主記》所示之標題。

33 卒於天台座主任內者，加註◎標記。

34 遭遇僧眾強烈反對者，加註●標記。

3	內供	圓仁◎	仁壽 4-貞觀 6	10 年	61-71	同日任命光定為別當
4	阿闍梨內供	安惠◎	貞觀 6-10	4 年	60-64	
5	（少僧都）[35]	圓珍◎	貞觀 10-寬平 3	23 年	55-78	天台座主僧綱
6		惟首◎	寬平 4-5	1 年	68-69	三井長吏
7	內供奉阿闍梨	猷憲◎	寬平 5-6	1 年	67-68	師主智證大師
8	（律師）	康濟◎	寬平 6-昌泰 2	5 年	67-72	智證門徒
9		長意◎	昌泰 2-延喜 6	7 年	64-71	同年任命幽仙為別當
10	（僧正）	增命	延喜 6-22	16 年	64-80	智證門徒。辭座主，後任權僧正，轉僧正
11	內供阿闍梨	良勇◎	延喜 22-延長 1	1 年 8 月	68-69	智證門徒，增命弟子
12	（法橋）	玄鑑◎	延長 1-4	3 年	63-66	
13	（大僧都）	尊意◎	延長 4-天慶 3	14 年	61-75	
14	權律師	義海◎	天慶 3-9	6 年	70-76	
15	權律師	延昌◎	天慶 9-應和 4	18 年	67-85	

35 （ ）內標示頭銜為座主任內取得，非補任座主時之身分。

16	大僧都	鎮朝◎	康保 1	7 月	79	
17	權少僧都	喜慶◎	康保 2-3	1 年	77-78	
18	權律師	良源◎	康保 3-永觀 3	19 年	55-74	
19	權僧正	尋禪	永觀 3-永祚 1	5 年	43-48	九條右丞相第十男，母雅子內親王（延喜第十皇女）。辭座主
20	大僧都	餘慶	永祚 1	3 月	71	智證門徒●
21	前少僧都	陽生	永祚 1-2	1 年	77-78	辭座主
22	少僧都	暹賀◎	正曆 1-長德 4	8 年	77-85	藤原氏
23	前大僧都	覺慶◎	長德 4-長和 3	16 年	71-87	
24	大僧正	慶圓	長和 3-寬仁 3	5 年	69-74	辭座主
25	〔僧正〕[36]	明救◎	寬仁 3-4	1 年	74-75	
26	（僧正法印）	院源◎	寬仁 4-萬壽 5	8 年	70-78	
27	權僧正	慶命◎	萬壽 5-長曆 2	10 年	64-74	大宰少貳藤原孝友息
28	法印大僧都	教圓◎	長曆 3-永承 2	9 年	61-69	伊勢守藤原孝忠男

36 〔 〕內標示頭銜為補任座主同日取得。

29	大僧正	明尊	永承 3	3 日	78	智證門徒●
30	權少僧都	源心◎	永承 3-天喜 1	5 年	78-83	
31	權僧正	源泉	天喜 1	3 日	78	智證門徒●
32	權大僧都	明快◎	天喜 1-延久 2	17 年	69-86	
33	權大僧都	勝範◎	延久 2-承保 4	7 年	75-82	
34	法務大僧正	覺圓	承保 4	3 日	47	藤原賴通三男，母從二位祇子。智證門徒，明尊弟子●
35	（權僧正）	覺尋◎	承保 4-永保 1	5 年	66-70	
36	法印權大僧都	良真	永保 1-寬治 7	12 年	60-73	辭座主
37	僧正	仁覺◎	寬治 7-康和 4	9 年	49-58	辭座主同夜入滅
38	法印權大僧都	慶朝	康和 4-長治 2	2 年	76-78	辭座主
39	法務（大僧正）	增譽	長治 2	2 日	74	入道大納言經輔卿息，智證門徒，明尊弟子●辭退
40	法印	仁源◎	長治 2-天仁 2	5 年	48-52	藤原師實息

41	法印	賢暹	天仁 2-3	1 年	81-82	辭座主
42	權僧正	仁豪◎	天仁 3-保安 2	12 年	60-71	內大臣能長公五男
43	〔權僧正〕	寬慶◎	保安 2-4	2 年	78-80	右大臣俊家公息
44	法務（大僧正）	行尊	保安 4	6 日	69	智證門徒，明尊弟子，申拜賀則辭●
45	（僧正）〔法印〕	仁實◎	保安 4-天承 1	7 年	33-41	大納言公實卿二男
46	（大僧正）法印	忠尋◎	大治 5-保延 4	8 年	66-74	清河天皇苗裔
47	前大僧正	覺猷	保延 4	3 日	86	宇治大納言隆國卿息，智證門徒，覺圓弟子●
48	權僧正	行玄◎	保延 4-久壽 2	17 年	42-59	京極大殿（師實）息
49	〔權僧正〕	最雲◎	久壽 3-應保 2	6 年	53-59	堀川院皇子。辭座主未定間薨逝
50	權僧正	覺忠	應保 2	3 日	45	大殿（關白忠通）息，智證門徒●
51	權僧正	重愉	應保 2	4 月	67	右衛門權佐藤原重隆男
52	權僧正	快修	應保 2-長寬 2	3 年	63-67	三塔眾徒免之

53	〔權僧正〕	俊圓◎	長寬 2-仁安 1	2 年	58-60	入道左大臣俊房息
54	僧正	快修	仁安 1-2	4 月	67-68	還補座主，配流常陸國
55	法印	明雲	仁安 2-安元 3	10 年	53-63	權大納言顯通卿息二男。停廢，配伊豆國
56	無品親王	覺快	安元 3-治承 3	3 年	44-46	鳥羽法皇第七皇子。辭座主
57	（大僧正）	明雲◎	治承 3-壽永 2	4 年	65-69	更任僧正即還補座主
58	權僧正	俊堯	壽永 2-3	30 日	66	不行授戒灌頂
59	（大僧正）	全玄	壽永 3-文治 6	6 年	72-78	辭座主
60	前大僧正	公顯	文治 6	4 日	81	智證門徒●辭退

六十代以前的天台座主期間大致符合平安時代的範圍，也就是延曆十三年（794）桓武天皇遷都平安京至文治元年（1185）鎌倉幕府成立，建久三年（1192）源賴朝任征夷大將軍為止。以下，將根據表格整理內容所示，試著說明幾個值得注意的現象。

首先，在十八代座主良源以前，除了極少數例外，天台座主的補任基本上相當穩定。[37] 自第五代圓珍開始，天台座主開

37 上表可見，此期間補任座主者多為六十多歲的資深僧侶，職掌寺務直到

始進入僧綱體系。寬平二年（890）十二月，時任天台座主的圓珍任少僧都，這是天台座主出任僧綱的第一例。當圓珍的先例一開，天台宗僧人從最澄時代對於僧綱管理的排斥，轉為主動地進入僧綱體系之中。之後的天台座主大多具有僧綱身分，甚至平安時代後期還出現補僧綱當日任座主的情況。換句話說，僧綱的身分地位逐漸成為天台座主補任人選的條件。

其次，在平安時代後期，曾因為天台座主的補任事宜發生爭議，甚至一度造成比叡山與攝關家的對立。自弘仁十三年（822）義真統領比叡山中事務開始，直到文治六年（1190）公顯任天台座主宣命引起的騷動為止，約三百七十年間的座主補任中，曾發生九次激烈的衝突。這幾次衝突都發生於天皇宣命以智證門徒為座主的情況，負責傳達宣命的敕使少納言往往無法順利登上比叡山。

延曆寺僧侶對天台座主宣命的強烈反對，鮮明地反映出日本天台宗山門（慈覺大師圓仁系統）與寺門（智證大師圓珍系統，即《天台座主記》文中所謂「智證門徒」）對立的情況。不過，這樣的現象基本上是發生於第二十代座主餘慶的補任之後。在此之前，仍有其他智證門徒補任座主，並未受到延曆寺僧侶的反彈。因此，單純以山門、寺門的對立來解釋此一現象，似乎不夠充分。

另外，在平安時代中後期，藤原氏出身的天台宗僧侶出任天台座主的事例明顯增加。平安時代的貴族階級相當崇佛，藤原氏亦不例外。不過，在攝關體制成立之後，藤原氏的政治地

入滅，任座主期間長短主要與個人健康狀況較為相關。

位畢竟與其他貴族、豪族大不相同。此一時期作為天台座主的藤原氏出身僧侶，或許可以提供一些思考平安時代宗教與政治交涉的線索。

（二）天台座主宣命爭議

接著，將針對表格中數件具爭議性的座主補任事例，分析《天台座主記》中的文本內容。《天台座主記》中記錄的爭議包括：第二十代餘慶、第二十九代明尊、第三十一代源泉、第三十四代覺圓、第三十九代增譽、第四十四代行尊、第四十七代覺猷、第五十代覺忠、第六十代公顯。限於篇幅，僅舉出餘慶、明尊、覺圓、覺忠四位的記載加以分析。

1. 永祚元年（989）第二十代餘慶（919－991）

首先，見永祚元年任命的第二十代天台座主餘慶相關記載：

> 大僧都餘慶觀音院座主，謚智辯歷三ヶ月
>
> 筑前國早良郡人。
>
> 智證門徒　師主明仙律師，隨行譽律師受法灌頂。
>
> 永祚元年己丑九月廿九日座主　宣命年七十一
>
> 敕使少納言源能遠十月一日登山之處，山僧等數百人向會水飲邊追還了。
>
> 同四日重寫　宣命，差少納言藤原時方率檢非違使令遂宣命了。
>
> 十月廿九日被下　宣命。敕使右大辨藤原朝臣在國於前唐院讀之。山門所稱永祚宣命是也

十二月廿日辭座主職。山徒不承引，不令行寺務。擬修戒灌頂之處，皆以追放，仍遂所令辭退也。

同廿七日任權僧正。

正曆辛卯二年二月十八日入滅。年七十三

寬弘四年二月十五日賜諡號智辯依勸修奏也[38]

此一事件的大概經過亦可見於《日本紀略》。[39] 為了填補前任座主尋禪辭退後產生的空缺，以一條天皇（980－1011，986－1011 在位）之命，下達了以時任大僧都餘慶（919－991）補任天台座主的宣命。此時一條天皇年僅九歲，真正的政治命令應該來自攝政藤原兼家（929－990，986－990 間任攝政、關白）。然而，如同資料中顯示的，補任一事相當地不順利。敕使攜帶宣命入比叡山，卻遭反對餘慶補任的「山徒」追趕下山，只好重寫宣命。最終，餘慶不敵山徒的反抗，辭去座主之職，期間只有短短三個月。

事實上，餘慶不只在補任天台座主一事遭受強烈反對。根據《僧綱補任抄出》，餘慶在天元四年（981）十一月二十八日補任法性寺座主一職時，就曾引起慈覺門人的反彈。[40] 法性寺為藤原忠平（880－949）延長三年（925）於京都東

38　《校訂增補天台座主記》，頁 47、48。

39　《日本紀略》卷 9，頁 167、168。

40　《僧綱補任抄出》卷上：「……智證大師門徒始任此職。于時慈覺門徒騷動，山上大眾引率參向關白里第。僧徒失禮，有濫吹事。仍供奉僧綱等被停公請云云。兩門相別初歟。不遂拜堂辭退云云。」（頁 542）

山建立的寺院，隸屬於比叡山。自法性寺建立以來，歷代座主皆為慈覺大師圓仁一系出任。法性寺座主之位，被視為未來補任天台座主的一條捷徑。第十三代天台座主尊意之後，直到第十七代為止，都是在出任法性寺座主之後補任天台座主。餘慶智證門徒的身分，以及未來極有可能取得補任天台座主優勢地位的狀況，導致比叡山僧眾對此任命的不滿。對此，時任關白的藤原賴忠（924－989，977－986 任關白）並未正面回應，並以藤原忠平當初並未偏向特定派系，此前皆由慈覺門人出任法性寺座主只是單純的巧合，拒絕撤回餘慶的任命。

客觀來說，餘慶的資歷相當完整，無論是作為法性寺座主，抑或是天台座主，都並非不正當的拔擢。餘慶受戒是在承平五年（935），並於康保三年（966）灌頂受法。從平安時代僧官補任的歷程來說，餘慶一步步地從權律師（安和二年，969）、律師（貞元二年，977）、權少僧都（天元二年，979）、權大僧都（天元四年，981），直到永觀二年（984）補任至大僧都。一般而言，以權大僧都的身分補任法性寺座主，還是以大僧都的身分補任天台座主，都應是合理的。

儘管餘慶在法性寺座主一事上未因為慈覺門人的反彈而遭撤銷補任，以餘慶為首的智證門徒卻開始感受到比叡山上緊張的對立氣氛。當時的天台座主良源並未針對法性寺座主補任爭議提出任何意見，卻也未阻止兩派之間發生的衝突。在這樣的背景下，餘慶決定辭退法性寺座主，離開比叡山。餘慶在比叡山下的北岩倉建立觀音院，安置門下弟子數百人。除了餘慶之外，其餘較有聲望的智證門徒如權少僧都勝算、權律師勸修亦紛紛攜門人轉往比叡山之外的其他寺院。最後，留在比叡山上的智證門徒只餘下百餘人，集中在千手院，也就是俗稱的「山王院」。

這也是擔任天台座主的三個月期間，餘慶仍以京都為主要根據地的原因。在藤原實資（957－1046）的日記《小右記》中，有一條值得注意的紀錄。永祚元年十月二十九日，天台座主餘慶「率眾多精兵，為行灌頂，兼拜各處，參上台山」。此處的「台山」，指的就是比叡山。《小右記》詳述當時的緊張局勢，「在俗侶、群行之間，突然有人放箭」，「接下來的對戰宛如夷狄之地」等記載，說明了藤原實資所掌握到的情況。[41]《小右記》的記載基本上與《天台座主記》相符。然而《小右記》中描述的場景卻更為驚心動魄，也反映出當時比叡山中可能的武裝情況。

2. 永承三年（1048）第二十九代明尊（971－1063）

在餘慶之後，第二位得到天台座主宣命卻無法順利補任的，是餘慶的弟子明尊。不過，明尊面臨的狀況比餘慶更為艱困。如今的比叡山上，已幾乎全盤皆為慈覺門人的勢力。

早在天元二年（979）四月，當時的天台座主良源以缺席為地主三聖轉讀《金剛經》為由，撤銷比叡山中七百名僧侶的僧籍。七百人絕對不是可以忽視的數字，特別是當時比叡山合計約有兩千七百名僧侶左右，等於有將近四分之一的僧侶在一夕之間奪去僧籍。良源被視作比叡山中興之祖，座主期間曾針

41 《小右記》永祚元年十月二十九日條。（參見倉本一宏編，《現代語訳小右記》2，頁 103、104）

對比叡山上僧侶的行為訂定新的規範。不過，開除七百人的僧籍仍是相當激烈的舉動，不禁讓人聯想這些失去僧籍的僧侶是否從屬於特定集團？

良源屬於慈覺門人一系，而其弟子暹賀日後作為第二十二代座主時，更是發生了慈覺門人與智證門徒徹底決裂的事件。在《天台座主記》中，可以看到正曆四年八月一日「慈覺門人等切拂千手院（東塔西谷）坊舍，并追卻門徒一千餘人了。其後智證門人等各占別所，不住叡山。壞坊舍四十餘宇」。[42] 此後，比叡山上已無智證門徒，圓珍一系的僧侶主要以園城寺為主要根據地。

因此，明尊在永承三年得到座主宣命時，比叡山上清一色的慈覺門人對此發出強烈的不滿。見《天台座主記》：

> 大僧正明尊號志賀大僧正 歷三ヶ日。
>
> 內藏頭小野道風孫，兵庫頭（大監物）春時男。
>
> 智證門徒　師主餘慶權僧正，慶祚阿闍梨弟子。隨勝算、勸修等共受法灌頂。
>
> 永承三年戊子八月十一日座主　宣命。年七十八
>
> 件宣命大內記菅原定義權中納言隆國於左仗行之
>
> 上卿右衛門督責平卿
>
> 敕使少納言藤原永職，但依山上騷動不登山。
>
> 傳云：稱胸病棄置　宣命於水飲邊。指外記史送三綱，而依無　勅使，不請取史生令申事之由之間，座

42 《校訂增補天台座主記》，頁 49。

> 主遣使請取云云
>
> 同十四日辭退。[43]

如前所述，相較於治山三個月的餘慶，作為餘慶的弟子，明尊等人在天台座主補任上受到的壓力更為強烈。一方面，明尊受宣命為天台座主已是六十年後之事，在這半個世紀之間，天台宗山門、寺門的對抗愈趨白熱化，雙方屢次發生嚴重衝突。最終，敕使根本無法上比叡山宣讀宣命，只匆匆棄置宣命，而明尊也辭退座主一職。

明尊辭退天台座主一職的上表文，也抄錄於《天台座主記》中：

> 補請被停天台座主職狀
>
> 右明尊言。夫奉去十一日　勅命，以小僧為天台座主，生前之面目既足，老後之榮耀亦極。須勵昏耄，偏從朝章，而智水至淺，戒珠無全。濟度之力難迴，照融之光猶暗。況乎榆谷景暮，待黃落於秋風；蓮臺望深，繫素念於曉月。崇班是貪，餘喘幾許哉。抑亦大僧正、法務者，國家之師範，法宇之棟梁也。謂此兩箇之所職，誠非一愚之可居。今帶三事，彌益千懼，伏冀鴻慈，曲矜羊質，停此台岳，貫宗之職，授彼禪門差肩之侶，不耐懇欵之至。謹修狀以聞。明尊誠惶誠恐，頓首頓首，死罪死罪，謹言。[44]

43 《校訂增補天台座主記》，頁 56、57。

44 《校訂增補天台座主記》，頁 57。

明尊稱補任天台座主一職，已是「生前之面目既足，老後之榮耀亦極」，接著暗示自己年臈兼備，本就是合適的人選。同時，明尊又提到，大僧正及法務皆是「國家之師範，法宇之棟梁」，自己卻身兼此二身分。至此，已不難想像明尊的忿忿不平。明尊作為僧綱系統中最高位的大僧正、法務，年臈亦是天台宗僧侶中輩分極高者，按照過去補任天台座主的慣例而言，按照僧綱位階、年臈高低，皆無比明尊更恰當的人選。

更何況，事實上明尊並非第一次有機會補任天台座主之位。長曆二年（1038）第二十七代天台座主慶命入滅，天台座主之位出現空缺時，當時的明尊就已經符合了補任的要件，一時之間成為極有力的次任候補。此事亦見於《天台座主記》：

> 座主入滅之後，智證大師門徒明尊大僧正競望件闕，仍山徒騷動，勒申文經上奏。又十月廿七日山僧下洛，群集右近馬場，永不可補智證門徒之由。歸山雖然，裁許不速之間，不勤灌頂並秋授戒。[45]

當明尊作為天台座主補任有力人選一事傳出時，比叡山僧眾立刻發出反對聲浪。甚至，僧侶們離開比叡山前往京都，強烈表達反對智證門徒作為天台座主的意志。同時，僧眾們也用行動展現出堅決的反對：在未能確定明尊放棄天台座主之前，雖然暫時返回比叡山中寺院，卻透過不灌頂、不授戒的行動杯葛此事。

45 《校訂增補天台座主記》，頁 54。

秋季的灌頂、授戒在比叡山是相當重要的大事。因為這關係到天台宗僧侶的出家得度事宜，屬於國家僧尼管制政策中的一環。因此，這可以視為比叡山僧眾以灌頂、授戒要脅朝廷的一種作法。

此一事件並未得到迅速的解決，甚至愈演愈烈，甚至發生了綁架大僧都教圓的事件：

> 為蒙勅定，山僧等悉下洛參高倉殿，於西門成濫行。其中惡僧出雲北院定清追捕大僧都教圓為質，同車向西坂本。定清於隨願寺前免恕僧都教圓。公家即遣檢非違使捕定清法師下獄及勘問。[46]

比叡山上的慈覺門人無論如何都不能接受智證門徒補任天台座主，因此下山要求時任關白的藤原賴通盡快補任慈覺門人為天台座主，以杜絕後患。當時，包圍藤原賴通宅邸的僧人據說有三千人之多。甚至，還有僧人綁架時任大僧都的教圓，製造了相當大的混亂。如此強硬的反對果然奏效。明尊未能取得宣命，而由教圓補任天台座主。[47]

不過，明尊只是失去了補任天台座主的機會，卻依然具有大僧正的身分及聲望。九年後的永承二年（1047），當教圓入滅，明尊再次成為補任天台座主的有力人選：

46 《校訂增補天台座主記》，頁 54。

47 《校訂增補天台座主記》，頁 55。

座主入滅之後，明尊大僧正所望如前，山上騷動、天下憂惱。仍不被補其替之間，不勤灌頂并秋授戒。[48]

雖然比叡山上的慈覺門人依然透過不灌頂、不授戒的方式，表達對於明尊補任案的反對。這一次宣命下達，雖然最終只有三日，明尊總算如願成為天台座主。

3. 承保四年（1077）第三十四代覺圓（1031－1098）

覺圓雖在僧綱體系中占有高位，年藹卻遠不如其他前輩。在僧綱補任的傳統中，其陞遷特別快速。覺圓身為關白藤原賴通之子，出身背景優越，在與其他僧侶競爭時往往占了優勢。

然而，即便是前關白之子，現任關白同父同母兄長，覺圓在補任天台座主時仍無法如願：

法務大僧正覺圓宇治僧正　歷三ヶ日。
　宇治殿（賴通）三男。母從二位祇子。
　智證門徒　前大僧正明尊弟子。
承保四年丁巳二月五日座主　宣命。年四十七
　勅使少納言源基綱不能登山。以下部捨置　宣命於講堂庭，自賀茂河原歸了。同七日辭退。[49]

覺圓在補任天台座主之前，已身兼法務、大僧正之職，雖然

48　《校訂增補天台座主記》，頁 56。

49　《校訂增補天台座主記》，頁 62、63。

年藕較低，在僧階上卻已沒有其他競爭對手。不過，其座主宣命依然未能由敕使正式於延曆寺宣讀。這次的狀況，敕使受阻無法順利登上比叡山，最後遣人將宣命棄置於延曆寺講堂庭院中，就此返回京都。想當然爾，覺圓只好辭退天台座主。

覺圓之後，朝廷方面仍未放棄以智證門徒補任天台座主。值得注意的是，這些補任人選如同覺圓一般，都具有藤原氏出身的背景。

4. 應保二年（1162）第五十代覺忠（1118－1177）

覺忠的背景和覺圓相似，都是關白之子，相當年輕就補任座主。不過，覺忠的補任和前述的事例相較，更多了一層爭議：

> 權僧正覺忠宇治僧正　歷三箇日。
>
> 　宇治大殿（關白忠通）息。
>
> 　智證門徒　增智僧正弟子。
>
> 應保二年壬午閏二月一日任座主。年四十五
>
> 　勅使少納言源顯信以　宣命結付月輪寺鳥居。
>
> 　同三日辭退。山門殊騷動，為小乘戒者不可為大乘戒和尚。縱雖辭其職，不可載座主籍之由，訴申之。[50]

引文中描述的「山門殊騷動」的原因在於「小乘戒者不可為大乘戒和尚」，關於這一點，需要特別說明。天台宗成立之初，

50 《校訂增補天台座主記》，頁 95。

最澄就特別強調南都六宗所受之戒為小乘戒，而最澄自身在入唐請益的過程中於天台山受菩薩戒，不同於其他日本僧侶。這也是最澄積極向天皇請求於比叡山設立戒壇的主因。雖然大乘戒壇未能在最澄在世時建立，但日後確實是比叡山僧眾自我認同的重要標示。那麼，為何在平安時代中後期還會出現受小乘戒的天台宗僧侶？這就是慈覺門人和智證門徒不斷衝突所產生的結果。

前文曾經提過，無論是圓仁還是圓珍的法系，原本都同時居於比叡山中寺院，直到餘慶補任法性寺座主的爭議，導致圓珍一系的智證門徒開始將重心移往比叡山下。即便在此一時期，比叡山延曆寺戒壇仍是所有天台宗沙彌正式得度受戒的場所。隨著兩派的衝突愈趨激烈，智證門徒最終無法入延曆寺戒壇受戒，只好選擇位於奈良的東大寺戒壇。

當然，圓珍一系僧侶亦不想違背天台宗的傳統，至東大寺受戒實在是不得已的權宜之計。上奏於園城寺設立戒壇，正是智證門徒試圖解決此一問題的方法。然而，如同當初最澄未能如願，園城寺戒壇也遭到否決。覺忠這一輩的智證門徒，始終無法於大乘戒壇受戒。因此，在補任天台座主時遭到的反對更勝於此前諸人。

在覺忠的受戒爭議後，朝廷方面似乎研擬了應對之策。由文治六年（1190）延曆寺受戒的公顯（1109－1193）補任天台座主一事，顯示出朝廷亦希望能夠迴避小乘戒問題。公顯因年﨟較長，當初是於比叡山延曆寺戒壇受戒。在覺忠的小乘戒爭議後，公顯的大乘戒背景是園城寺一系智證門徒，以及朝廷可以掌握以反駁慈覺門人的利器。然而，如同引文所示，公顯的任命依舊遭受強烈反對，以至於《天台座主記》文本中的夾註都替公顯抱不平道：「公顯者，延暦寺受戒之人，何為訴訟哉之由？」[51]

考察以上幾個事例，可以發現不被承認治山的天台座主，都具有智證門徒的身分，亦即出身於隸屬於智證大師圓珍系統的寺院。平安時代後期，日本天台宗山門派、寺門派之間的對立愈趨嚴重，園城寺一系的僧侶遭到以比叡山延暦寺為根據地的慈覺門人僧侶排擠。這不但是佛教社群中可以觀察到的現象，在各種著述、問答作品中也可以看到。[52]

除了智證門徒的身分使得這些天台座主無法穩固勢力，甚或是受到承認之外，這些僧侶與藤原氏的關係也值得注意。第三十四代覺圓是藤原賴通之子，第三十九代增譽是藤原經輔之子，第五十代覺忠則為藤原忠通之子。第四十四代行尊雖出身源氏，為源基平之子，生母是藤原良賴之女，亦與藤原氏相關。第四十七代覺猷亦出身源氏，其父源隆國生母則為藤原忠君（藤原師輔五男，後作為藤原忠平養子）之女。

在天台座主的補任上，山門派僧侶如此堅決地反抗藤原氏出身的智證門徒出任，必然有其歷史意義。除了傳統上從教學爭論去討論山門、寺門對立的思考角度外，以關白為首的朝廷為何堅持補任極有可能遭受比叡山反對的天台座主人選？而這些座主候補多出自藤原氏，實在難以不去聯想到藤原氏家門背景在此發揮的力量。

51　《校訂增補天台座主記》，頁 115。

52　參見村山修一，《比叡山史——闘いと祈りの聖域》，頁 150-156。

眾所周知，藤原氏是日本平安時代貴族社會中最具有影響力的一族。自奈良時代聖武天皇（701－756，724－749 在位）以藤原光明子（701－760）作為皇后之後，藤原氏與天皇家的關係就日益密切。甚至，原本皇后皆以內親王（皇女）出任的慣例被光明子打破後，平安時代的天皇多以藤原氏出身女性為皇后、中宮。藤原氏在朝廷、在後宮都有極大的勢力。藉由皇帝外戚的身分，藤原氏掌握了攝政、關白等朝廷中最具有權力的職位，成為事實上的執政者。

那麼，在作為平安時代的另一權力場域的佛教當中，藤原氏又有如何的地位？日本天台宗誓言守護的國家原本和天皇互為一體，在攝關政治體制成立後，攝政、關白取代天皇而成為朝廷的核心與頂點，是否也順理成章地成為天台宗守護的對象？

四、教團與攝關政治的交涉

藤原氏起源於飛鳥時代，由天智天皇（626－672，668－672 在位）賜姓的藤原鎌足（614－669）為其始祖。平安時代中後期，藤原北家藉由掌握攝政、關白之位，成為最興盛的家門。在藤原北家的系統中，藤原師輔（909－960）與天台宗、比叡山之間的關係特別值得注意。首先，被視為日本天台宗中興之祖，同時也是第十八代天台座主的良源（912－985，謚號慈惠大師）[53] 之所以能夠重建遭受祝融之災的比叡山堂宇，正

53　部分文本中亦作「慈慧」，如《慈慧大僧正傳》。Paul Groner 認為良源是十世紀日本教界重要的「政治家」。（參見 Paul Groner, *Ryogen and*

是依賴藤原師輔的經濟後援。

良源和藤原北家的緣分深厚，早在良源還未正式得度時，就曾經得到藤原氏的幫助。《慈慧大僧正傳》對此事也有記載：

> 延長六年，和尚年十七，遂以出家。未及受戒，理仙長逝。爰日上人與伊勢國朝明郡領船木良見久有師檀之契矣。上人攜將和尚行向良見居，語曰：「我有沙彌尠為法器，而教授師理仙逝去，不能受戒，尤足哀矜。」良見憐共依怙，將和尚謁于三條右丞府矣。良見者，相府之舊僕也。丞相、良見請以藥師寺恩訓律師度者給之。召見和尚命曰：「桑門容貌非凡人，自愛耳。」和尚曰：「幸依蓮府之恩，欲遂木叉之志。傷蛇病雀不忘其惠，但師主之人已非理仙。尸羅之恩，情素相違。」丞相曰：「理仙入滅，何出斯言？」和尚曰：「縱無趁戒壇，不可改本師。」所請懇惻，不能堪忍，更改師主，追繼理仙。又換度者名戴，和尚諱便用良字，不棄良見一字也。同年四月，隨尊意和尚登壇受戒，其後博學之聞盈天下。[54]

當時，在良源甫要受戒出家之前，師僧理仙突然逝世，因此失去了得度必要的推薦人。透過所屬僧院長者日燈的協助，以及檀越船木良見的引薦，在時任右大臣的藤原定方（873－932）

Mount Hiei: Japanese Tendai in the Tenth Century, pp. 71-93）

54 《慈慧大僧正傳》，《群書類從》69，頁 567、568。

支持下，良源得以順利得度出家。[55] 良源與藤原氏的關係，自此愈加密切。

良源曾在三大會中的興福寺維摩會大顯身手，成功地拓展自己的聲望。[56] 而在維摩會中的表現，似乎也是未來良源與攝關家結下不解之緣的契機：

> 承平七年，隨興福寺維摩會講師基增行向彼寺。于時，敕使左中辨藤原在衡議曰：「講匠者，台山之耆德也。所伴威儀僧，又龍鳳之侶也。」……在衡歸洛之後，謁大相國府，歎美和尚之才辯。其後嘉聲播揚，皷動天下。受法之師於覺慧律師於相府修功德焉。伴僧之中有和尚名。相國命云：「是維摩會場振名譽者乎？今得相遇，所羡足矣。」結願之日，諸僧退出，相國獨留和尚，深結來緣焉。[57]

文中的大相國，正是先後以攝政、關白之位掌政達二十年之久的藤原忠平（880－949）。[58] 良源於藤原忠平府邸舉行法會，受藤原忠平接見，「深結來緣」。

藤原忠平逝世，良源與其家族的聯繫並未告終。藤原師

55 平林盛得，《良源》，頁 13-15。

56 《慈慧大僧正傳》，《群書類從》69，頁 568。

57 《慈慧大僧正傳》，《群書類從》69，頁 568。

58 藤原忠平於延長八年（930）至天慶四年（941）間任攝政；天慶四年至天曆四年（949）間任關白。

輔按照父親忠平的遺言，尊良源為師，並委請良源作為自家的護持僧。[59] 對於當時的藤原師輔來說，如何讓自己的長女安子（927－964）產下村上天皇（926－967，946－967 在位）的皇子，應該是最重要的政治規畫。終於，安子於天曆四年生下皇子憲平親王，並被立為皇太子。良源因祈禱有功，在藤原師輔的上奏下成為「東宮護持僧」，正式取得僧職。[60]

此後，藤原師輔對於良源的信賴有增無減。天曆八年（954），藤原師輔親自登上比叡山，參加良源於橫川建立的法華三昧堂落成儀式：

> 丞相於大眾中自敲石火，誓曰：「願依此三昧之力，將傳我一家之榮。國王、國母、太子、皇子，槐路棘位，榮華昌熾，繼踵不絕，充衍朝家。」若素願潛通，適有鏡谷之應者，所敲石火不過三度而有効驗。一敲之間，忽焉出火。在在緇素，盡以抃躍。丞相手自挑燈，蘭釭之影應棘誠而昭晰。自是，丞相家門英雄角存，無違本願，便以此堂付屬和尚。[61]

橫川過去曾是圓仁門人集中之地，但在圓珍一系出任座主期間

59 《慈慧大僧正傳》：「九條右丞相依先公之遺託，又以師事和尚。」（頁568）

60 《慈慧大僧正傳》：「可保護儲宮之由，頻有議定。和尚數度辭讓，而九條右丞相強以執奏，仍數降鳳詔，令侍龍樓。」（頁 569）

61 《慈慧大僧正傳》，《群書類從》69，頁 569。

逐漸凋零。在法華三昧堂長明燈的點火儀式上，藤原師輔所發誓願得到祥兆，加深藤原師輔對良源的信賴。

藤原師輔的誓願內容相當值得注意。首先，這個願望完全是為了一家之私，絲毫不見傳統願文格式中常見的套語。其次，文中雖出現國王、國母、太子、皇子等與所謂代表國家的人物，事實上卻仍從屬於藤原氏，精確地說，從屬於藤原師輔家族，也就是九條家。藤原師輔不但要自己的女兒入主中宮，生下皇子，更要確保皇子能夠被立為皇太子，日後登上皇位。換句話說，藤原師輔的期待是未來世世代代天皇都出自藤原北家九條流。作為如此大願成就的交換，則是藤原師輔家族對於良源一系僧侶的供養。[62]

此後，良源的僧官之路相當順暢，並於天元四年（981）任大僧正。在此之前，大僧正只有行基一人，就連最澄都是入滅之後才追贈大僧正。由此，不難看出良源在僧綱體系中的勢力。不僅如此，藤原師輔將自己的兒子送入良源門下，順利進入僧綱體系。《僧綱補任抄出》中記載，藤原師輔之子尋禪（943－990），在天延二年（974）時出任少僧都：

> 十二月任少僧都。三十一良源弟子，右大臣師輔息。不經律師，直任一身阿闍梨始也。大臣子僧綱初也。[63]

相較於當時的其他僧侶，尋禪在僧官系統中的陞遷相當驚人。

62　參見《良源》，頁 47-52。

63　《僧綱補任抄出》（上），《群書類從》54，頁 541。

首先，尋禪未先任律師（包含權律師），直接成為阿闍梨、少僧都。左、右大臣之子出任僧綱，尋禪也是首例。

作為藤原師輔之子以及大僧正良源弟子，尋禪異常順遂的僧官之路也是有跡可循。然而，尋禪補任天台座主之後，短短五年便主動請辭，引發日後天台座主補任的一連串爭端。

尋禪任職天台座主時僅四十三歲，是前所未有的年輕座主。即便任座主五年後退職，仍未及五十。《天台座主記》載尋禪「上表辭座主職並權僧正等，雖及再三，公家、山門共不聽許。」[64] 然而，尋禪辭座主是在永祚元年（989）九月八日，同月二十九日，餘慶就得到宣命補任座主。[65] 所謂的「公家、山門共不聽許」，到底具有多少的可信度，值得保留。

前文曾經提到，餘慶補任座主時遭受到相當大的反彈。根據《小右記》記載，慈覺門人等法師數百人將敕使趕下比叡山，朝廷方面只好派出檢非違使護衛敕使上山宣讀宣命。[66] 同

64　《校訂增補天台座主記》，頁 47。

65　《小右記》永祚元年九月二十九日條：「左大臣、大内記佐忠に仰せて云はく、『権僧正尋禅、天台座主を辞退せる替はりに、大僧都余慶を以て座主に任ずべき由、宣命を作るべし』てへり。」（參見倉本一宏編，《現代語訳小右記》2，頁 95）

66　《小右記》永祚元年十月一日條：「一日、己酉。早朝、宮亮、来たり談ず。昨日、摂政殿に参る間、大外記致時、申して云はく、『天台座主の宣命使少納言能遠、参り登る間、水飲に於いて慈覚大師門徒の法師等数百人、宣命使を追ひ帰し、宣命を破り棄つ。書杖及び能遠朝臣の釼等を折る。又、能遠朝臣の従者を打ち損なふ』と云ふ。此の間、少納言能遠朝臣、参入す。申す所の趣き、此くのごとし。藁履を着さず。『徒跣にて山脚を追ひ下され、参入する所なり』てへり。往古・

時，針對攻擊敕使的僧侶，也裁定了數十人的懲處，包括良源的弟子暹賀、聖救、正算、覺慶等四位僧都以及僧侶東緣。

餘慶補任座主一個月後，朝廷再度頒下宣命，並於比叡山前唐院，也就是慈覺大師圓仁廟前宣讀。[67] 考慮到餘慶補任案主要正是受到慈覺門人的反彈，這份宣命的宣讀地點似乎有一定的彰示意義，可以視為朝廷針對慈覺門人行動的回應。

首先，宣命中明言比叡山乃最澄草創，「傳真言灌頂之業，留天台止觀之宗」，而圓仁、圓珍同為最澄弟子，兩人弟子皆有出任天台座主之資格。何況，在尋禪再三請辭座主職後，餘慶為「山上僧綱第一」，充分符合補任的條件。對於此前慈覺門人的行為，宣命中直稱東緣、暹賀等人是「造惡之首」，但考量到往昔良源及其弟子祈禱有功，此次暫且免去嚴苛的刑罰。

某種程度上，這份宣命可以視為朝廷向慈覺門人所下的通牒。需要注意的是，這份宣命中屢屢以王法、佛法相對，強調不可偏倚佛法而輕視王法。換句話說，朝廷對於比叡山中所傳佛法雖然不具有詮釋的權力，卻明白地告誡慈覺門人不可藉佛法之名而干涉朝廷命令。

若由此佛法與王法相對的角度思考天台座主補任產生的爭

今来、未だ聞かざる事なり。末代の事、悲しむべし、歎くべし。『宣命を早く改め作らしめ、重ねて初めの使を差し、遣はすべき由、外記致時朝臣を以て左府に聞かせられ了んぬ』と云々。『検非違使を差し副へらる』と云々。」（參見倉本一宏編，《現代語訳小右記》2，頁96）

67 《大日本古記錄》補遺第二編之一〈座主宣命〉，頁41。

端，或可進一步認識平安時代佛教與政治之間複雜的關係。在《慈慧大僧正傳》中，曾提到藤原兼家在比叡山誓願「縱雖居黃閣之重臣，願許為白衣之弟子。子子孫孫，永固帝王皇后之基；生生世世，永傳大師遺弟之道。」[68] 藤原師輔求「一家一門，生帝生后」，藤原兼家也發願祈求子孫能永固天皇、皇后之位。作為交換的，則是一家永續供養良源及其弟子。此一誓約正是日後天台座主補任出現紛爭的根源。

在花山天皇退位出家，一條天皇即位後，果然如同藤原兼家所願，皇后、天皇皆出自其家族血親。那麼，對於良源的弟子而言，「生生世世，永傳大師遺弟之道」就成為了藤原兼家家族必須遵守的諾言。因此，藤原兼家在永祚元年提出以大僧都餘慶，而非良源弟子補任天台座主的宣命，似乎被視作違背諾言的行動。

面對這樣的「背信行為」，良源的弟子們採取激烈反彈。對於慈覺門人而言，天台宗延曆寺是自平安時代初期以來，奉天皇之命守護國家的大寺，作為其領導者的座主人選，不容朝廷任意指派。而站在公家、朝廷的角度，比叡山僧人「為國」行道，「為國」祈禱，卻似乎輕視了王法，也就是律令國家權力的來源。僧綱體系是國家管理佛教的基礎，雖然天皇、攝政以僧為師，僧侶仍須受到國家的管理。在僧官的人事異動上，國家雖然尊重僧團，卻不允許僧團占有最後的裁決權。慈覺門人正是在這一關鍵上挑戰了統治集團的底線。

那麼，以藤原氏為首的統治集團採取什麼樣的行動來向比

68 《慈慧大僧正傳》，《群書類從》69，頁 573。

叡山僧眾昭示僧團人事裁決權的不可侵犯？或許就是再三地補任符合體制規範，卻不隸屬於主流僧團的座主人選。平安時代後半期的天台座主爭議，實際上皆是在這樣的背景下發生的。

這樣的作法乍看之下似乎缺乏實務上的效益，也無法改變慈覺門人排斥智證門徒的狀況。然而，這樣的補任對於極度重視法脈傳承的僧團而言，仍是有意義的。從實務的角度來看，上任三日就辭職的座主的確可能對宗務沒有任何建樹。甚至，明尊之後的智證門徒天台座主，根本都沒有登上比叡山。然而，在日本天台宗的法脈傳承系譜中，他們始終保有一席之地。

無論哪一個版本的《天台座主記》，都保留了所有座主的補任紀錄，而不會任意刪去特定某幾位座主。這是因為座主的補任不但是國家僧官管理制度的一環，更是天台宗歷史的一部分。慈覺門人可以反對智證門徒補任座主，卻無法無視座主宣命及其補任座主的事實。從系譜的角度來看，座主任期的長短其實並不特別醒目。無論是歷三日的座主，還是治山二十年的座主，在系譜上都是同樣的一代。

同時，朝廷在明知道會遭受強烈反對的情況下，仍刻意地補任智證門徒座主，亦不是無謂的行為。首先，這樣的行為在體制上確保了僧綱制度的有效性。也就是，無論僧團的意願如何，由國家支配的僧綱位階高低才是決定補任天台座主人選順位的要件。這一點，在餘慶補任的案例上已明顯地展現出來。因此，宣命中才會強調餘慶是山上僧綱第一人者。當智證門徒的天台座主請辭後，朝廷才會再頒下新的補任宣命。而此時的補任人選，則是慈覺門人中僧綱位階最高者。也就是，即便朝廷補任了慈覺門人意願的人選，其合理性仍來自國家掌控的僧綱體系位階。

再者，考量到平安時代寺院作為強大的勢力團體，朝廷、公家不太可能對他們逐漸增強的獨立性視而不見。這一點，首先必須從日本天台宗與天皇家的緊密關係開始談起。自從最澄建立天台宗、比叡山延曆寺取得年分度者名額，天台宗就以守護天皇家、守護日本國土為使命，擔負著護國的重任。同時，天台宗作為受到國家重視的佛教宗派，在日本各地發展寺院勢力。天台宗僧侶雖然看似只為國家祈福，或為檀越舉辦法會、講會，事實上已透過各種封地、依附人口發展為貴族、豪族皆不可小覷的勢力團體。

透過前文引用之《天台座主記》摘錄內容，可以注意到在永承三年（1048）以後，屢次有藤原氏出身的僧侶挑戰天台座主之位，卻不一定能夠如同此前的尋禪一般順利。不過，並非所有藤原氏出身僧侶都在這一關遭受否定，也有和尋禪一樣如願登上天台座主之位者。在明尊之前的第二十七、二十八代天台座主，正是藤原氏出身。

需要注意的是，這兩位成功得到比叡山認可的天台座主，並非智證門徒。第二十七代天台座主慶命是遍救僧都、賀秀阿闍梨的弟子，時任權僧正；第二十八代天台座主教圓則是花山法皇、陽生座主、實圓僧都弟子，時任大僧都。這一點，清楚標示了他們與前引事例的不同之處。另一方面，雖然同為藤原氏，仍與位處中央要職的藤原氏成員頗有差距。

慶命之父是大宰少貳藤原孝友；教圓之父則是伊勢守藤原孝忠。大宰少貳是大宰府的次官，位居大宰大貳之下，並不是特別高的官職，後來因此職世襲化而成為當地豪族，離中央勢力愈來愈遠。[69] 在國司職階中，守已是最高官職，大國之守從五位上、上國之守從五位下，中國之守從六位上，下國之守從六位下。即便《延喜式》中將伊勢國定為大國，藤原孝忠的官位最多也是從五位上。從官位上來說，自然遠不及作為攝政、關白的藤原氏核心人物。

相較之下，藤原賴通（992－1074）從一位攝政、關白、太政大臣、准三宮；藤原經輔（1006－1081）正二位權大納言；藤原忠通（1097－1164）從一位攝政、關白、太政大臣，皆掌握了中央政治勢力。藤原賴通、藤原忠通更可謂是一人之下萬人之上，位極人臣。

從積極補任智證門徒的藤原氏掌權者名單看來，似乎也與藤原氏內部的派系之分相關。前文曾經提到，良源個人與以藤原師輔為首的九條家（藤原北家九條流）往來密切，長期為其家族祈禱。日後，藤原兼家也仿照藤原師輔的作法，在比叡山建立慧心堂，發願供養支持良源及其弟子，祈求自家興旺。然而，永祚元年當藤原兼家掌握權力時，補任天台座主的卻非良源或尋禪的弟子，而是出身智證門徒的餘慶。

關於這一點，一方面可以從藤原兼家尊重僧綱體系，按照慣例補任僧綱位階最高的天台宗僧人作為天台座主的角度思考。無論藤原兼家個人與良源締結了何種約定，畢竟都只於私

69 鎌倉時代初期至戰國時代末期活躍於北九州的少貳氏，正是此官職世襲並豪族化後的產物。少貳氏原稱「武藤氏」，意指武藏國出身的藤原氏，一說則為武家的藤原氏。無論如何，都被視為平安時代藤原氏的分支。（參見川添昭二，《九州中世史の研究》，頁 3-35）

的層面具有有效性。於公，比叡山僧眾是「為國」祈禱，「為天皇」祈福，藤原氏雖是朝廷的領導者及重要成員，終非國家的權力來源。同時，藤原兼家發願時還未具有攝政、關白的身分，其祈願內容是作為一家之長而發，並非作為天皇代理人的攝政立場。因此，藤原兼家無視此前個人所說的生生世世遵良源遺弟的承諾，而以朝廷的立場按照僧位高低順序補任天台座主，其實是相當理性且尊重體制的行為。

另一方面，則可以考慮藤原兼家與其餘藤原北家九條流之間的權力衝突。首先，藤原兼家並非藤原師輔計畫中的繼承人。藤原師輔長子為藤原伊尹（924－972），次子藤原兼通（925－977），藤原兼家則為三男。一開始，藤原師輔是帶著長子伊尹前往比叡山參加良源法華三昧堂的落成儀式，委託良源替家族祈禱時，伊尹應該也在現場。藤原伊尹在天祿六年（970）官拜右大臣，同年前任攝政藤原實賴去世後，繼任藤氏長者[70]及攝政，卻在兩年後病倒逝世。

在藤原伊尹於朝廷中擴張權力時，成為他有力助手的，似乎並不是藤原兼通而是藤原兼家。在伊尹仍在世時，藤原兼通就已經對於弟弟藤原兼家的官位高過自己而不滿。當伊尹逝世，藤原兼通、藤原兼家都積極地爭取次任攝政之職，然而當時圓融天皇（959－991，969－984 在位）卻聽從生母藤原師輔長女安子（927－964）之言，強調攝政職應該按順位兄終弟及，因此由兼通出任次任攝政。不過，藤原兼通未將攝政位轉

70 「長者」意指日本古代、中世氏族的首長。藤氏長者即為藤原氏的領導者，得以參與並主導全氏政治、經濟、宗教等各種事務的決策。

交兼家，而交給了小野宮家的藤原賴忠。

藤原兼家重新掌握權力，依靠的不是九條家的其他兄弟姊妹，而是自己的女兒超子（954－982）及詮子（962－1002）。藤原超子作為冷泉天皇（950－1011，967－969 在位）女御，生下了日後的三條天皇（976－1017，1011－1016 在位）；詮子則是圓融天皇的女御，生下日後的一條天皇（980－1011，986－1011 在位）。也就是，九八六年至一〇一六年的三十年中，兩任天皇皆須遵藤原兼家為外祖父。

當一條天皇即位時，時任天台座主的尋禪甫於良源入滅後補任。尋禪為藤原師輔十男，與藤原兼家為異母兄弟。對於藤原兼家而言，既已如願讓外孫繼任天皇之位，與其讓比叡山上的特定派系勢力獨大，恐怕不如刻意維持勢力間的均衡，以鞏固朝廷的權力。

在這樣的背景下，可以發現尋禪辭座主後，藤原兼家及其直系子孫似乎都表現出以智證門徒牽制比叡山勢力的作法。參見下表所整理的智證門徒補任時情況：

座主	補任年份	時任攝政／關白、藤氏長者	身分
餘慶	永祚元年（989）	藤原兼家（九條流）	
明尊	永承三年（1048）	藤原賴通（御堂流）	藤原賴通護持僧／餘慶弟子
源泉	天喜元年（1053）	藤原賴通（御堂流）	
覺圓	承保四年（1077）	藤原師實（御堂流）	藤原賴通子／明尊弟子

增譽	長治二年（1105）	藤原忠實（御堂流）[71]	藤原經輔子／明尊弟子
行尊	保安四年（1123）	藤原忠通（御堂流）	源基平子／明尊弟子
覺猷	保延四年（1138）	藤原忠通（御堂流）	源隆國子／覺圓弟子
覺忠	應保二年（1162）	藤原基實（忠通子／近衛家）	藤原忠通子
公顯	文治六年（1190）	藤原兼實（忠通子／九條家）	

從表格中可以看出，補任智證門徒為天台座主者，主要是御堂流出身的攝政、關白。所謂的「御堂流」，指的是尊藤原兼家五男藤原道長（966－1028）為祖的藤原氏家族。「御堂」的名稱，來自於藤原道長創建法成寺，被稱為「御堂關白」。

和父親藤原兼家相同，藤原道長原本也未被視作家族中的權力繼承人。一條天皇即位後，攝政藤原兼家的兒子們都順利出仕，藤原道長作為五男，永延二年（988）已是權中納言。藤原兼家死後，長子藤原道隆（953－995）、次子道兼（961－995）陸續作為攝政，最後道長在姊姊詮子的助言下出任攝政。之後，藤原道長將長女彰子作為一條天皇的女御，日後更封為

71　增譽補任天台座主時，藤原忠實尚未正式任關白之職，然此時關白、攝政之職亦空置。從補任日期考量，增譽補任天台座主是長治二年（1105）二月十四日，藤原忠實始任關白則是同年十二月二十五日。不過，康和二年（1100）時忠實已身為右大臣。

皇后（中宮），進一步穩固了自己的地位。

或許是有鑑於此前攝政更迭的不穩定，也可能是自己擊敗了兄長的嫡長子取得政權。藤原道長在生前就將攝政位傳給長子賴通，穩固了自己家族的政治權力。藤原賴通在永承七年將宇治別莊改建為寺院，亦即現今宇治平等院，開山的僧侶即是智證門徒明尊。換句話說，至少自藤原賴通時期開始，相較於親近慈覺門人的藤原師輔、藤原兼家父子，日後的御堂流在私人層面更親近園城寺系統的智證門徒。

以藤原氏作為代表的平安時代貴族，以及在平安時代興盛發展的天台宗，同樣作為政治社會中重要的勢力集團，彼此皆忌憚於對方過度的勢力發展。儘管大多數情況下，藤原氏皆作為虔誠的信徒，布施、供養、舉辦法會，但這仍止於氏族私的層面。

當身分由私轉換為公之時，藤原長者的身分，似乎不能說服作為關白、攝政的藤原氏忽略朝廷對於體制的控制力。換句話說，即便作為氏族的藤原氏一直是天台宗虔誠的信徒，作為關白、攝政的藤原氏，依然將朝廷規範的體制置於最優位，而不能容許比叡山僧侶自恃護國而無視體制的種種行為。

同時，相較於此前的藤原北家，御堂流系統似乎明顯地更為親近智證門徒一系。最清楚的一條證據，就是藤原賴通捨宅為寺的平等院，從開山就一直由智證門徒住持。在賴通作為攝政、關白的長期掌政期間，慈覺門人在比叡山以為國行道之名而挑戰朝廷權力的行為，想必讓藤原賴通相當忌憚。拉攏同為天台宗的智證門徒以牽制慈覺門人的勢力，不失為一個兼顧信仰與政治局勢的方法。

五、結論

本文以平安時代天台宗與政治勢力為主要考察對象，特別著重於思考天台宗教團與攝關政治之間的交涉。最澄以請益僧身分渡唐求法，攜帶大量的天台典籍返回日本。在桓武天皇的支持下，取得了年分度者名額，日本天台宗正式成為可以和南都六宗並駕齊驅的佛教教團。打從日本天台宗成立之初，其使命就是以「護國」為要。無論是止觀業還是遮那業，終極目標都是守護天皇、鎮護國家。這樣的使命在最澄入滅後，依然由其弟子繼承。

隨著比叡山天台宗教團的成立，相應的寺院管理制度也出現。透過《天台座主記》，可以對歷代天台座主的背景產生基本認識。一般而言，曾隨最澄一同入唐的譯語僧義真被視為初代天台座主。不過，在圓仁補任天台座主之前，座主只是比叡山延曆寺內對於住職的通稱，並不是正式的僧官職稱。當時，負責寺院事務的，是傳統的檢校、三綱，與奈良寺院並無差異。

「座主」一詞原本與寺院管理無關，指的是講會中講法的僧侶。九世紀中期，以圓仁為延曆寺座主的太政官牒中，正式出現「座主」的職稱。不過，此時在座主之外，還有別當一職。隱隱暗示了座主掌傳教、別當主寺務的職能區分。至遲在十世紀前半，座主的職掌已包括寺院行政事務。這一點，透過《延喜式》中對於僧籍管理的作法可以得到證實。圓仁入滅之後，繼任座主的安惠以天皇宣命補任，自此成為固定的傳統。宣命當中，明言補任天台座主者必須止觀、真言兼備，可以說是鞏固了最澄開宗之初的作法。

除了天台座主之外，俗別當亦是與延曆寺寺務關係密切的職位。不同於座主的是，俗別當並非僧職，而是由朝廷中的俗人出任。事實上，俗別當與唐代的功德史相近，最澄入唐返回日本後，曾上奏請設立俗人掌管國家佛教事務的官職。其中一項重要的背景，在於最澄不希望受到既有僧綱體系的干涉，畢竟此時僧綱系統由南都六宗獨占。透過俗別當的管理，比叡山僧侶的僧籍認定不需要透過僧綱體系的限制，取得了相對獨立而直屬於國家的地位。

梳理平安時代天台座主補任的紀錄，可以觀察到以下幾項現象。在圓珍之後，天台座主開始進入僧綱體系之中。甚至，僧綱的身分成為補任天台座主的基本條件。而即便具有僧綱身分，亦符合止觀、真言兼備的條件，仍有可能無法順利補任天台座主。此一狀況主要發生於圓珍一系的智證門徒補任天台座主時。另外，平安時代中後期之後，可以發現藤原氏出身僧侶補任天台座主的事例明顯增加。

藤原氏可以說是日本平安貴族的代表。平安時代中期以後，藤原北家透過與天皇家締結姻親關係，掌握了攝政、關白之位，成為最具有政治實力的家門。藤原家與天台宗的關係密切，第一任延曆寺俗別當中就有藤原氏成員。在平安時代貴族佛教的背景下，藤原氏家族經常是比叡山重要的供養者。

藤原師輔、藤原兼家都曾長期供養天台宗僧侶良源，祈求家族女性能夠順利產下天皇繼承人，以強化家族的權勢。同時，良源也接受藤原氏家族成員出家成為自己的弟子，並成為日後其僧團內部勢力的繼承者。不過，這也正導致了未來以慈覺門人為主的比叡山僧團與朝廷產生對立的爭端。

站在朝廷的角度，比叡山僧人「為國」行道，「為國」祈禱，卻似乎輕視了王法，也就是律令國家權力的來源。僧綱體系是國家管理佛教的基礎，雖然天皇、攝政以僧為師，僧侶仍須受到國家的管理。在僧官的人事異動上，國家雖然尊重僧團，事實上卻不允許僧團占有最後的裁決權。以藤原氏為首的統治集團為了向比叡山僧眾昭示僧團人事裁決權的不可侵犯，再三地補任符合體制規範，卻不隸屬於主流僧團的座主人選。平安時代後半期的天台座主爭議，實際上皆是在這樣的背景下發生的。

換句話說，朝廷刻意補任智證門徒座主，是在體制上確保了僧綱制度的有效性。無論僧團的意願如何，由國家支配的僧綱位階高低才是決定補任天台座主人選順位的要件。即便朝廷最終仍補任了慈覺門人意願的人選，其合理性來自僧綱體系中的位階，而非慈覺門人內部合意所產生。藤原兼家及其直系子孫似乎都表現出以智證門徒牽制比叡山勢力的作法，藉由刻意維持僧團勢力間的均衡，以鞏固朝廷的權力。

徵引書目

佛教藏經或原典文獻

《山家學生式》，SAT，T74, no. 2377，東京：大藏經テキストデータベース研究会（The SAT Daizōkyō Text Database Committee，簡稱 SAT）網路文本數據庫，2018 年。

《傳教大師將來台州錄》，《大正藏》冊 55，第 2159 號，東京：大藏經刊行會。

《傳教大師將來越州錄》，《大正藏》冊 55，第 2160 號，東京：大藏經刊行會。

《龐居士語錄》，《卍新纂大日本續藏經》冊 69，第 1336 號，東京：國書刊行會。

古籍

《大日本古記錄》，東京：東京大学史料編纂所，1995 年。

《小右記》，《增補史料大全》1-3，京都：臨川書店，1965 年。

《日本紀略》，《新訂增補國史大系》11，東京：吉川弘文館，2000 年。

《日本書紀》，《新訂增補國史大系》1，東京：吉川弘文館，2000 年。

《延喜式》，《新訂增補國史大系》26，東京：吉川弘文館，2000 年。

《校訂增補天台座主記》，東京：第一書房，1973 年。

《傳教大師全集》，東京：世界聖典刊行協會，1975 年。

《慈慧大僧正傳》，《群書類從》69，東京：八木書店，2013 年。

《僧綱補任抄出》，《群書類從》54，東京：八木書店，2013 年。

《叡山大師傳》，《傳教大師全集》5，東京：世界聖典刊行協會，1975 年。

專書、論文或網路資料等

丸山猶計 2004〈国宝　風信帖〉，《東京国立博物館ニュース》665，頁 8。

大津透編 2016《摂関期の国家と社会》，東京：山川出版社。

小山田和夫 1990《智証大師円珍の研究》，東京：吉川弘文館。

小野勝年 1989《入唐求法巡礼行記の研究》，京都：法蔵館。

川添昭二 1983《九州中世史の研究》，東京：吉川弘文館。

古瀬奈津子 1998《日本古代王権と儀式》，東京：吉川弘文館。

平林盛得 1987《良源》，東京：吉川弘文館。

米田雄介 2006《摂関制の成立と展開》，東京：吉川弘文館。

佐伯有清 1989《円仁》，東京：吉川弘文館。

佐伯有清 1990《円珍》，東京：吉川弘文館。

佐佐木惠介 2011《天皇と摂政・関白》，《天皇の歴史》3，東京：講談社。

坂上康俊 2003〈初期の摂政・関白について〉，收入笹山晴生編，《日本律令制の展開》，東京：吉川弘文館。

坂上康俊 2015《摂関政治と地方社会》，東京：吉川弘文館。

村山修一 1994《比叡山史——闘いと祈りの聖域》，東京：東京美術。

京都国立博物館、東京国立博物館編 2005《最澄と天台の国宝》，東京：読売新聞社。

虎尾俊哉 1964《延喜式》，東京：吉川弘文館。

倉本一宏編 2016《現代語訳小右記》2，東京：吉川弘文館。

倉本一宏譯 2011《權記》（上），東京：講談社。

堀江知彥 1960〈国宝空海筆風信帖〉，*Museum* 115，頁 8-11。

福井康順 1977〈傳教大師の「弘仁三年遺言」について〉，《天台學報》20，頁 1-9。

樋口健太郎 2018《中世王権の形成と摂関家》，東京：吉川弘文館。

顧承甫、何泉達點校 1986《入唐求法巡禮行記》，上海：上海古籍出版社。

東京大学史料編纂所データベース，https://wwwap.hi.u-tokyo.ac.jp/ships/，2017.10.14。

Abe, Ryuichi. 2000. *The Weaving of Mantra: Kukai and the Construction of Esoteric Buddhist Discourse*. New York : Columbia University Press.

Groner, Paul. 2002. *Ryogen and Mount Hiei: Japanese Tendai in the Tenth Century*. Honolulu: University of Hawai'i Press.

The Political Nature and Historical Development of Tendai School in Heian Japan:

An Investigation Focusing on the Engagement with Sekkan Regency

Pei-Chun Kuo
Postdoctoral Fellow,
Institute of Chinese Literature and Philosophy,
Academia Sinica

Abstract

Tendai Buddhism has been systematically introduced to Japan ever since Saicho, who travelled to Tang China, came back to Japan in the beginning of the ninth century. It gradually built up a growing power under the tradition of Nara Buddhism. In Heian period, monks usually engaged closely with political powers. The court that led by Sessho and Kanpaku, along with Emperor, were regarded as the top of national political structures, and they maintained strong interaction with Tendai school, which claimed to be state-protected. Furthermore, many monks with political backgrounds devoted to Tendai school, and earned a high class in the school. This article will focus on the interaction between Tendai monks and political powers during the establishment of Tendai school, trying to offer an alternative perspective to Tendai Buddhism. That is, when a Buddhist group faces a intensely changing political environment, how they would respond or what kind of action they would take to maintain the development of the group. The late Heian period was an important turning point for Japanese political powers. Investigating the actions of Tendai monks, who were based in Mount Hiei, should help to understand more about the features and changes of the relations between politics and religion in Heian Japan. Buddhist biographies and journals of aristocrats will take us from the perspective of the engagement of the monastics and Sekkan Regency to realize the characteristics of Tendai Buddhism in late Heian Japan.

Keywords: Tendai School, Heian Buddhism, Tendai zasu, Sekkan Regency, *Tendai Zasuki*

論《大品經義疏》中攝嶺學說對吉藏早期思想之影響

雲惠遠

華梵大學東方人文思想研究所博士

摘　要

吉藏（549－623）以三論宗思想之集大成者聞名於後世，現今研究三論者莫不以其為宗，然而三論思想因時空背景的不同，其學說被後人區分為「古三論」和「今三論」。「古三論」是以長安為據點所宣揚之三論學說，又稱之為「關中舊說」，代表人物有鳩摩羅什（334－413）、僧叡（生卒年不詳）、僧肇（384－414）、道融（生卒年不詳）等；「今三論」則是以建康作為據點，又稱之為「攝嶺之學」，代表人物有僧朗（生卒年不詳）、僧詮（生卒年不詳）、法朗（507－581）、慧布（518－587）、吉藏等人。「古三論」時期，藉由譯經，將三論學說傳播進了中國，「今三論」時期，則是將來自印度的三論學說融入了中國哲學傳統之中，三論自此成為了中國佛教思想特色，而成就此一盛事的關鍵者為吉藏。

從吉藏生平中可梳理出其一生的駐足之地主要有三，分別為建康、紹興和長安，建康是吉藏出生、出家與學習佛法的所在，紹興是吉藏開始著作的地方，長安則是他人生中晚期弘揚三論，並以三論聞名於世的所居之地。現今學者研究吉藏三論學說，多從義理面著手，或單就以時期或人物作為基準與對比，來探討其思想特色，鮮少系統性地論說出吉藏在建康時期，地理環境和同門師教兩者間對於吉藏學說思想之影響究竟為何，因此，本文特以建康攝嶺地區為線索，以及吉藏的第一本著作《大品經義疏》中所論及之攝嶺諸師思想與攝嶺之學相關內容為依據，試圖從中梳理出攝嶺之學對於吉藏早期思想之影響。

關鍵詞：吉藏、關中、攝嶺、三論、成實

一、前言

吉藏（549－623），俗姓安，生於建康（古亦稱金陵，今南京市），祖籍西域安息國，七歲時跟隨法朗（507－581）出家，後住於攝山。陳滅，南遷至浙江紹興嘉祥寺。隋開皇十九年（599）後奉敕入住長安（今西安市）日嚴、實際等寺，為中國佛教三論的集大成者，因曾於浙江紹興嘉祥寺宣傳佛法，故世稱「嘉祥吉藏」。

吉藏在中國佛教史上以三論之學聞名於後世，被後世視為三論思想重要的代表人物之一，其代表著作有《大乘玄論》、《三論玄義》、《二諦義》等，其學說思想以宣說「般若無得」、「破邪顯正」、「四重二諦」、「中道正觀」、「中道佛性」等理念為主。三論思想屬中國佛教中觀思想體系，中國佛教中觀思想體系主要以般若經系、《中論》、《百論》等典籍作為理論依據，而三論思想所依據之經典主要為《中論》、《百論》和《十二門論》。《中論》和《十二門論》為龍樹（150－250）所作，《百論》作者為提婆（200－250），如若再加上龍樹的《大智度論》則稱之為「四論」。吉藏認為三論所論及的是般若經的核心要義，而《大智度論》則是解釋了般若經的本義，[1] 三論與四論的不同在於，四論彰顯出了關中諸師以來的注疏傳統。

中國三論思想體系的形成與法脈傳承，據現今學界研究，始於鳩摩羅什（334－413）的長安譯經。在鳩摩羅什以前，

---

1 《大品經義疏》，CBETA, X24, no. 451, p. 196a10。

中國尚未有三論的流傳，直到鳩摩羅什在長安將三論譯成漢文典籍後，三論思想才得以在中國這塊土地上被宣揚並傳承了下來，鳩摩羅什也因此被推為中國三論宗初祖。接續傳承其學說的弟子有六位，分別為僧導（362－457）、曇影（生卒年不詳）、道融（生卒年不詳）、僧叡（生卒年不詳）、僧肇（384－414）和僧嵩（生卒年不詳），[2] 其中僧肇被後世尊為中國三論宗的第二代祖師。在鳩摩羅什與其弟子們之後，三論思想則由長安往南輾轉傳播至建康攝嶺一帶，此時宣揚三論者有僧朗（生卒年不詳）、僧詮（生卒年不詳）和法朗（507－581）等人，最後由吉藏集三論思想之大成。[3] 不過，之後三論思想並未因此在中國繼續傳承，而是經由吉藏弟子慧灌（生卒年不詳）傳播到了日本。

中國三論思想從鳩摩羅什到吉藏，約流傳了近三百年。在這三百年間，前期傳播的地點在長安一帶，後期則是以江南建康地區為中心發展，這從北到南的傳播過程，期間究竟經過了什麼？發生了什麼樣的事情？才讓三論思想由長安傳播至建康一帶。有關此一議題目前學界仍在努力釐清中，[4] 現今唯一能

2 Richard H. Robinson 著，郭忠生譯，《印度與中國的早期中觀學派》，頁 268、269。

3 有關三論宗傳承系譜，目前學界對鳩摩羅什至僧朗間的傳承系譜研究尚未有定論，也就是尚未釐清「關中舊說」是如何從長安傳至建康一事。僅能確定的是「關中舊說」推宗鳩摩羅什，「攝嶺學說」系譜的傳承亦確定為僧詮→法朗→吉藏。此說法引用自楊維中，〈三論宗宗派屬性新探〉，頁 14。

4 有關三論思想在中國的傳播，可參酌 Richard H. Robinson 在《印度與中

明確知曉的是：以長安地區為核心發展的三論學說，被稱之為「古三論」、「關中舊說」；以江南建康地區為核心發展的三論學說，則被稱為「今三論」、「攝嶺之學」，而吉藏的三論思想主要傳承自攝嶺一脈。

攝嶺傳承：僧朗→僧詮→法朗→吉藏

思想學說傳承自攝嶺一脈的吉藏，具有三論集大成者的身分，代表著其思想不僅只是傳承自攝嶺之學而已，而是同時也受到了關中舊說的影響。關中舊說對於吉藏的影響，可從其著作中的引述中看出，吉藏《十二門論疏》卷一說道：

> 問：門有十二，何故？初辨因緣。答：關中舊釋。云：因緣者，蓋是萬動之統號，造極之所由。所由既彰，則虛宗可階；統號既顯，則起作易泯。是以作者標為題首，演而破之，演而破之，非唯斷、常斯寂，亦乃教無不通，敢是希宗對教，無不兼通，通由此法，所以為門。[5]

吉藏在《疏》中提出：《十二門論》中所論之門何以有十二類的議題。對此，吉藏直接引用關中諸師的說法來回答。諸如此類的引用方式，亦屢見於其他著作中，如《大品經義疏》卷

國的早期中觀學派》中第 8 章的論述。（Richard H. Robinson 著，郭忠生譯，《印度與中國的早期中觀學派》，頁 268-282）

5 《十二門論疏》，CBETA, T42, no. 1825, p. 176b10-15。

一云：

> 然此經好講，而有兩論解釋故。一者三論，通論此經之心髓；二者大論，釋此之本義。此之二論，復是關中什師并融、叡等，對翻論文，言精要義，可依信為此，故留心尋講也。[6]

吉藏在《大品經義疏》卷一開頭釋經題時說道，解釋《大品般若經》的論，分別有三論和大論兩種，此一說法亦是引自關中舊說。所說的「關中什師並融、叡」所指為鳩摩羅什與其弟子道融、僧叡，因此，從吉藏諸著作中的引文中來看，便能了解吉藏並未因為自己所學直接承襲自攝嶺諸師，而未涉足於關中地區的三論思想。

吉藏思想雖然有此特點，不過因為關中舊說並非是本文所主要要闡述的議題，因此，文中並未加以著墨，在此特別將其提出，僅為了顯示出吉藏思想在中國三論一脈下所展現出之特色。吉藏的此一思想特色，並非至晚年著述中才形成，而是於其撰述第一本著作《大品經義疏》時就已存在。

《大品經義疏》文中時常出現「關中」、「關中釋空」、「關中什師」、「肇師云」、「山中師」、「興皇法師」等語，這些詞語的背後即顯示出了吉藏思想的傳承淵源。「關中」即長安地區，在《大品經義疏》中所提及的「關中」一詞有時不僅僅只是單指地理區域，有時也表徵著「關中」時期所

---

6 《大品經義疏》，CBETA, X24, no. 451, p. 196a15-18。

代表的思想，也就是鳩摩羅什至道融、僧叡、僧肇等人為群體所闡述的思想，「關中釋空」亦屬於此類詞語；「關中什師」、「肇師云」此類詞語，則是直接地顯示出了文句是出自何人所說，「什師」指鳩摩羅什，「肇師」指僧肇；「山中師」一詞語的使用方式，與「關中」、「關中釋空」等詞語所用來表示的語意方式是一樣的，「山中」二字與「關中」一樣指稱的都是所在地點，「山中」一詞中的「山」指的是位在建康地區的攝山與蔣山。「興皇法朗」一詞則是同時指出了寺院名與人名，「興皇」為南朝陳所建之皇家寺院興皇寺；「法朗」為吉藏之師，吉藏之師原跟隨攝山僧詮學三論，後奉敕講學於蔣山興皇寺，因而有「興皇師」、「興皇法師」、「興皇法朗」之稱。

吉藏的第一本著作《大品經義疏》寫於隋開皇十五年（595），這一年吉藏已經離開了建康，駐錫在紹興嘉祥寺。這一本著作的問世顯現出了三項特點：第一，吉藏在建康時，並未有任何著作；第二，吉藏的第一本著作並非是從論著手，而是以經作為依據；第三，吉藏最初闡釋的思想是《大品般若經》中的般若空性思想，而非是現今我們所熟知的二諦思想。在此之前，吉藏之所以未有著作的原因，可能是由於吉藏在建康時，僧詮、法朗、慧布（518－587）、慧勇（515－583）等攝嶺諸師正以三論聞名於世，因此，當時吉藏多是跟隨在旁學習，以奠定其後學說思想之理論基礎。至於吉藏以《大品般若經》作為第一本著作之經典依據的原由，[7] 筆者認為此應是受

7 《大品經義疏》為注疏《摩訶般若波羅蜜經》之典籍，《摩訶般若波羅

到了法朗的啟發，因吉藏在《大品經義疏》中說：「上觀師六年在山中不講餘經，唯講《大品》。」[8] 法朗在攝山之時，雖從僧詮處學三論，但平時講學並非以三論為主，而是主講《大品般若經》，也因為法朗對於《大品般若經》的重視，故而影響了吉藏在學習經論時的選擇。

吉藏在注疏了《大品經義疏》之後的第四年，隋開皇十九年（599），又撰寫了《三論玄義》、《勝鬘寶窟》和《淨名玄論》。《三論玄義》一書的內容與三論有關；《勝鬘寶窟》與《勝鬘經》有關；《淨名玄論》則與《維摩詰所說經》有關。從吉藏此時期的著作內容來看，可知與《大品經義疏》、《三論玄義》、《勝鬘寶窟》、《淨名玄論》四書有關的經論有《大品般若經》、《中論》、《百論》、《十二門論》、《勝鬘經》和《維摩詰所說經》。《大品般若經》、《勝鬘經》和《維摩詰所說經》三者為經，《中論》、《百論》、《十二門論》三者為論，以上這六本經論全為大乘佛教經典，可見吉藏早期思想之理論基礎是奠定在大乘佛教經論上。下表是有關吉藏早年之生平略記與其重要著作時間表：[9]

蜜經》又稱為《摩訶般若經》、《大品般若經》、《大品經》。（本文中一律統稱為《大品般若經》）

8 《大品經義疏》，CBETA, X24, no. 451, p. 951a10。

9 此表依楊惠南《吉藏》和華方田《吉藏評傳》編列而成。（楊惠南，《吉藏》，頁 42-50。華方田，《吉藏評傳》，頁 197-199）

時間	朝代	年歲	生平事蹟	地點
549	梁武帝太清三年	1	吉藏出生於建康	建康
554	梁承聖三年	6	隨父親聽法於法朗	建康
555	梁敬帝紹泰元年	7[10]	跟隨法朗出家	攝山
557	陳武帝永定元年	9	吉藏師叔慧勇跟隨攝山止觀寺僧詮學法	攝山
567	陳臨海王光大元年	19	吉藏當眾覆述師法朗所述	攝山
581	陳太建十三年 隋文帝開皇元年	33	師法朗圓寂	攝山
583	陳後主至德元年 隋開皇三年	35	師叔慧勇圓寂	攝山
587	陳禎明元年 隋開皇七年	39	師叔慧布圓寂	攝山
591	隋開皇十一年	43	進駐嘉祥寺	紹興
595	隋開皇十五年	47	撰《大品經義疏》	紹興
599	隋開皇十九年	51	撰《三論玄義》、《勝鬘寶窟》	揚州

10 廖明活《嘉祥吉藏學說》中另提出，吉藏跟隨法朗出家的時間應是在法朗奉敕入住興皇寺（558）之後，也就是在吉藏十歲之後才跟隨法朗出家。（頁 4）不過在《續高僧傳》、楊惠南《吉藏》和華方田《吉藏評傳》中所說皆為吉藏七歲跟隨法朗出家，再加上筆者認為吉藏與法朗初會的地點應是在攝山，而非興皇寺，因為若是吉藏與法朗初會的地點是在興皇寺的話，那麼吉藏就不會有向攝山師叔們學法請益的情況，故此採用《續高僧傳》、楊惠南《吉藏》和華方田《吉藏評傳》的說法。

599	隋開皇十九年	51	撰《淨名玄論》	長安
602	隋仁壽二年	54	撰《淨名疏》、《中論疏》、《十二門論疏》	長安
604	隋仁壽四年	56	撰《維摩經義疏》	長安
608	隋大業四年	60	撰《中論疏》、《十二門論疏》、《百論疏》	長安
623	唐武德六年	75	圓寂於長安實際寺	長安

從吉藏生平、著述思想與三論傳承體系中，我們可以歸納出影響吉藏早期思想的經論，主要是《大品般若經》、《勝鬘經》、《維摩詰所說經》、《中論》、《百論》和《十二門論》等大乘經論。而影響其思想學說者為關中與攝嶺諸師，其中又以法朗對他的影響最為深遠，不過由於現今學者研究吉藏思想學說，多從義理面著手，或單就以時期或人物作為基準與對比，來探討其思想特色，鮮少系統性地論說出吉藏在建康時期，地理環境和同門師教兩者間對於吉藏思想之啟發與影響，因此，現今關於吉藏思想之研究成果，多屬於成熟時期之吉藏思想。[11] 本文為了探究攝嶺諸師對於吉藏早期思想之影響，故

11 以義理面研究吉藏思想學說之研究成果有楊曾文〈隋吉藏所創三論宗教義體系〉，頁 37-51；楊維中，〈三論宗宗派屬性新探〉，頁 14-24；李勇，〈嘉祥吉藏的止觀思想〉，頁 215-222；陳平坤，〈吉藏《中觀論疏》所開「實相」法門之義蘊〉，頁 75-148 等。以吉藏生平為研究進路的研究成果有楊惠南，《吉藏》；華方田，《吉藏評傳》；平井俊榮，《中国般若思想史研究——吉蔵と三論学派》等。

以攝嶺之所在作為線索，來探討吉藏師承之學說理論是否等同吉藏早期著作之依據，最後再以吉藏第一本著作《大品經義疏》中所引用之攝嶺師說，來開展出本文所欲關注之議題。

二、攝嶺諸師的理論依據與攝嶺之學

攝嶺，即「攝山」也。攝山，位於建康東北隅。攝山栖霞寺碑銘曰：

> 南徐州瑯琊郡江乘縣界有攝山者，其狀似繖，亦名「繖山」。尹先生記曰：「山多藥草，可以攝養，故以『攝』為名焉。」[12]

攝山，亦名「繖山」，因此山中多藥草，益於攝養，故被命名為「攝山」。「攝山」在吉藏的著作中有時亦稱之為「攝嶺」。[13]

南朝時，建康地區寺院林立，攝山上有止觀、棲霞、慶雲等寺。[14] 其中的止觀、棲霞兩寺，在南朝時以弘揚三論思想而聞名，此二寺同時也是吉藏的師祖僧詮和師叔慧布住寺所在。故此，筆者欲從僧詮、慧布等人在建康地區的活動中，梳理出攝嶺之學所涵蓋的範疇，茲就止觀、棲霞兩寺在南朝時期的概

---

12 葛寅亮，《金陵梵剎志》，頁 180。

13 平井俊榮的《中国般若思想史研究——吉蔵と三論学派》中亦有言：「攝山、あるいは聶山とも書き、攝嶺とも呼ばれる。」（頁 244）

14 蔡宗憲，〈五至七世紀的攝山佛教與僧俗網路〉，頁 49。

況說明如後。

(一)止觀寺

止觀寺，建於攝山，是法朗師僧詮弘揚學說的所在。有關止觀寺的建寺記載有兩種說法：一是為中天竺人求那毘地（？－502）所建，二是為南朝齊太祖高帝（427－482）所建。

中天竺人求那毘地建止觀寺之說，出自於《出三藏記集》及《開元釋教錄》，《出三藏記集》卷十四記載：

> 求那毘地，中天竺人也。……建元初來至京師，止毘耶離寺，……初，僧伽斯於天竺國抄集修多羅藏十二部經中要切譬喻，撰為一部，凡有百事，以教授新學。毘地悉皆通誦，兼明義旨。以永明十年秋譯出為齊文，凡十卷，即《百句譬喻經》也。……自大明以後，譯經殆絕，及其宣流法寶，世咸美之。毘地為人弘厚，有識度，善於接誘，勤躬行道，夙夜匪懈。是以外國僧眾，萬里歸集，南海商人，悉共宗事，供贈往來，歲時不絕。性頗蓄積，富於財寶，然營建法事，已無私焉。於建業淮側造止觀寺，重閣層門，殿房整飾，養徒施化，德業甚著。以中興二年冬卒。[15]

求那毘地於南齊高帝建元初（約479）到建康毘耶離寺，並於齊武帝永明十年（492）翻譯出齊文本的《百句譬喻經》，重

15 《出三藏記集》，CBETA, T55, no. 2145, pp. 106c21-107a9。

新開啟了自南朝宋孝武帝大明時期（457－464）後所停擺的譯經事業，且於建康（三國時稱「建業」）淮側造止觀寺。文中所說的「止觀寺」應是「正觀寺」之誤，因《高僧傳》卷三記載：

> 求那毘地，此言「安進」，本中天竺人。弱年從道，……於建鄴淮側，造正觀寺居之，重閣層門，殿堂整飾，以中興二年冬，終於所住。梁初有僧伽婆羅者，亦外國學僧，儀貌謹潔，善於談對，至京師亦止正觀寺。[16]

筆者認為《出三藏記集》和《開元釋教錄》文中所說的「止觀寺」是「正觀寺」之誤的原因有三：一、求那毘地所建之寺的所在地位於「建業淮側」，「淮」所指應為流經建康東南方之秦淮河，而攝山位於建康東北方，兩寺間的地理位置一南一北，未相契合。二、《出三藏記集》和《開元釋教錄》中皆言求那毘地在建康之所在，亦為外國僧眾聚集之地，此現象與《高僧傳》所說之「梁初有僧伽婆羅者，亦外國學僧，儀貌謹潔，善於談對，至京師亦止正觀寺」的情境相符合。三、在一九九五年由中華書局所出版之校點本《出三藏記集》中，在校對了宋本、磧砂本、元本、明本等版本後，將求那毘地所建之寺定名為「正觀寺」。[17] 因上述的三個理由，筆者認為《出三藏記集》和《開元釋教錄》文中所說之「止觀寺」並非僧詮所

16　《高僧傳》，CBETA, T50, no. 2059, p. 345a24-b11。

17　釋僧祐，蘇晉仁等點校，《出三藏記集》，頁 552-557。

住之攝山止觀寺。

至於南朝齊太祖高帝建止觀寺之說，則是出自於《法華傳記》。《法華傳記》卷八中記載：

> 齊太祖高帝道成，姓蕭，偏崇重佛，故造陟屺、止觀二寺。四月八日，常鑄金像；七月十五日，普寺造盆，供僧三百，自以香汁和墨，手寫《法華經》八部、金字《法華》二部。[18]

南朝齊皇室為蕭姓，在齊太祖高帝之時，因蕭姓皇家崇尚佛教，因此齊高帝建造了陟屺、止觀兩座寺院，從上文中僅知《法華傳記》中所說的止觀寺是齊高帝所造，但由於文中並未提及止觀寺造於何處，故無法斷定齊高帝所造之止觀寺就是僧詮所在之寺。不過，從文中提及齊高帝於止觀寺手寫《法華經》一事，可推斷止觀寺宣揚的是大乘佛法。

至於有關三論在止觀寺中的弘揚，據《續高僧傳》卷七中有關法朗、慧勇、慧布等條例記載，法朗、慧勇、慧布三人皆學法於僧詮。法朗條例曰：

> 攝山朗公，解玄測微，世所嘉尚，人代長往，嗣續猶存，乃於此山止觀寺僧詮法師，飡受《智度》、《中》、《百》、《十二門論》，並《花嚴》、《大品》等經。[19]

18　《法華傳記》，CBETA, T51, no. 2068, p. 87b18-21。

19　《續高僧傳》，CBETA, T50, no. 2060, p. 477b18-21。

依文中所說可知，法朗曾於攝山止觀寺學習《大智度論》、《中論》、《百論》、《華嚴》等經。慧勇條例曰：

> 每思遁世，莫知其所，于時攝山詮，尚直轡一乘，橫行山世，隨機引悟，有願遵焉，……便停止觀寺，朝夕侃侃如也。詮師忘以年期，義兼師友，抑亦宮羽相諧，氷藍待益之志也，……至六月六日，窆于攝山西嶺，自始至終，講《花嚴》、《涅槃》、《方等》、《大集》、《大品》各二十遍，《智論》、《中》、《百》、《十二門論》各三十五遍，餘有《法花》、《思益》等數部不記。[20]

慧勇因聞僧詮之名而至攝山止觀寺學法，與僧詮成為了亦師亦友的忘年之交，死後亦葬於攝山西嶺。在攝山與僧詮學法的慧勇，在攝山講授《華嚴》、《涅槃》、《方等》、《大智度論》、《中論》、《百論》、《法華》等經論。慧布條例曰：

> 承攝山止觀寺僧詮法師，大乘海嶽，聲譽遠聞，乃往從之，聽聞三論。[21]

慧布與慧勇同樣都是慕僧詮之名，而前往攝山止觀寺向僧詮學法。據上文中的記載，僅知慧布向僧詮所學之法，主要是以三論為主，至於是否有其他經論之學習，就不得而知了。

---

20 《續高僧傳》，CBETA, T50, no. 2060, p. 478b7-c1。

21 《續高僧傳》，CBETA, T50, no. 2060, p. 480c9-11。

從以上三條例中可知，僧詮以大乘之學聞名於當世，其中又以三論為主，故欲從僧詮學大乘之法或三論之學者，莫不前往攝山止觀寺。

（二）棲霞寺

棲霞寺，位於建康東北方攝山上。「棲霞」二字亦可作「栖霞」。攝山栖霞寺碑銘曰：

> 有法度禪師，家本黃龍，來游白社，梵行殫苦，法性純備，與僧紹契甚善。嘗於山舍講《無量壽佛經》，中夜忽有金光照室，光中如有臺館形像，豈止一念之間，人王照其香盖，八未曾有，淵石朗其夜室。於是居士遂捨本宅，欲成此寺，即齊永明七年正月三日，度上人之所搆也。[22]

攝山棲霞寺建於齊武帝永明七年（489）一月三日，原是居士明僧紹的宅子，後因僧紹與法度友好，遂捨宅予法度建寺。在法度之因緣下所建造的棲霞寺，因法度善講《無量壽經》，故起初是以宣講此經為主，而非是宣揚三論學說。三論之學在棲霞寺被宣講，應是起自僧朗，吉藏《維摩經義疏》卷一中記載：

> 聞攝山栖霞寺高麗朗法師，從北山來，善解三論，妙達大乘，遣智寂等十人，就山學之，而傳授梁武，因此遂改小

22 葛寅亮，《金陵梵剎志》，頁 181。

從大。[23]

僧朗自北山到建康時，所駐錫的寺院即攝山棲霞寺，梁武帝因聞僧朗善解三論，而派遣十名僧眾向僧朗學法，故促使建康當時的佛教風氣，由原本的「尊小乘」轉變為「改崇大乘」。有關於「改小從大」這一點，亦可見於湛然（711－782）《法華玄義釋籤》。湛然在《法華玄義釋籤》中說道，江南地區在南朝齊時，崇尚《成實》，後才因僧朗宣講三論，僧詮向僧朗學習三論，江南地區的三論風氣才因此而重啟。但在這當中湛然並沒有將《成實》視作為是小乘經典，而是將其同列為大乘經論，因其認為《成實》之所以會被定義為小乘經典的原因在於三論宗門人為了分別《成實》與三論，故才言《成實》為小，三論為大。[24] 此說法與吉藏《維摩經義疏》文中所說的「遂改

---

23 《維摩經義疏》，CBETA, T38, no. 1781, p. 912a11-14。

24 《法華玄義釋籤》：「初中言『南三北七』者，南謂『南朝』，即京江之南，北謂『北朝』，河北也。自宋朝已來三論相承，其師非一，並稟羅什，但年代淹久，文疏零落，至齊朝已來，玄綱殆絕。江南盛弘《成實》，河北偏尚《毘曇》，於時高麗朗公至齊建武來至江南，難成實師，結舌無對，因茲朗公自弘三論。至梁武帝勅十人，止觀詮等，令學三論，九人但為兒戲，唯止觀詮習學成就。詮有學士四人入室，時人語曰『興皇伏虎朗，栖霞得意布，長干領語辯，禪眾文章勇』，故知南宗初弘《成實》，後尚三論。近代相傳以天台義指為『南宗』者，非也。自是山門一家相承，是故難則南北俱破，取則南北俱存。今時言『北宗』者，謂：俱舍、唯識，南方近代亦無偏弘，其中諸師所用義意，若憑三論則應判為南宗。若今師所用《毘曇》、《成實》及三論等大小諸經，隨義引用，不偏南北。若法相宗徒，多依《大論》，觀門綱格正用《瓔珞》，融通諸法則依《大品》及諸部圓文，故知今家不偏朋黨。護身寺自軌法

小從大」相符，也或許此舉正是出自吉藏所言也不一定。

然而，雖然僧詮是被梁武帝派去向僧朗學習三論的十位僧人之一，不過後續在棲霞寺接續僧朗宣講三論之職的並非是僧詮，而是僧詮的弟子慧布，《續高僧傳》卷十五釋慧璿條例記載：

> 釋慧璿，姓董氏，少出家在襄州，周滅法後，南往陳朝，入茅山，聽明師三論，又入栖霞，聽懸布法師四論、《大品》、《涅槃》等，晚於安州大林寺，聽圓法師釋論，凡所遊刃，並契幽極，又返鄉梓，住光福寺。[25]

慧璿在北周滅國後，為聽明師宣講三論，而自北周前往南朝陳，最初他先到茅山聽明師宣講三論，[26] 後才至棲霞寺聽聞慧布宣講四論、《大品般若經》、《涅槃經》等經論。

從上述種種可知，攝山棲霞寺最初並非是以宣講三論而聞名，而是以《無量壽經》為主，至梁武帝時才因僧朗的到來，開啟三論的講學之風，後才由僧詮的弟子慧布所繼承。

師，大乘是人為立號，以重其所習，故美之稱為大乘。」（CBETA, T33, no.1717, p. 951a17-b9）

25 《續高僧傳》，CBETA,T50, no. 2060, p. 539a8-12。

26 明法師為法朗弟子，是法朗得法弟子中，對後世影響較為顯著的四人（慧哲、智矩、明法師、吉藏）之一。有關明法師之記載可參閱《續高僧傳．法敏》（CBETA, T50, no. 2060, p. 538b27）或平井俊榮，《中国般若思想史研究——吉蔵と三論学派》，頁 292、293。

(三)興皇寺

興皇寺，位在蔣山，蔣山即今南京紫金山。興皇寺是法朗講學之地。有關興皇寺的建寺，從史料上可歸納出兩種說法，一為南朝宋明帝建寺之說，二為南朝陳武帝建寺之說。據《佛祖統記》卷三十六記載：「泰始元年，詔於建陽門置興皇寺，勑沙門道猛為綱領。」[27]泰始元年為西元四六五年，是南朝宋明帝登基的第一年，其下詔興建興皇寺於建陽門外，並以僧人釋道猛（411－475）為統領，不過有關興皇寺的建寺時間在《佛法金湯編》中卻出現了不同的說法，《佛法金湯編》卷三中記載：

> 帝諱彧，字休，景文帝第十一子，泰始三年詔於建陽門置興皇寺，勑沙門道猛為綱領。[28]

宋明帝劉彧，字休。《佛法金湯編》記載其下詔興建興皇寺的時間是在泰始三年（467），由於泰始元年與泰始三年僅相距三年，再加上慧皎《高僧傳》卷七釋道猛條例中說道：

> 釋道猛，本西涼州人。少而遊歷燕趙，備矚風化，後停止壽春，力精勤學，三藏九部大小數論，皆思入淵微，無不鏡徹，而《成實》一部最為獨步。……宋太宗為湘東王

27 《佛祖統記》，CBETA, T49, no. 2035, p. 346a22-23。

28 《佛法金湯編》，CBETA, X87, no. 1628, p. 383b22-23。

> 時，深相崇薦，及登祚，倍加禮接，賜錢三十萬，以供資待。太始之初，帝創寺于建陽門外，勅猛為綱領。帝曰，夫人能弘道，道藉人弘，今得法師，非直道益蒼生，亦有光於世，望可目寺為興皇，由是成號。及創造功畢，勅猛於寺開講《成實》。[29]

慧皎《高僧傳》中並沒有明確地指出宋明帝建造興皇寺是在泰始幾年，而是以「太始之初」的說法來闡釋，因此，筆者認為不論是在泰始元年，亦或是在泰始三年，其實皆如同慧皎所說的那般都是在泰始之初。另外，從慧皎《高僧傳》釋道猛條例中可得知，興皇寺竣工後，宋明帝敕命道猛為綱領，然由於道猛擅長於《成實論》，所以興皇寺創寺初期，寺中所宣講的經論，應非三論，而是《成實論》。

至於有關南朝陳武帝建寺之說，在《釋氏稽古略》、《釋氏通鑑》和《佛法金湯編》中都有記載。《釋氏稽古略》卷二南朝陳武帝永定二年條例云：

> 陳五月，帝幸大莊嚴寺捨身，群臣表請還宮，設無遮大會供僧、布施、放生宥罪，揚州造東安寺，又造興皇、天宮等四寺。[30]

陳武帝在永定二年（558）五月，捨身大莊嚴寺，不過後因群

29 《高僧傳》，CBETA, T50, no. 2059, p. 374a11-22。

30 《釋氏稽古略》，CBETA, T49, no. 2037, p. 802c16-18。

臣陳表奏請，而重返宮中，遂設法會供僧、布施、放生，並於建康（古亦有揚州之稱）建造東安寺、興皇寺、天宮寺等。從此條例可知陳武帝建興皇寺的時間是在永定二年。有關陳武帝建寺之記載，《佛法金湯編》中的述說又更為詳盡。《佛法金湯編》卷五陳武帝條例：

> 帝諱霸先，字興國，姓陳，吳興長興人，其本甚微，自云漢太丘長寔之後。永定元年，詔迎佛牙於杜姥宅，設四部無遮大會；二年，於楊州造東安、興皇、天宮等寺；五月，帝幸大莊嚴寺捨身，翌日表請還宮，設會供僧、布施、放生。金陵七百餘寺，侯景焚蕩幾盡，帝悉令脩復，翻經講道，詔寫藏經，造金銅佛像。[31]

陳武帝名陳霸先，在永定元年時即有迎佛牙、設四部無遮大會之舉，永定二年則是興建了東安、興皇、天宮等寺，並捨身於大莊嚴寺，不過翌日即還宮，還宮後遂行供僧、布施、放生等之舉。陳武帝做種種佛事的目的，是為恢復在侯景之亂前的金陵佛寺盛況。

對於以上兩種建寺之說，筆者認為以宋明帝興建興皇寺的相關記載是比較正確且可靠的，其緣由有二：首先，筆者在前文曾提及記載陳武帝建寺之說的史料有三筆，除先前《釋氏稽古略》和《佛法金湯編》之外，尚有《釋氏通鑑》卷六的說法：

---

31 《佛法金湯編》，CBETA, X87, no. 1628, p. 389b14-19。

陳高祖，時設無遮大會，供僧布施，放生宥罪，弘宣十善，汲引四民。於楊州，造東安寺，復為國家，爰逮群生，于楊都治下，造興皇（一云「興聖」）、天居等四寺。[32]

《釋氏通鑑》在編集陳武帝的這則史料時，編者本覺在興皇寺後面加註了「一云『興聖』」的字樣，亦即陳武帝所建造的寺院有可能是「興聖寺」，而非「興皇寺」。筆者也認為「興皇」是「興聖」之誤的可能性很大。其二，據《高僧傳》記載，興皇寺在南朝齊、梁之際是存在的，《高僧傳》卷十釋保誌條例云：

梁鄱陽忠烈王，嘗屈誌來第會，忽令覓荊子，甚急，既得，安之門上，莫測所以。少時王便出為荊州刺史，其預鑒之明，此類非一。誌多去來興皇、淨名兩寺。[33]

此條例中記載了南朝梁鄱陽忠烈王（476－526）與僧人保誌（418－514）的交遊情形。南朝梁鄱陽忠烈王名蕭恢，於五一四年出任荊州刺史，卒於梁武帝普通七年，而文中記載了保誌在蕭恢生前常往來於興皇、淨名兩寺。若是興皇寺是建於陳武帝之時，那麼保誌是不可能來往於興皇、淨名兩寺的，因此，筆者認為興皇寺建寺之年應是在宋明帝泰始之初。

32 《釋氏通鑑》，CBETA, X76, no. 1516, p. 59a19-21。

33 《高僧傳》，CBETA, T50, no. 2059, p. 394b22-25。

宋明帝所建之興皇寺，最初是由道猛住寺講法，所講為《成實論》，直到吉藏之師法朗在陳武帝永定二年（558）奉敕入住興皇寺後，才開啟三論之風。據《續高僧傳》卷七釋法朗條例記載：

> 永定二年十一月，奉勅入京，住興皇寺，鎮講相續，所以《花嚴》、《大品》、四論文言，往哲所未談，後進所損略，朗皆指擿義理，徵發詞致，故能言氣挺暢，清穆易曉，常眾千餘，福慧彌廣，所以聽侶雲會，揮汗屈膝。[34]

法朗在興皇寺講授《華嚴》、《大品般若經》、《中論》、《百論》、《十二門論》和《大智度論》等大乘經論，吸引了上千人至興皇寺聽法，盛況空前，可惜到了後來興皇寺卻毀於隋朝，因此並未流傳至今。《廣弘明集》卷十五中記載：「隋時，蔣州興皇寺佛殿被焚。」[35] 此條例中所說的「蔣州興皇寺」，其中的「蔣州」即南朝時期建康蔣山之所在。

綜上所述，止觀、棲霞、興皇三寺建寺之先後順序與建寺之初，寺中所宣講和抄寫的經論如下：

興皇寺　建於南朝宋明帝泰始之初（約 465－467）
　　　　道猛《成實論》
止觀寺　建於南朝齊太祖高帝（約 479－482）

34 《續高僧傳》，CBETA, T50, no. 2060, p. 477b23-28。

35 《廣弘明集》，CBETA, T52, no. 2103, p. 203b11。

齊高帝《法華經》

棲霞寺　建於南朝齊武帝永明七年（489）

法度《無量壽經》

三寺在建寺之初，寺院中全都不是以宣講三論為主，因此，我們可以說三論學說在止觀、棲霞和興皇三寺中的奠定，應歸功於僧朗、僧詮、慧布和法朗四位僧人，其於南朝時期所宣講的經論如下表所列：

姓名	生卒年	寺院	主要宣講之經論
僧朗	生卒年不詳	棲霞寺	《中論》、《百論》、《十二門論》[36]
僧詮	生卒年不詳	止觀寺	《大智度論》、《中論》、《百論》、《十二門論》、《華嚴經》、《大品般若經》[37]
慧布	518－587	棲霞寺	《大智度論》、《中論》、《百論》、《十二門論》、《涅槃經》、《大品般若經》[38]
法朗	507－581	興皇寺	《大智度論》、《中論》、《百論》、《十二門論》、《華嚴經》、《涅槃經》、《大品般若經》[39]

36　《維摩經義疏》，CBETA, T38, no. 1781, p. 912a11-12。

37　《續高僧傳》，CBETA, T50, no. 2060, p. 477b19-21。

38　《續高僧傳》，CBETA, T50, no. 2060, p. 539a8-10。

39　《續高僧傳》，CBETA, T50, no. 2060, p. 477b1-21；《大品經義疏》，CBETA, X24, no. 451, p. 196a10。

從上表可以看出四位法師在止觀、棲霞、興皇三寺所曾宣講的經論，全為大乘經論，從一開始僧朗的三論，僧詮的四論、《華嚴》和《大品般若經》，慧布的四論、《涅槃經》和《大品般若經》，到法朗的四論、《華嚴經》、《涅槃經》和《大品般若經》中，可發現攝嶺之學主要涉及的經論為四論、《華嚴經》、《涅槃經》和《大品般若經》，而四人當中，唯有法朗同時涉獵此七部大乘經論。除此之外，亦能歸納出在僧朗之後的攝嶺之學，是以四論和《大品般若經》為主的學說思想。

吉藏早年所著述的四部著作《大品經義疏》、《三論玄義》、《勝鬘寶窟》和《淨名玄論》，所涉及的是《大品般若經》、《中論》、《百論》、《十二門論》、《勝鬘經》和《維摩詰所說經》。由此對照於僧朗、僧詮、慧布、法朗諸師所善講的經論後可發現，吉藏的三論與《大品般若經》，主要傳承自攝嶺諸師。《維摩詰所說經》則應是傳承自關中諸師中的僧肇，因吉藏於《淨名玄論》中屢屢提及「肇公〈不真空論〉」。[40]〈不真空論〉為僧肇代表作《肇論》之內容，而在《肇論》中所引用與提及之佛教經典，即有《維摩詰所說經》，[41]除此之外，僧肇還有《注維摩詰經》一書傳世。至於

40 《淨名玄論》：「如肇公〈不真空論〉云：『無心者，無心於萬物，萬物未嘗無。』」（《淨名玄論》，CBETA, T38, no.1780, p. 857c24-25）

41 據 Richard H. Robinson 著，郭忠生譯，《印度與中國的早期中觀學派》，《肇論》中所引用及提及之佛教經典有《摩訶般若波羅蜜經》、《維摩詰經》、《中論》、《佛說成具光明定意經》、《大智度論》、《道行般若經》、《菩薩瓔珞經》、《佛說超日明三昧經》、《法華經》、《思

《勝鬘經》在南北朝時期流傳極廣，再加上此經內容包含了《法華》、《涅槃》、《楞伽》等經之要義，[42] 而《涅槃》為慧布、法朗所善講之經論，故有關於吉藏《勝鬘經》之思想學說，主要應亦是承襲自攝嶺諸師。

三、吉藏著述之開端：攝嶺之學與《大品經義疏》

《大品經義疏》共十卷，但流傳至今的《大品經義疏》僅剩九卷，卷二已遺佚，在吉藏所撰注的《大品經義疏》中大量引用了四論中的內容與思想，對此，《大品經義疏》卷一中說：

> 興皇初出講《波若》，師北岸得《大論》，文墨還始講《大論》也。然此經好講，而有兩論解釋故。一者三論，通論此經之心髓；二者《大論》，釋此之本義。此之二論，復是關中什師并融、叡等，對翻論文，言精要義，可依信為此，故留心尋講也。今當得商略其意，然山門已來，道義不作章段。唯興皇法師作二諦講，開十重者，此是對開善二諦、十重故作，其外並無，後人若作章段者，則非興皇門徒也。[43]

益梵天所問經》、《佛說普曜經》等。（Richard H. Robinson 著，郭忠生譯，《印度與中國的早期中觀學派》，頁 237）

42 釋印順，《勝鬘經講記》：「《勝鬘師子吼一乘大方便方廣經》，簡稱《勝鬘經》，為真常妙有的大乘要典。《法華》、《涅槃》、《楞伽》等經的要義，本經都包含得有。在南北朝時代，流通極廣。」（頁 1）

43 《大品經義疏》，CBETA, X24, no. 451, p. 196a14-21。

吉藏在《大品經義疏》中說道，其最初是聽興皇法朗講授《大品般若經》，法朗在一開始講授《大品般若經》的時候，所依據的是《大智度論》，然而解釋《大品般若經》的論其實有兩種，一種為三論，另一種才是《大智度論》。三論所論述的是《大品般若經》的心髓，《大智度論》則是解釋了《大品般若經》的本義，不過不論是三論或是《大智度論》，兩者都是由關中諸師鳩摩羅什、道融、僧叡等人所翻譯的。且自關中至攝嶺以來的此一師承系統，在闡述《大品般若經》要義時，並不會將其作章段來論述，而唯一的一次例外，是興皇法朗所講授的二諦十重，然而法朗的二諦十重是為了對應於當時成實宗開善（485－522）的二諦十重而開講，因此，除了興皇法朗之外，興皇之後的門人亦不會以章段的方式來講述《大品般若經》。

從上所述，可以了解到，吉藏注疏《大品般若經》，最初是受到了法朗宣講《大品般若經》的影響。法朗最早是以《大智度論》來講授《大品般若經》，不過對於吉藏來說，注疏《大品般若經》的論，除了《大智度論》之外，應還有三論，因此，吉藏的《大品經義疏》是以四論來注疏《大品般若經》。吉藏會以四論來注疏《大品般若經》的原因很簡單，因為他認為四論皆為關中諸師所譯，故以四論來注疏《大品般若經》，即可以彰顯出自身學說傳承之正統。不過當時興皇法朗講授《大品般若經》時，並非是秉持著自關中諸師以來的注疏傳統，因此吉藏在文中特別指出其原由是為了對治盛行於當時成實宗理論的二諦十重。

《大品經義疏》的思想兼備了興皇法朗的學說與關中諸師

譯經的傳統，其中用來指稱攝嶺諸師學說的詞語主要有「師」、「山門」、「山中師」、「興皇」、「興皇法朗」等，若將《大品經義疏》中引自攝嶺諸師的文句進行歸類，則攝嶺諸師在《大品經義疏》中所涉及的論題有「論般若」、「論二乘」、「論初發心」和「論功德」四項。

（一）論般若

「般若」，梵語 prajñā，又作「波若」、「般羅若」、「鉢刺若」，有慧、智慧、明、黠慧之意。「般若」為修習八正道、諸波羅蜜等，而顯現出之真實與明見一切事物真理之高深智慧。「般若」是般若經系經典中最核心的議題，也是所欲闡述的要旨。佛教中的「般若」依據其屬性的不同，可歸類成三類：分別是「兩種般若」、「三種般若」和「五種般若」。「兩種般若」，是以兩種相對名稱所組成的「般若」，這一類的「般若」有三種：一為「共般若」與「不共般若」；二為「實相般若」與「觀照般若」；三為「世間般若」與「出世間般若」；以上三對「兩種般若」，若分別各自再加上「方便般若」或「文字般若」，即稱之為「三種般若」；而所謂的「五種般若」，是「實相般若」、「觀照般若」、「文字般若」、「境界般若」和「眷屬般若」。[44]

吉藏《大品經義疏》所注疏的經典為鳩摩羅什所譯之《大品般若經》，針對傳自鳩摩羅什一脈系統的般若思想，吉藏在

44 佛光山電子大藏經，《佛光大辭典》，http://www.fgs.org.tw/fgs_book/fgs_drser.aspx。

《大品經義疏》中說道：

> 南北古今波若宗體不同，或以境為宗，或以智為宗，或以因為宗，或以果為宗，今略而不陳也。問：「山門解釋與他，為同為異？」答：「求由來眾解若得，可門同異；求其不得，將誰同異耶！能如是不同、不異、不自、不他、無依、無得，一無所住，即是波若之玄宗，有所依住，皆非波若宗也。」[45]

吉藏提出此理論，主要是為抗衡當時興盛的成實之風。《成實論》與《大品般若經》皆由鳩摩羅什所翻譯，且均言「空」，據湯用彤《漢魏兩晉南北朝佛教史》中說：

> 《成實》、《三論》之立異，初不同於唐代宗派之爭，但爭執既久，則亦幾成為宗派相爭之意義，然此則只於吉藏書中見之，前此必罕有也。[46]

在南朝時期，最初所盛行的經論並非是三論，而是《成實》。南朝三論之盛行，端賴攝嶺諸師僧朗、僧詮、法朗、吉藏等人之振興，而三論之所能復興與盛行，尤其要歸功於吉藏在當世的立論宣說。[47] 吉藏在《大品經義疏》中言「南北古今般

---

45 《大品經義疏》，CBETA, X24, no. 451, p. 208c5-10。

46 湯用彤，《漢魏兩晉南北朝佛教史》，頁 718、719。

47 湯用彤：「齊梁二代，《般若》、《三論》亦有學者，然善者既少，仍

若宗體不同」，其所欲闡明的是《成實論》與般若系經論的不同。吉藏認為「般若」的要旨並非是在「境」、「智」、「因」、「果」上，因為其認為「般若」真正的屬性為「不同」、「不異」、「不自」、「不他」、「無依」、「無得」和「一無所住」，一旦有所依住，不論是依住在「境」、「智」、「因」、「果」任何一宗體上，皆是偏離了「般若」要旨。

「境」[48]、「智」[49]、「因」、「果」[50]四者為《成實論》中用來作為立論的依據，而「不同」[51]、「不異」[52]、「不

不廣行。此學之行，端賴攝山諸僧。攝山僧朗，始以《三論》命家，傳其學於僧詮，僧詮傳之興皇法朗。興皇法朗，在陳時大為時所重，弟子眾多，其中隋之吉藏，遂使《三論》之學，重振於華夏。」（《漢魏兩晉南北朝佛教史》，頁 730、731）

48　《成實論》：「若色在知境，是則能見，若不在知境，則不能見。」（CBETA, T32, no. 1646, pp. 268c29-269a1）

49　《成實論》：「又有論者，善於言辭，亦善義趣，則無所畏，佛即是也。得一切智，故善於義趣。」（CBETA, T32, no. 1646, p. 241b4-6）

50　《成實論》：「復次佛十力成就，故智慧具足。以往反因緣，故說十力，初處非處力，是因果中決定智也，知從是因生，如是果，不生是果。」（CBETA, T32, no. 1646, p. 240a26-28）

51　《大方廣佛華嚴經》：「佛子！如來福田等一無異，云何布施果報不同？有種種色、種種性、種種家、種種根、種種財、種種奇特、種種眷屬、種種自在、種種功德、種種慧。」（CBETA, T9, no. 278, p. 428a24-28）

52　《摩訶般若波羅蜜經》：「色不異幻、幻不異色，色即是幻、幻即是色。世尊！受想行識不異幻、幻不異受想行識，識即是幻、幻即是識。」（CBETA, T8, no. 223, p. 239c6-9）

自」、「不他」[53]、「無依」[54]、「無得」[55]和「一無所住」[56]，則為般若系經論立論時所常用。

（二）論二乘

佛教中對於「二乘」的說法有三種：一、大乘與小乘；二、聲聞乘與緣覺乘；三、一乘與三乘。大乘、小乘的區別在於佛說與非佛說；聲聞乘與緣覺乘的區別在於是以四諦修行而覺悟，抑或是以十二因緣而覺悟；一乘與三乘的區別則是在於是以一乘佛法而成就佛道，抑或是別立三乘次第而得道。「乘」，在佛教中解釋為運載，而乘法為運載眾生度生死海的方法。「二乘」一詞在《大品經義疏》文中所指為聲聞和辟支佛（亦稱為緣覺）二乘，《大品經義疏》卷三中說：

---

53 《中論》：「如先說生相，生不自生，亦不從他生。若以自體生，是則不然，一切物皆從眾緣生，如指端不能自觸，如是生不能自生，從他生亦不然。何以故？生未有故，不應從他生。是生無，故無自體，自體無，故他亦無，是故從他生亦不然，滅法亦如是，不自相滅，不他相滅。」（CBETA, T30, no.1564, p.12a6-12）

54 《摩訶般若波羅蜜經》：「須菩提！菩薩摩訶薩得阿耨多羅三藐三菩提時，為眾生說一切法無依處。」（《摩訶般若波羅蜜經》，CBETA, T8, no. 223, p. 332a23-25）

55 《摩訶般若波羅蜜經》：「若菩薩摩訶薩為菩提行六波羅蜜，乃至行一切種智，於諸法無得無失、無增無減、無生無滅、無垢無淨。」（CBETA, T8, no. 223, p. 379a28-b1）

56 《佛說維摩詰經》：「如性淨與未迹，一切諸法一切人意從思有垢，以淨觀垢，無倒與淨亦我垢等，穢濁與淨性，淨性與起分，一無所住。」（CBETA, T14, no. 474, p. 523a22-24）

> 師有時云：「二乘是生滅中行，此是生滅智，斷於菩薩，皆是無生忍，如來是第一義諦。」問：「菩薩既不證二乘道果，何故〈遍學道品〉須遍學二乘道果？」答：「恐二乘人，汝但知菩薩事，不知二乘法，故不受菩薩化，今欲化之，故觀無所行也，知其為非，故不證欲化之遍學也。」[57]

在《大品經義疏》中有關「二乘」的說法是出自法朗。法朗指出，聲聞與辟支佛二乘所行之法是在生滅中行，故為生滅法，亦為生滅智；當斷此二乘生滅法與生滅智時，則能成就菩薩之無生忍；而相較於菩薩所成就之無生忍，如來佛道所成就者則為第一義諦。上文中，接續提出了菩薩為何不證二乘道果之問題，對此，吉藏《大品經義疏》中以《大品般若經》之〈遍學品〉對於菩薩因遍學諸道的說法，來回應菩薩證菩薩行之所證與證二乘果之差異。《大品般若經》第二十卷〈遍學品〉中云：

> 佛告須菩提：「不以聲聞道、不以辟支佛道、不以佛道得入菩薩位，菩薩摩訶薩遍學諸道，得入菩薩位。須菩提！譬如八人先學諸道，然後入正位，未得果而先生果道。菩薩亦如是，先遍學諸道然後入菩薩位，亦未得一切種智而先生金剛三昧，爾時以一念相應慧，得一切種智。」[58]

57　《大品經義疏》，CBETA, X24, no. 451, p. 220b18-23。

58　《摩訶般若波羅蜜經》，CBETA, T8, no. 223, p. 381a23-29。

菩薩不以聲聞道、不以辟支佛道、不以佛道入菩薩位，因菩薩遍學諸道，故而入菩薩位，那麼為何菩薩遍學諸道即能入菩薩位，而非為二乘之果位？其原因在於菩薩未證果位之時，所遍學之道即為能得證菩薩位之道，故當其遍學諸道之時，所證之位為菩薩位，而非二乘道果。此法即如《大品般若經》中所言之「先遍學諸道然後入菩薩位，亦未得一切種智而先生金剛三昧，爾時以一念相應慧，得一切種智。」對此，吉藏在《大品經義疏》說道：「故觀無所行也，知其為非，故不證欲化之遍學也。」菩薩因遍學諸道，因而無所行亦無所不行，即便亦行聲聞、辟支佛二乘之道，但因遍學，故不證二乘道果也。

吉藏在《大品經義疏》中除了引用了法朗的說法，來論述聲聞、辟支佛二乘與菩薩的不同在於「觀無所行」之外，其對於聲聞、辟支佛二乘所行之法，亦有所闡述：

> 師云：「更有一義二乘智斷，皆是無生滅用，此是無生滅故，此生滅不異無生滅，故二乘生滅只是菩薩無生滅，但於二乘自成生滅，故生滅也。」[59]

菩薩所行之法為無生滅法，然而對於聲聞、辟支佛二乘來說卻是生滅法，即使是在無生滅的狀態之下，又會因為是聲聞、辟支佛二乘的緣故而自成生滅。法朗在此文中，以菩薩之無生滅法和二乘之生滅法，闡述菩薩與二乘之間的差別，並非在於結果不同，而是因其本身所行之法的不同而成就不同之次第。此

59 《大品經義疏》，CBETA, X24, no. 451, p. 220b23-c2。

處聲聞、辟支佛二乘的生滅不異與菩薩的無生滅，吉藏所欲闡明的是「不異」的思想，與以二乘對比於菩薩的「二」的闡述方式。

（三）論初發心

修行佛教圓教初始所發之心名「初發心」。吉藏《大品經義疏》中指出：攝嶺諸師所論述的「初發心」，是有關「初發心」在不同時代說法的轉變，與「初發心」清淨與否的探討。《大品經義疏》卷三云：

> 第二明菩薩眾行具足，故勝二乘為二。初、明德勝，二、明田勝，亦功勝，故能為二乘作因。前問次答有人言，久來者，身子是聲聞人，問：「淨佛道何者？」「一者，是遂佛轉法人已，雖無益，為利人故；二、報佛恩故，三、已了聲聞法，未了菩薩法，故問也。」上雖總言菩薩勝二乘，今未知云何過二乘地，入菩薩位復淨於佛道？山中師生起云：「上雖言勝，未知是何位菩薩勝佛？」答：「從初發心便勝者。有聲聞家與六地齊功，七地方勝，無聲聞家與六心齊功，七心方勝，今文並不爾，初發心已勝，問勝即是過，既二乘即入菩薩位。」云何更問？答：「上總明勝今的出過二乘入菩薩位之方法也。」[60]

吉藏在上文中論及了菩薩勝二乘之議題，其認為菩薩因為眾行

60 《大品經義疏》，CBETA, X24, no. 451, pp. 212c17-213a3。

具足，故勝二乘。而勝二乘者有二，一為德勝，二為田勝，亦稱之為功勝，兩者合而為「功德」勝。至於聲聞、辟支佛二乘入菩薩位一事，吉藏則是引用了攝嶺諸師的說法，攝嶺諸師對此提出了「初發心時，便成正覺」一說，因初發心時，已成正覺，故不須問二乘入菩薩位是入於何位。

關於二乘達何位可入於菩薩位的說法，在《大品般若經》中則是以十地來作為衡量，《大品般若經》說：

> 須菩提！菩薩摩訶薩住六地中當具足六法。何等六？所謂六波羅蜜。復有六法所不應為。何等六？一者，不作聲聞、辟支佛意。二者，布施不應生憂心。三者，見有所索心不沒。四者，所有物布施。五者，布施之後心不悔。六者，不疑深法。須菩提！是名菩薩摩訶薩住六地中應滿具六法、遠離六法。[61]

菩薩在住六地中並具足六法之後，方能不作聲聞、辟支佛二乘意，因此，就《大品般若經》所述，二乘因於七地入菩薩位，吉藏所注疏之經雖為《大品般若經》，但在「論初發心」一題，攝嶺諸師所依據的經論卻是《華嚴經》，對於「初發心」，《華嚴經》中說道：

> 初發心時，便成正覺，知一切法真實之性，具足慧身，不

61 《摩訶般若波羅蜜經》，CBETA, T8, no. 223, p. 257a20-27。

由他悟。[62]

《大品般若經》中所說為聲聞、辟支、佛三乘之法，而《華嚴經》中所說為一乘法，從吉藏以攝嶺諸師的說法來論二乘入菩薩位之事來看，攝嶺諸師與吉藏的思想，除是以般若經系為主之外，同時亦兼容其他大乘經典的學說。

《大品經義疏》中吉藏除了引攝嶺諸師的說法來闡述「初發心」之外，另外，尚有關於「初發心」清淨與否問題之討論，《大品經義疏》卷三云：

> 師又云：「若初發心即煩惱盡，則不可；若斷盡，便是佛，若不盡，云何言本已淨畢？今明此中為，故破初發見，謂初不淨、復淨，故今明本來清淨，恩初復見也。」[63]

上文中法朗的論述方式，與其在「論二乘」時一樣，皆採用鳩摩羅什在翻譯《大品般若經》時所慣用的邏輯思維模式，關於菩薩在「初發心」時的煩惱清淨一事，《大品般若經》中說明：

> 有菩薩摩訶薩行六波羅蜜時，成就三十二相，諸根淨

62 《大方廣佛華嚴經》，CBETA, T9, no. 278, p. 449c14-15。

63 《大品經義疏》，CBETA, X24, no. 451, p. 213b15-18。

利。[64]

菩薩行至六波羅蜜時，也就是菩薩位行至六地之六法時，能成就三十二相，此時諸根淨利，入菩薩位，故法朗說「初發心即煩惱盡，則不可」，因煩惱若已斷盡，便是佛。且就《大品般若經》中所說，菩薩修至十地圓滿時，便可成佛，那為何又會有菩薩初發心時，煩惱本已淨畢之說？此說應是受到《華嚴經》中「初發心時，便成正覺」的影響。對於《華嚴經》所提出的說法，法朗則是以依循著《大品般若經》中的邏輯思維與思想來作闡述，其認為《華嚴經》中所謂的「初發心時，便成正覺」之因，在於《華嚴經》中所言述的「初發心」是本來清淨之心，因此無是否清淨之虞，而對於《大品般若經》中所言及之「初發心」，則是有關於次第漸修至十地前，藉由修行所清淨之不淨之心。

從攝嶺諸師與法朗論述「初發心」議題的過程中，可以發現當時攝嶺之學亦受到了《華嚴經》的影響，而《大品經義疏》中的論述方式，亦承襲了龍樹中觀、鳩摩羅什譯經以來的思維邏輯。

（四）論功德

功德，梵語 guṇa，意指功能福德，亦可說是行善所獲之果報。在《大品經義疏》中吉藏引自攝嶺諸師說法所論的功德，有論「般若與功德」和「菩薩功德」兩面向，《大品經義疏》

64 《摩訶般若波羅蜜經》，CBETA, T8, no. 223, p. 226b22-24。

中說：

> 山中師云：「脩所得，故秤功德。當知功德即是波若也。」今就能、所分其為二：能生屬智慧，所生屬功德，正言波若相應，故得功德即是所生，波若即是能生也。[65]

攝嶺諸師在一般的認知上，提出因「修所得」，故「秤功德」的情況。不過，若從《大品般若經》的立場，來探究「功德」與「般若」，攝嶺諸師則是得出了功德即是般若的結論，《大品般若經》中說：

> 菩薩摩訶薩欲得過去、未來、現在諸佛功德，當學般若波羅蜜。[66]

因經中說菩薩欲得諸佛功德，就需修行般若波羅蜜，般若波羅蜜亦稱「般若」，為智慧也，因此，欲得功德，需修行般若，修行般若，便得功德，故攝嶺諸師言功德即是般若，且並在功德即是般若的基礎上，發展出「二」與「能所」的理論，其謂修行般若能生智慧，因修行般若所得之功德為所生功德，最後更進一步得出了「功德即是所生般若，即是能生」的結論。

另有關於菩薩功德的論述，《大品經義疏》卷七云：

---

65 《大品經義疏》，CBETA, X24, no. 451, p. 215c13-16。

66 《摩訶般若波羅蜜經》，CBETA, T8, no. 223, p. 220b1-2。

凡夫、二乘福德為自，菩薩功德為他優劣，師云：「假令有所得為他，亦不及此中隨喜，今大判作自行化他優劣也。」[67]

吉藏在《大品經義疏》中提到，凡夫以福德作為判定大小乘的依據，而菩薩則以為他來斷定功德之優劣，法朗對此提出了，對於以有所得來思維菩薩的為他功德，倒不如以隨喜來看待菩薩之為他功德的說法。法朗此處以隨喜角度來闡述菩薩功德的理論，係源自於《大品般若經》中之思想：

爾時彌勒菩薩摩訶薩語慧命須菩提：「有菩薩摩訶薩隨喜福德與一切眾生共之，迴向阿耨多羅三藐三菩提，以無所得故。若聲聞、辟支佛福德，若一切眾生福德，若布施、若持戒、若修定、若隨喜，是菩薩摩訶薩隨喜福德與一切眾生共之，迴向阿耨多羅三藐三菩提，其福德最上第一，最妙無上無與等。」[68]

上文中所說之福德即功德，對於菩薩之功德，據《大品般若經》中所說，菩薩修行所得之功德是隨喜與一切眾生共之，因此無所得，故法朗說即使菩薩為有所得為他修行功德，亦不及以無所得而為他，因只有無所得為他的功德，其所獲之福德才是最上第一。

67 《大品經義疏》，CBETA, X24, no. 451, p. 276c18-21。

68 《摩訶般若波羅蜜經》，CBETA, T8, no. 223, p. 297b22-29。

四、結論：攝嶺諸師對吉藏早期思想之影響

本文藉由梳理攝嶺諸師住寺宣說之經論與吉藏《大品經義疏》中所引用自攝嶺諸師之文句，得出以下之結論：

（一）基於文中在論及「初發心」時，筆者發現吉藏早期思想的思維脈絡所依循的是關中諸師譯經以來之傳統。

（二）本文歸納出攝嶺諸師在止觀寺、棲霞寺與興皇寺所講述的經典主要有三論、《大智度論》、《華嚴經》、《涅槃經》、《大品般若經》，而吉藏在《大品經義疏》中所引之攝嶺諸師思想，主要與攝嶺諸師對於《大品般若經》和《華嚴經》這兩部經典的詮釋有關，因此，筆者認為影響吉藏早期思想的主要著作，並非是三論，而是《大品般若經》和《華嚴經》。

（三）吉藏雖為三論之集大成者，但本文在梳理攝嶺諸師學說對於吉藏早期思想影響的過程中發現，吉藏的集大成，主要是繼承了關中以來的譯經傳統和攝嶺諸師之思想，因此，就思想面上來說，直接影響吉藏的是攝嶺諸師，其中又以其師法朗為要。

（四）基於文中在論及攝嶺諸師對吉藏在「論般若」面向上的影響時所提及的，「吉藏此理論之提出，主要是為了抗衡興盛於當時的成實之風」，因此，從中我們可以了解到吉藏早期思想建構之因，除了關中諸師與攝嶺諸師對其所造成的影響外，吉藏的學說理論，同時也反映出中國當時的佛教思想現況。

有關吉藏早期思想脈絡是傳襲自關中諸師譯經傳統這一

點，可從吉藏著作中的邏輯思維上來理解，像是「論般若」中所說到的「不同」、「不異」、「不自」、「不他」、「無依」、「無得」、「一無所住」，「論二乘」中的「觀無所行」、「二乘生滅只是菩薩之無生滅」，論「初發心」中的「初不淨，復淨」，論「功德」中的「能生屬智慧，所生屬功德」等皆為作為吉藏早期思想脈絡是傳襲自關中譯經以來的邏輯思維模式之佐證。[69]

攝嶺諸師在南朝建康止觀、棲霞、興皇三寺中以宣說《大品般若經》、《華嚴經》、《涅槃經》、《中論》、《百論》、《十二門論》和《大智度論》等經論聞名於世，吉藏《大品經義疏》本就是作為注疏《大品般若經》的典籍，故而主要依據之經典當為《大品般若經》，而吉藏《大品經義疏》中，除了立足在《大品般若經》本經之思想內容上來作闡述外，同時亦受到了《華嚴經》的影響，尤其是有關「論初發心」一題，由此足以見得，吉藏所承襲自攝嶺諸師的學說思想，並非是單只有般若系之《大品般若經》、《中論》、《百論》、《十二門論》和《大智度論》等經論，同時亦涉及其他大乘經典之思想。

在本文中所論及的「論般若」、「論二乘」、「論初發心」和「論功德」四議題中，所引之七則引文裡，引自攝嶺諸師說法的共有三則，直接引自法朗說法的則有四則，因此，從吉藏的引用比率上來看，其早期思想首要受到的是其師法朗的

---

69 關於關中譯經之邏輯思維方法可參考 Richard H. Robinson，《印度與中國的早期中觀學派》一書中的第 3 章和第 6 章。

影響。

吉藏早期思想除了受到了關中譯經與攝嶺諸師的影響之外，《大品經義疏》中吉藏在論述「般若」時所提出的「境」、「智」、「因」、「果」的般若屬性，講的是興盛於南朝時期成實宗的般若理論，可見吉藏平時除了接受攝嶺諸師的教育之外，在當時《成實論》風行的環境中，其對於《成實論》的思想亦是有所接觸的，不然其在著作中也無法具體的提出成實宗的理論依據。

綜上所述，我們得出吉藏早期思想的邏輯思維架構，基本上是在關中諸師的譯經傳統下所形成，影響其早期思想的族群為攝嶺諸師，而其早期思想形成之因則是與為了抗衡當時的成實之風有關。

徵引書目

佛教藏經或原典文獻

〔本文佛典引用主要是採用「中華電子佛典協會」（Chinese Buddhist Electronic Text Association，簡稱 CBETA）的電子佛典集成光碟，2014 年〕

《十二門論疏》，T42, no. 1825。

《大方廣佛華嚴經》，T9, no. 278。

《大品經義疏》，X24, no. 451。

《中論》，T30, no. 1564。

《出三藏記集》，T55, no. 2145。

《成實論》，T32, no. 1646。

《佛法金湯編》，X87, no. 1628。

《佛祖統記》，T49, no. 2035。

《佛說維摩詰經》，T14, no. 474。

《法華玄義釋籤》，T33, no. 1717。

《法華傳記》，T51, no. 2068。

《高僧傳》，T50, no. 2059。

《淨名玄論》，T38, no. 1780。

《維摩經義疏》，T38, no. 1781。

《廣弘明集》，T52, no. 2103。

《摩訶般若波羅蜜經》，T8, no.0223。

《釋氏通鑑》，X76, no.1516。

《釋氏稽古略》，T49, no. 2037。
《續高僧傳》，T50, no. 2060。

古籍

《出三藏記集》，釋僧祐著，蘇晉仁等點校，北京：中華書局，1995。

專書、論文或網路資源等

Richard H. Robinson 著，郭忠生譯 1996《印度與中國的早期中觀學派》，南投：正觀出版社。
平井俊榮 1976《中国般若思想史研究——吉蔵と三論学派》，東京：春秋社。
李勇 2017〈嘉祥吉藏的止觀思想〉，《三論宗研究》第 1 輯，北京：宗教文化出版社。
陳平坤 2008〈吉藏《中觀論疏》所開「實相」法門之義蘊〉，《國立臺灣大學哲學論評》36，臺北：國立臺灣大學哲學系，頁 75-148。
湯用彤 1998《漢魏兩晉南北朝佛教史》，臺北：臺灣商務印書館。
華方田 1995《吉藏評傳》，方立天主編，北京：京華出版社。
楊惠南 1989《吉藏》，傅偉勳／韋政通主編，臺北：東大出版社。
楊曾文 2017〈隋吉藏所創三論宗教義體系〉，《三論宗研究》第 1 輯，北京：宗教文化出版社。
楊維中 2017〈三論宗宗派屬性新探〉，《三論宗研究》第 1

輯，北京：宗教文化出版社，頁 14-24。
葛寅亮 2006 《金陵梵剎志》，揚州：廣陵書社。
廖明活 1985 《嘉祥吉藏學說》，臺北：臺灣學生書局。
蔡宗憲 2016 〈五至七世紀的攝山佛教與僧俗網路〉，《臺灣師大歷史學報》55，頁 47-102。
釋印順 1988 《勝鬘經講記》，臺北：正聞出版社。
佛光山電子大藏經，《佛光大辭典》，http://www.fgs.org.tw/fgs_book/fgs_drser.aspx。

A Discussion on the Effect to Jizang's Early Thoughts from the Sheling's Doctrine in *The Explanatory Notes of Pañcaviṃśatisāhasrikā Prajñāpāramitā*

Hueiyuan Yun
Ph. D.
Graduate Institute of Asian Humanities, Huafan University

Abstract

Jizang is famous for epitomizing the thought of Three-Treatise School to the later, thus modern scholars studying the thought of Three-Treatise would mainly refer to him. Moreover, the thoughts of Three-Treatise has been divided into "Ancient Three-Treatise" and "Modern Three-Treatise." Ancient Three-Treatise, also called "Guanzhong Doctrine," was developed in and apread form Changan, with personages such as Kumārajīva, Sengrui, Sengzhao, Daorong, and so on. Modern Three-Treatise, also called "Sheling Doctrine," was based on Jiankang, with representatives such as Senglang, Sengquan, Falang, Huibu, Jizang, and so on. The thought on Three-Treatise was spread to China by translation of the Buddhist Scriptures for the time of Ancient Three-Treatise, yet for the time of Modern Three-Treatise, Jizang merged it with Chinese traditional philosophy and made it characteristics of Chinese Buddhist thought.

In the life history of Jizang, we have figured out that he has three major residences: Jiankang, Shaoxing, and Changan. He was born, became a monk, and studied Buddha dharma in Jiankang. Then he began writing in Shaoxing. Finally, he developed and distributed the thought of Three-Treatise in Jiankang, where he became well-known. Contemporary scholars usually focus on philosophical connotations or make comparisons in the time or personages to study the thought of Three-Treatise. It's rare to find systematic discussions on the influences to Jizang from the geographic conditions and the teachings he got in the time of Jiankang. Therefore, this article will focus on the area Sheling in Jiankang and the book *The Explanatory Notes of Pañcaviṃśatisāhasrikā Prajñāpāramitā*, which is Ji-zang's first book, with an attempt to sort out the effects of Sheling Doctrine on Jizang's early thought.

Keywords: Jizang, Guanzhong, Sheling, Three-Treatise, Chengshi

吉藏二諦思想中的方法學和語言哲學

周延霖
華梵大學東方人文思想研究所博士生

摘　要

龍樹（約 150－250）以「眾因緣生法，我說即是無，亦為是假名，亦是中道義」的偈頌，闡述了中觀學的核心思想。不僅表達龍樹的無自性、無定性之存有學立場，也宣說了最高真實一方面超越語言範疇，但又不得不透過語言系統來表述。此外，龍樹也以「諸佛依二諦，為眾生說法，一以世俗諦，二第一義諦」與「若不依俗諦，不得第一義，不得第一義，則不得涅槃」闡述其二諦觀。說明了勝義諦與世俗諦間，一方面存在著分別性。但另一方面，二諦間存在著朝向著解脫的階序的相依關係。也就是在語言哲學和方法學上，二諦存在著既分別又相即的關係。

本文所關注的重點在於吉藏（549－623）中觀思想中的語言哲學，以及吉藏如何透過虛假的語言來「以虛止妄」。以虛假、帶有風險性的語言來循環辯證，並指向不可言說的最高真實的方法學。文章首先將討論龍樹的因緣觀、二諦思想。其次，將討論吉藏帶有方法學或語用意義的「教二諦」。在吉藏對龍樹之「二諦」的詮釋下，真、俗二諦都是語言系統的方便，用以對治不同眾生的各種邪見，使其體證不可言說的「理」。第三部分將論述，吉藏立基於在語言系統的「教二諦」和語言系統外的「理」之「真理－方法」結構下，開展出具有動態辯證意味，層層否定最終達致最高真理的「四重四句」與「四重二諦」。這種層層循環辯證、否定，乃在於開展不同層次的「成假中」，逐步超昇以體證不可言說的「非有非無」最高真理。相較於龍樹素樸的「四句」論述來說，吉藏的

「四重四句」和「四重二諦」，包含著語言哲學、方法學與工夫論甚至判教的意義。而這也顯示出吉藏的「二表不二」的核心思想。

關鍵詞：龍樹、吉藏、四句、二諦、中觀

一、前言

龍樹（Nāgārjuna）在《中論・觀四諦品》以「眾因緣生法，我說即是無，亦為是假名，亦是中道義。」[1]的偈頌，闡述了中觀學在存有學（ontology）[2]的重要概念——「緣起」（pratītya-samutpāda）、「無」（空）（śūnyatā）、「假名」（prajñapti）與「中道」（madhyamā-pratipad），以及這幾個概念間的關係。不僅表達龍樹的無自性、無定性之存有學立場，也宣說了最高真實一方面超越語言範疇，但又不得不透過語言的語用學、方法學之立場來表述。而同樣在《中論・觀四諦品》龍樹也闡述其二諦觀，「諸佛依二諦，為眾生說法，一以世俗諦，二第一義諦。」與「若不依俗諦，不得第一義，不得第一義，則不得涅槃。」說明了二諦（satyadvaya）、教法（teaching）、最高真理間存在著相關性。從方法學或語言哲學來看，二諦間存在著分別，但也存在著相即的關係。[3]

---

1 《中論》卷 4，CBETA, T30, no. 1564, p. 33b11-12。

2 在西方哲學脈絡下，存有學 ontology 的諸多討論，往往都帶有現象／本體二元論的意味。然而，在此所提到的龍樹之存有學，是描述經驗世界、現象界處於變動與因緣生滅的存在狀態。即是諸法因緣和合、無自性、無定性的存在狀態之存有學。而非如龍樹所批判的自性（svabhāva）或梵（Brahman）的形上立場。

3 二諦在龍樹文本的脈絡有不同層次的意義。如《中論》卷 4〈觀四諦品〉：「以有空義故，一切法得成，若無空義者，一切則不成。」（CBETA, T30, no. 1564, p. 33a22-23）則以存有學觀點來討論，勝義諦的「空」作為世俗諦諸法生起的基礎。從語言哲學來看，《中論》卷 4〈觀如來品〉：「空則不可說，非空不可說，共不共叵說，但以假名說。」

事實上，無論印度佛教與漢傳各學派，都對龍樹的存有學和二諦觀進行了多種的詮釋。隋代漢傳三論宗的思想家吉藏（549－623），繼僧肇（384－414）、僧朗（推測生於325－332，卒於409－416）、僧詮（生卒年不詳）與法朗（507－581）之後，以其特有的真理觀、語言哲學和方法學，詮釋龍樹的中觀思想。而於吉藏的諸多文本中，可以發現其在詮釋中觀思想的過程中，吉藏的論述不僅涵蓋存有學、方法學及語言哲學，同時還夾雜著判教思想。吉藏所認為的最高真實是「無所得」、「非有非無」的「中道第三諦」，並發展出「教二諦」的二諦觀與「四重四句」、「四重二諦」的方法學、工夫論[4]和語言哲學。透過分別、相待[5]的語言系統（「二諦教」）作為工具、方法，在不斷地反身性（reflexivity）批判或解構

（CBETA, T30, no. 1564, p. 30b22-23）則說明了透過「空」此一概念權宜地指涉不可言說的勝義諦。而《中論》卷4〈觀四諦品〉：「若不依俗諦，不得第一義，不得第一義，則不得涅槃。」（CBETA, T30, no. 1564, p. 33a2-3）則以修行的階序來分別二諦，世俗諦作為勝義諦（第一義諦）的基礎，再來才能證得涅槃。這意味著二諦不只是分別，也有相即、不離的關係。

4 「工夫論」在中國哲學的脈絡下，偏向於道德修養與身心實踐，以達致某種境界或體證。在此使用「工夫論」此一概念，乃是說明吉藏以思維或智性（intellect）辯證的「四句」形式，掃除一切戲論或妄執，以體證不可言說的「非有非無」真理。然而，吉藏的「工夫論」主要目的是「破邪顯正」以體證實相，與中國哲學注重的道德修養仍有所不同。

5 「相待」是漢傳佛教表示世俗諦的重要概念，包含多種範疇：存有學的緣起，語言上的二分相待，認識論上的主客關係，方法學上的「方法－目的」關係等。此外，「絕待」則是代表無分別、不可說的勝義諦。

後，弔詭（paradox）[6]地指向語言系統之外的「非有非無」真理（「不二」）。[7]

本文首先從龍樹《中論．觀四諦品》的偈頌，來討論龍樹的因緣存有學、二諦觀與語言哲學。其次，將討論吉藏帶有方法學或語用意義的二諦觀——「教二諦」。吉藏主張真、俗二諦都是語言系統，用以對治不同邪見的眾生，來體證不可言說的「理」。也就是「二諦」與「理」存在著方法和真理的關係。

第三部分，將開展吉藏立基於語言系統的「教二諦」和語言系統外的「理」，所發展出具有動態辯證意味，層層否定最終達致最高真理的「四重四句」和「四重二諦」。事實上，在中觀學文本中的「四句」，在整個佛教脈絡乃至於近代，有諸多詮釋。而三論宗的吉藏，則擴張「四句」之論證形式，使其具有語言哲學、方法學、工夫論甚至判教的意義。吉藏認為最高真實是超越語言範疇的，也就是「絕四句」。體證此真理必須透過動態的層層否定、辯證的語言和邏輯操作過程逐步達成。也就是一方面以虛假[8]、相待的語言系統來指涉真理，但同時弔詭地對語言系統進行反身性的否定，以體證不可言說

6 在此的「弔詭」未必意味著矛盾，例如，以「言說」來指涉「不可言說」或是以虛妄的語言，來反身性地對治語言的虛妄。

7 「不二」（advaya）在印度哲學、佛教與漢傳佛教各有不同的哲學意義。在吉藏的中觀學中，「不二」則具有存有學和語言哲學意義，即是最高真理，不僅「非有非無」，也無法被分別化的語言所言說。

8 本文提到的「虛假性」，並非否定現象界事物存在的虛無論，而是說明在勝義諦的視角下，諸法都是無自性，虛假不實的，沒有永恆不變的存在性。

之最高真理。在證悟真理的過程，虛假的語言有兩種任務，一方面指涉真理，另一方面必須反身性地不斷掃除語言的虛構作用。[9]

相較於龍樹以素樸的方式表達其無自性、無定性的存有學和「空亦復空」的語言哲學。吉藏的「四重四句」和「四重二諦」，其目的是使修行主體，在以語言指涉真理的過程，盡可能掃除一切戲論（prapañca），[10] 這即是吉藏「二表不二」或是「本迹不二」的哲學。[11] 主體唯有透過有缺陷的語言作為中介，才能證悟不可言說的真理。但是，不可說的真理，一旦文本化與概念化，極易再度陷入語言的對象化、[12] 二元論以及能所虛構等陷阱中，而產生「有所得」的「戲論」，因此須進行下一層次的反身性解構。這種循環也是具有辯證意義的「中道

9 語言的「虛假性」指語言的無自性，但這不意味語言沒有作用。龍樹在其文本《迴諍論》，就提出「化人於化人，幻人於幻人，如是遮所遮，其義亦如是。」（CBETA, T32, no. 1631, p. 14a17-18）語言雖無自性，但其仍有否定與論述的世俗功能。此外，語言的「虛構」，即是語言過程中，常產生如概念的二元化、客觀化、實在化等戲論。

10 依據萬金川的考察，「戲論」共有四種含義：言語的過度擴張、主體在認識上的主觀因素進入、關於真實（tattva）的種種言說和解脫的障礙。（萬金川，《龍樹的語言概念》，頁 121-144）

11 在此，也可以發現「不二」的兩種意義：（1）最高真理實相、絕待的「不二」；（2）以方法體證最高真理過程中，方法和真理不離關係的「不二」。

12 這裡所說的對象化，是指透過能指語言的虛構作用，將所認識、描述的所指，客觀化甚至實在化。以「諸法性空」的論述來說，透過「空」來描述諸法的存在狀態。但卻不可將「空」客觀化為一存有物，將「空」視為可獨立於存在物之外的客觀存在。

觀」。

二、龍樹的「性空」思想與二諦觀

(一)龍樹的「性空」思想

印度早期中觀學派的創始者龍樹闡揚了《般若經》(*Prajñāpāramitā sūtra*)的思想。在其主要的論著《中論》(*Mūlamadhyamaka-kārikā*)與《迴諍論》(*Vigrahavyāvartanī*)中,以「性空」(śūnyatā)、「無自性」(niḥsvabhāva)和「緣起」(pratītya-samutpāda)的哲學基礎,批判諸多論敵的各種實在論(realisim)[13]與虛無論(nihilism)。[14]

龍樹否定諸法具有實體的觀點,[15]主張一切存在物都處於因緣和合的無定性存在狀態。他的「八不緣起」[16]採取了雙重

---

13 實在論(realism)在西方哲學有不同的意涵。而在此的實在論指的是,變動的現象世界外,仍存在不變的本體或實體,作為現象世界的存在的基礎。如梵(Brahman),或法體(svabhāva),或是補特伽羅(pudgala)等概念。

14 虛無論(nihilism)在西方哲學上亦有不同的觀點,如價值論或存有學的虛無主義等。在此則包含兩種意義,存有學的虛無主義,否定經驗世界之一切事物的存在。以及因果關係的虛無主義,否定現象界諸法間的因果關係。

15 龍樹否定事物的存在,是由內在不變的基礎元素、基體(substance)所構成,即是否定 self-nature 和 self-existence。此外,他也反對事物是由外在不變的實體、要素所生成。

16 《中論》卷 1〈觀因緣品〉:「不生亦不滅,不常亦不斷,不一亦不異,不來亦不出。能說是因緣,善滅諸戲論,我稽首禮佛,諸說中第一。」

無遮（prasajya-pratiṣedha）的論證策略，對帶有自性意義的八個概念進行否定。[17] 其除了表達龍樹的無自性、無定性的立場之外，也透露出其語言哲學。當主體透過這八個概念描述現象世界時，如此的概念化言語、思維過程極易產生的戲論，即是存有學上的虛構與擴張。[18]

此外，關於論敵常將龍樹的「性空」理論，從對實體否定的意義，過度解讀為否定一切存在物之虛無主義的解讀。龍樹也引用原始佛教的一個概念——「中道」（madhyamā-pratipad），來更完整地說明「性空」理論是既非實在論，亦非虛無論。龍樹《中論》每一品都有特定的議題，他往往透過歸謬論證或兩難法（dilemma）[19] 來辯破諸多論敵的實體主義或虛無論，以彰顯其中觀思想。從《中論・觀四諦品》第十八詩

（CBETA, T30, no. 1564, p. 1b14-17）

17 這種否定方法是中觀學派慣常用的「無遮」方法，即是對整句命題的否定。但並不意味肯定邏輯上的另一種可能，是一種絕對的否定。亦即是，對 P 進行無遮否定，不意味肯定或成立 ~P。相對來說，「非遮」（prayudāsa-pratiṣedha）是一種否定中帶有肯定意味的敘述方法，即是否定命題 P 之時，則是肯定或成立 ~P。（Anne C. Klein 著，劉宇光譯，《知識與解脫——促成宗教轉化知體驗的藏傳佛教知識論》，頁 183、205-213）

18 例如透過語言、概念來言說 A，則在概念的二元化、相對化作用下，會設想出客觀存在著另一個相對的 ~A。除此之外，主體也可能透過語言的作用，將原本僅具經驗描述、虛構性格的概念 A，~A 加以客觀化、實體化。

19 兩難法意味著針對命題 A，以 P 與 ~P 的兩種可能來進行推論，最終達致兩者都出現矛盾。進而否定命題 A 的一種論證方式。

頌來看，龍樹企圖將「空」、「緣起」、「中道」、「假名」這四個概念予以連結，對於其緣起存有學、語言哲學進行更完整的描述。

> yaḥ pratītyasamutpādaḥ śūnyatāṃ tāṃ pracakṣmache/
> sā prajñaptirupādāya pratipat saiva madhyamā/[20]
> 眾因緣生法，我說即是無。亦為是假名，亦是中道義。[21]

青目（Piṅgala，生卒年不詳）的註釋如下：

> 眾因緣生法，我說即是空。何以故，眾緣具足和合而物生，是物屬眾因緣故無自性。無自性故空，空亦復空。但為引導眾生故，以假名說。離有無二邊故名為中道。[22]

從青目的註釋，我們可以發現「空」、「緣起」、「中道」、「無自性」以及另一個具語言哲學意義的概念「假名」，這些概念有高度的相關性。而在梵文語意分析下，更精準地看出「空」、「緣起」具有等同性，而「假名」、「中道」則用以補充說明「空」。[23] 此偈頌其實具有存有學意味和語言哲學意

20 葉少勇，《中論頌——梵藏漢合校·導讀·譯注》，頁 426。

21 《中論》卷 4〈觀四諦品〉，CBETA, T30, no. 1564, p. 33b11-12。

22 《中論》卷 4〈觀四諦品〉，CBETA, T30, no. 1564, p. 33b15-18。

23 從梵文的語法學來看，主要子句中的 śūnyatāṃ 是 pratītyasamutpādaḥ 的謂詞，而關係子句的 prajñaptirupādāya 和 madhyamā pratipad 也以謂詞的型態補充了 śūnyatāṃ。

味。也就是龍樹除了用雙重無遮的否定手法，來否定實在論與虛無論之外。也強調諸法的存在狀態，是無定性、無自性的。而為了「引導眾生故」，不得已才託名施設語言系統中的「空」、「緣起」、「中道」等虛構概念，來說明諸法的存在狀態。[24] 因此稱其為「假（借）名」。

（二）龍樹的二諦思想

在印度哲學中，《奧義書》（*Upaniṣad*）已具有二諦思想的雛形。以不同的認識與敘述方法，來處理不同的對象。也就是「上知」（對梵的理解）和「下知」（對經驗事物的理解）的區別。原始佛教的《阿含經》（*Āgama*）、《第一義空經》也出現這種世俗真理與最高真理的真理的二元思維。[25] 而以「空」思想作為核心的《般若經》，其關於二諦的觀點包含兩種思路：第一種是強調作為最高真理的「空性」、「第一實義」是不可說的，以及可說的「世間名字」之世間相對真理。第二種則是將「第一義」與「世諦」都視為教說的「教二

---

24 Swanson 則認為緣起、空、假名、中道四個名相，其實是一個概念的四種不同層面的表達方式。諸法在現象界的條件性存在、實體之否定、語言的作用與限制與常斷兩種存有學的否定。即便是空否定了 Being，但是依然可以用名言談論的傳統意義的緣起法，即是 existence。（Paul L. Swanson 著，史文、羅同賓譯，《天台哲學的基礎——二諦論在中國佛教中的成熟》，頁 6）

25 如《阿含經》的「四悉檀」的真理區分。（楊惠南，《印度哲學史》，頁 183、184）而《第一義空經》更明確地將具有「無我」意義的「空」作為「第一義空」，十二因緣流轉生滅下的現象界則被視為「法假」的「俗數法」。（郭朝順、林朝成，《佛學概論》，頁 232、233）

諦」，這兩者都是悟入最高真理「空性」的方便或方法。[26] 事實上，第一種觀點是將真理的階層化、分別化視為最高真理和世間真理，而不同真理各有其語言觀。第二種觀點，則將「第一義」與「世諦」二諦都視為語言系統或方法論，其目的皆指向語言之外的最高的真理。

《般若經》的二諦論，亦為龍樹的《中論》所繼承、發揮。龍樹透過《中論》的偈頌說明二諦間的分別與其可言說性，並闡述了二諦間的階序關係或「方法－目的」關係，也就是二諦存在著「不一不異」的「相即」關係。[27]

關於龍樹《中論》的二諦思想出現在《中論・觀四諦品》第八詩頌。

> 諸佛依二諦，為眾生說法，一以世俗諦，二第一義諦。[28]

---

26 郭朝順、林朝成，《佛學概論》，頁 239-242。

27 漢傳佛教常透過「即」此一概念，來表達二諦間既分別但又不離、不偏執的關係。在不同宗派中，「即」各有其哲學脈絡。如天台宗的論述中，「即」常用於連接兩個背反的概念，如「即說無說」、「即偽即真」、「煩腦即般若」、「無明即法性」。天台宗常以這種弔詭的論述形式，來發揮其「二諦相即」的思想，也就是二諦間雖有分別，但也是一體、不離的。而吉藏的文本雖然常將「即」常視為「等同」意義，但是在《大乘玄論》也提出了「二諦相即」的思想。「即」顯示出二諦間的各種關係，包含性空不離緣起，證悟真理不離虛假的語言，達致涅槃不離死生。也就是表示看似背反的兩者間之不離的關係和當體全是的統一。（坂本幸男，〈即の意義及び構造について〉，《印度学仏教学研究》4.2，頁 341-350）

28 《中論》卷 4〈觀四諦品〉，CBETA, T30, no. 1564, p. 32c16-17。

dve satye samupāśritya buddhānāṃ dharmadeśana/
lokasaṃvṛtisatyaṃ ca satyaṃ ca paramārthataḥ//[29]

關於詩頌的世俗諦 lokasaṃvṛti-satya，與第一義諦 paramātha-satya。[30]「諦」（satya）由語根√as（存在）轉成分詞形式 sat，再加上表示關係性或性質化的第二派生接尾詞 ya 而成。在哲學上有兩個意涵，存有論意涵的實在（reality），和認識論意涵的真理（truth）。[31] 而這個差異也引申出對於此偈頌的詮釋方式，到底是屬於存有學還是認識論？中期中觀學派的學者，月稱（Candrakīrti）和清辨（Bhavaviveka）則各自提出對世俗諦和勝義諦的文法分析，以及其衍生的二諦之語言哲學、方法學和存有學的意涵。

印度中觀應成派（Prāsaṅgika）論師月稱（600－650）透過對世俗 saṃvṛti 語源學的分析歸納出：1. 由 saṃvṛti 直接提取語根√vṛ 的「障覆」意義，即是對最高真實的「障覆」。2. 相互依存（paraspara-saṃbhavana），將 saṃvṛti 視為 saṃvṛtti 來使用。互相依存、共同轉起或是相依相待的「緣生」之意思。3. 世間言說，月稱認為 saṃvṛti 是由巴利語 sammuti 的梵語化

29　葉少勇，《中論頌——梵藏漢合校．導讀．譯注》，頁 420。

30　葉少勇，《中論頌——梵藏漢合校．導讀．譯注》，頁 420、421。

31　漢地的翻譯傳統一向把 satya 作為認識論上的真理或言說，而非存有論的實在。如吉藏的「二諦是教，不二是理」。即是將 satya 當作言說，而 tattva 則是不可說的實相。大抵而言，漢傳佛教的傳統顯然將 satya 視為言說多過於存在。（萬金川，《詞義之爭與義理之辨》，頁 209）

而成。即是透過言語對教義進行施設（prajñapti）。[32] 此外，月稱在《明句論》中也將「言說」（vyavahāra）與「世俗」（saṃvṛti）看作同義。[33]

至於二諦間的關係，《中論・觀四諦品》第十詩頌中為二諦提供既分別，但具有依賴、相待與階序性的觀點。

> 若不依俗諦，不得第一義，不得第一義，則不得涅槃。[34]
> vyavahāram anāśritya paramārtho na deśyate/
> paramārtham anāgamya nirvāṇaṃ nādhigamyate//[35]

第一句其中一個受格 vyavahāram 被翻譯為「俗諦」，明顯與第八詩頌的 lokasaṃvṛti-satya 被翻為「世俗諦」明顯不同。依據萬金川的看法，就 vyavahāra（約定俗成），這個字是由巴利文的 vohāra（言語）訛化而來，即是「佛教混合梵文」。[36] 因此，也有世間語言的意味。

第十詩頌也說明了「世俗諦」和「第一義諦」（paramārtha-satya）間的「方法－目的」關係。即是，必須透

---

32 萬金川，《中觀思想講錄》，頁 163、164。安井廣濟，《中觀思想の研究》，頁 160-164。

33 萬金川認為月稱以「世間言說」來解釋 lokasaṃvṛti-satya，可能是受到《中論・觀四諦品》第十詩頌的影響。也就是月稱將 saṃvṛti 等同於 vyavahāra，都當作世俗諦。（萬金川，《中觀思想講錄》，頁 164）

34 《中論》卷 4〈觀四諦品〉，CBETA, T30, no. 1564, p. 33a2-3。

35 葉少勇，《中論頌——梵藏漢合校・導讀・譯注》，頁 420。

36 萬金川，《中觀思想講錄》，頁 159。

過世俗諦來取得第一義諦，再來透過第一義諦才能達到涅槃。這是一個以世俗約定俗成的客觀經驗、言說系統作為基礎或途徑，逐步達致第一義諦，再來最後達致最高的修行狀態——解脫涅槃的整個流程。龍樹認為世俗諦和勝義諦（第一義諦）兩者，有著分別差異，又存在著「方法－目的」間的相待、階序關係。

至於勝義諦 paramārtha-satya，是由 parama（勝）和 artha（義）[37] 所組成的複合字，其意義也有多種解釋。中觀自續派（Svātantrika）的學者清辨（約 490－570），主張勝義諦固然是不可說的最高真理。但也存在著另一種語言系統中，方便、工具性的「隨順勝義」，指向著不可言說的勝義諦。其目的在使修行者，能使用此種「隨順勝義」的「世間正智」來聞、思、修並悟入真理。[38] 清辨將勝義諦分成「差別勝義」（paryāya paramārtha）以語言文字可表詮的真實和「圓滿勝

37　artha 在梵文中，有感官對象（object of the senses）、實體（substancc）、對象（object）、意義（meaning）等諸多意涵。但在此討論的範圍來說，大致上來說有境界、對境和意義三個意思。（Monier Williams Sanskrit-English Dictionary（2008 revision），http://www.sanskrit-lexicon.uni-koeln.de/scans/MWScan/2014/web/webtc/indexcaller.php，2019.09.16）

38　清辨以三種梵文文法來分析「paramārtha-satya」：（1）持業式（karmadhāraya），「勝」即是「義」，體證真如的「空性之智」。（2）依主釋（tatpuruṣa），則是「最勝」的「義」，「最殊勝的無分別智」所觀照的真如對境。（3）有財釋（bahuvrīhi），paramārtha-satya 指涉複合語以外的最高真實。這其實透露出其語言哲學的觀點，即是言說層次的勝義諦「隨順勝義的」，或是「世間勝義諦」，指向著超越語言的最高真理。（萬金川，《中觀思想講錄》，頁 168）

義」（aparyāya paramārtha）超越語言的真實。這顯示出清辨重視勝義諦在語言哲學和方法學的面向。[39]

月稱以諸法性空但緣起有的存有學，以及聖凡「境界」的不同來解釋 artha。唯有諸佛所證的「勝義」才是真正的真理「諦」，而此「諦」又是諸佛所證「最殊勝境的唯一的諦」。而凡夫則因「障覆」，而陷入將無自性的諸法當作實在的謬誤。[40] 清辨則偏向將 paramārtha 中的 artha 以「真如」對境或「無分別智」來理解。此外，清辨仍提出不可言說的最高真理「無分別智」，也必須由言說系統的「隨順勝義」當作工具、方法才能達成的解釋。[41]

不過，即便是月稱與清辨關於勝義諦此一語詞解釋的不同，對中觀學註釋家而言，都無法否認「勝義諦」、「實相」、或「第一義」的最高真理是不可說的。《中論．觀法品》的詩頌則說明了當修行主體證悟了「實相」（dharmatā）——諸法的本質無自性、空之時，所有的名言活動、心所行境都當止息。這意謂著勝義諦的實相、空、無自性是超越言語的、不

39 曹志成，〈清辨對「勝義諦」之解釋的研究〉，《正觀雜誌》12，頁7-52。

40 月稱著，法尊譯，《入中論》：「由於諸法見真妄，故得諸法二種體，說見真境即真諦，所見虛妄名俗諦。」（頁 44）；「癡障性故名世俗，假法由彼現為諦，能仁說名世俗諦，所有假法唯世俗。」（頁 46）

41 《般若燈論釋》卷 14：「第一而有義故，名『第一義』。又是最上無分別智真實義故，名『第一義』。真實者，無他緣等為相。若住真實所緣境界無分別智者，名『第一義』。為遮彼起等，隨順所說無起等及聞思修慧，皆是第一義。」（CBETA, T30, no. 1566, p. 125a9-13）

可言說的。

> 諸法實相者，心行言語斷，無生亦無滅，寂滅如涅槃。[42]
> nivṛttam abhidhātavyam nivṛttaś cittagocaraḥ/
> anutpannāniruddhā hi nirvāṇam iva dharmatā//[43]

也就是，當主體體證實相時，這種實相真理是直觀的整體性、普遍性，而且不可以語言來分化的。[44] 因為，透過二元化、相待化或以虛構客觀性、實在性的語言系統來描述實相，就會產生各種戲論。從語言哲學來說，二諦是一種弔詭的既分別又相即關係。[45]

三、吉藏對於「二諦」與「中道」的詮釋

漢傳中觀學的吉藏除了繼承鳩摩羅什（344－413）、僧肇、僧朗、僧詮、法朗的思想，也透過《維摩詰所說經》（*Vimalakīrti-nirdeśa-sūtra*）的「不二」（advaya）理論，[46] 和

---

42 《中論》卷 3〈觀法品〉，CBETA, T30, no. 1564, p. 24a3-4。

43 葉少勇，《中論頌——梵藏漢合校．導讀．譯注》，頁 304。

44 梶山雄一著，吳汝鈞譯，《佛教中觀哲學》，頁 40-44。

45 勝義諦不可言說，世俗諦是可言說的。但是要指涉勝義諦又不得不依賴可言說的世俗諦。兩者有不離且分別的關係。

46 《維摩詰所說經》有許多範疇的「不二」。例如：對我與我所之自性之否定「我我所不二」、否定涅槃與世間的絕對差異之「世間出世間不二」、性空與緣起不離的「色空不二」、否定取捨自性的「取捨不二」、對文字語言表達實相的「文字語言不二」、否定業報實在性的「罪福不

「不可思議解脫」思想，[47] 發展漢傳三論宗的中觀學理論。[48] 其思想核心除了討論無自性存有學之外，更以語言哲學、方法學與工夫論的層次，來發揮中觀學的空思想。[49] 亦即是，除了提出最高真理的不可說性之語言哲學觀點，也強調解脫者能夠以各種不定的方便、教法來救度眾生之思想。

(一)吉藏的「教二諦」與「三諦論」

龍樹在《中論・觀四諦品》的第八詩頌與第十詩頌，對於二諦是實在或是真理，皆未明確地說明。這也使清辨、月稱等中觀詮釋者提出各種闡釋。但無論如何，龍樹的二諦觀仍明確地表示出，最高實相是超越語言範疇的，以及世俗諦、勝義諦與涅槃間的階序與方法性、工具性關係。而世俗諦和勝義諦間存在著既分別又關聯的「不一不異」相即關係。

吉藏的時代對於二諦也有諸多的詮釋，特別是成實師的

二」等。（CBETA, T14, no. 475, pp. 550b29-551c26）

47 《維摩詰所說經》卷 3〈菩薩行品〉：「諸佛方便，不可思議！為度眾生故，隨其所應，現佛國異。」（CBETA, T14, no. 475, p. 554b1-2）「不可思議」除了有神變、神通意義的超驗意味外，也有對世間一切存在物的實相觀，實相無法成為一個被思維的對象或概念化的對象。而「不可思議」也包含對治策略之方便、多元方法學。

48 高野純一，《中国中観思想論——吉蔵における「空」》，頁 319-322。

49 以表詮來描述「空」，總會落入戲論。如將「空」客觀化、實體化，甚至在邏輯上想像出相待的「非空」之存有物。因此，吉藏除了以「非有非無」或「無所得」遮詮方式來描述「空」，並在實踐上以循環否定的方法學，來體證實相。相對於龍樹的「性空」和「空則不可說」之存有學和語言哲學論述，吉藏的真理觀也擴及了工夫論和方法學。

「理境二諦」，將二諦作為兩種真理觀或境界。[50] 這種二諦觀其實是將 satya 的存有學上的實在（reality）和認識論上的真理（truth）兩種進行連結。處於不同境界或觀察對象的主體，有相應的真理觀。[51]「理」意味著真理，而「境」則表示主體的境界與對境，依於存有學的「境」，產生出相應的認識論之「理」。這種脈絡下的「理境二諦」其實也有相對真理觀意味，吉藏對此提出批評。

> 問云：「何名『諦』?」答：「有人言『以境為諦』，若爾一切牛馬畜生亦應有諦。今解不爾。智照如實名之為『諦』。」[52]

吉藏認為「以境為諦」，會導致主體的境界或對象，決定了相應的真理。他認為只有透過智慧，對現象世界存在狀態的如實觀——「智照如實」，才可以稱為「諦」。這意味著，吉藏認為真理（「諦」）只有一個，但這種真理並不會因為主體的認識對象或境界而有所差異。換句話來說，吉藏否定真理的多元

---

50 成實宗的主要論典《成實論》，雖然與般若學都講真、俗二諦與人、法兩空，但其哲學意義並不同。《成實論》的世俗諦是五陰（蘊）為有，但第一義諦則是空。並以此發展出「滅三心」的思想——假名心（誤以為「我」、「五陰」都實存）、假名空（否定「我」、「五陰」的實存）、滅空心（否定假名空的「空心」）。而《成實論》主張要滅名、法、空三心，才可得解脫。（楊惠南，《吉藏》，頁 66、67）

51 萬金川，《中觀思想講錄》，頁 156、157。

52 《仁王般若經疏》卷 1〈序品〉，CBETA, T33, no. 1707, p. 318b2-4。

性與「理境二諦」的觀點。他認為「諦」必須與「境」分開來談，否則這種真理觀不僅是多元的，而且是浮動的。[53]

雖然，上述引文吉藏將「諦」當作唯一真理、實相來解釋。但是，吉藏在其文本，主要仍是將「二諦」詮釋為對治不同根器或境界眾生的言說系統或方法。也就是，「二諦」就是「教二諦」。

> 二諦者，蓋是言教之通詮，相待之假稱，虛寂之妙實，窮中道之極號。明如來常依二諦說法。一者世諦，二者第一義諦，故二諦唯是教門，不關境理。[54]

吉藏借用龍樹的「諸佛依二諦，為眾生說法。一以世俗諦，二第一義諦。」強調「世諦」和「第一義諦」與「為眾生說法」間的關係。換言之，在吉藏的詮釋之下，無論是「世諦」或「第一義諦」是以「為眾生」而存在的「教門」或「言教」。此外，「二諦唯是教門，不關境理」則是吉藏特別提醒「世諦」或「第一義諦」雖然作為語言系統的教門，但「世諦」或「第一義諦」也是相待性的、虛假的方法而已，並非最高真實。也就是「教二諦」只是相待於不同眾生的言教系統或方法的方便，但並非「虛寂」的「中道」本身。吉藏稱把「教二

53 如果依境而有諦或理，隨著主體的境界與對象不同，其所認知的真理就處於不斷變遷狀態。但這與傳統上真理的意義互相違背，因為，真理是普遍性、無時間、空間性的。

54 《大乘玄論》卷 1，CBETA, T45, no. 1853, p. 15a14-17。

諦」當作真理的過失為「迷教於諦」。[55] 事實上，這種謬誤是從語言的風險所生產，無明的眾生將佛陀的「有、無」對治策略、方法實在化，並誤以為對治的「有、無」言說是最高真理。如此不僅沒有消解自身的妄執，反而在語言的風險下，陷入另一種「有、無」的謬見。而這也是吉藏的哲學體系所關注的核心議題，如何以語言指涉真理，並反身性地消解語言的戲論。如此才能使虛假、相待的語言體系發揮對治作用，達到「非有非無」絕待真理的體證。

吉藏指出作為教或方法的「二諦」是通往諸法無自性之「理」或「中道」的重要途徑。也就是「中道／二諦」的「真理／方法」的「言教二諦」觀點。[56] 而「極號」似乎也意味著語言對於指涉真理有其極限。這種對龍樹《中論》「二諦」的「教二諦」詮釋，其實也否定了帶有存有學、實在論意義的

---

55 《二諦義》卷 1：「若爾此則有二種於諦。一者所依於諦，二者迷教於諦。所依於諦，有得有失。迷教於諦，二皆是失。所依於諦是本，迷教於諦是末。所依於諦是本者，且約釋迦一化為論，釋迦未出之前已有此二於諦。釋迦依此二諦為眾生說法，何者？諸佛說法無不依二諦，故發趾即依二諦而說。當知，所依於諦是本也，迷教於諦是末者。眾生稟如來有無二諦教，作有無解成於故。此於諦在後也。」（CBETA, T45, no. 1854, p. 79b1-10）將原本諸佛對治眾生的相待虛假方法、言說當作真理，並以為有實在的「有、無」教二諦。

56 吉藏這種「教二諦」的觀點，其實是師承僧朗的見解。強調「二諦」只是諸佛用以引導眾生，去理解諸法真相的方便教說或觀修法門而已。「二諦」具有方法學的意義，但非真理本身。這其實也否定了當時的主流觀點——兩種實在或真理的「理境二諦」。（陳平坤，《《大乘玄論》點校》，頁 21、22）

「理境二諦」觀點。

從文本中可以發現，吉藏將成實宗「理境二諦」的觀點，以另一個名詞「於二諦」來稱呼。[57] 並更明確地將「教二諦」解釋為，相應於不同根器、境界的存在者之多元化教法。這種「教二諦」的二諦觀強調了「施教者」和「眾生」與「施教方法」間的相待性。在此，吉藏發展了方法學、存有學和真理觀的整體視野並將之放入因緣脈絡中來思考。

> 有兩種二諦，一、於諦，二、教諦。於諦者，如《論》文：諸法性空，世間顛倒謂有，於世人為實，名之為「諦」。諸賢聖真知顛倒性空，於聖人是實，名之為

57 《中論》卷 4：「若人不能知，分別於二諦，則於深佛法，不知真實義。」（CBETA, T30, no. 1564, p. 32c18-19）出現了「分別於二諦」的論述，青目將其註釋為《中論》卷 4：「世俗諦者，一切法性空，而世間顛倒，故生虛妄法，於世間是實。諸賢聖真知顛倒性，故知一切法皆空無生，於聖人是第一義諦名為『實』。諸佛依是二諦，而為眾生說法。」（CBETA, T30, no. 1564, p. 32c20-23）吉藏應是擷取龍樹的二諦分別「分別於二諦」以及青目的「諸佛依是二諦」，而有「於二諦」的想法。事實上，他不斷強調「教二諦」和「於二諦」的差異。《二諦義》卷 2：「我家明二諦有兩種。一、教二諦，二、於二諦。如來誠諦之言，名『教二諦』。兩種謂情，名『於二諦』。」（CBETA, T45, no. 1854, p. 92c9-11）相對於作為對治方法的「教二諦」，吉藏用中國哲學中帶有世俗情感、價值判斷意味的概念「情」，來描述「於二諦」（《荀子・正名篇》：「好、惡、喜、怒、哀、樂，謂之『情』。」）。可見「於二諦」對吉藏來說，只是世俗、主觀性的世界觀。佛陀依據不可說的「理」，相應於眾生的「情」，而開展出對治性的「教」。這也構成了吉藏的「理－教－情（於諦）」體系。

> 「諦」。此即二於諦。諸佛依此而說，名為「教諦」也。[58]

吉藏詮釋龍樹的文本，並提出「於諦」的觀點。他認為「諸法性空」雖是最高真理。但世人將諸法當作是實有的，這即是凡夫的真理觀。而聖者雖然知道「諸法性空」，但卻將其實在化，虛構一個「實有的空」並當作真理，這也是一種邪見。上述的凡、聖人和眾生都因其根器或修行狀態，而分別有不同的實在論的真理觀——「諸法為實」或「性空為實」的「實有」與「實空」。這即是吉藏要批判的「理境二諦」。這兩種真理無論如何，都並非最高真理——「諸法性空」。整體而言，吉藏將「於諦」定義為，不同修行狀態或根器的眾生，所具有的實在論意味真理觀。而佛陀則依不同對象之真理觀提出相應的教說，使其達成解脫，體悟「非有非無」的真理，這些方法、論述則稱為「教諦」。其中，「教諦」（「能依」）和「於諦」（「所依」）呈現出救度學或方法學上的分別、能所相待關係。[59] 而最高真理則是在一切相待、分別體系之外的實相，吉藏稱其為「無所依」。[60]

---

58 《二諦義》卷 1，CBETA, T45, no. 1854, p. 86c1-5。

59 《大乘玄論》卷 1：「問：『《中論》云：「諸佛依二諦說法。」《涅槃經》云：「隨順眾生故說二諦。」是何諦耶？』答：『能依是教諦，所依是於諦。』」（CBETA, T45, no. 1853, p. 15a27-29）《二諦義》卷 1：「明依二諦說法。所依是於諦，說法是教諦也。」（CBETA, T45, no. 1854, p. 79, a3-4）

60 《大乘玄論》卷 4：「實相既無所依，則波若亦無著。」（CBETA, T45,

> 此空有於凡聖各實，是故為失也。言教諦得者，如來誠諦之言。依凡有說有，有不住有。有表不有。依聖無說無，無不住無，無表不無。[61]

凡、聖二者的有見和空見，都是實在論意義的「實有」或「實空」。因此，透過不同的「教諦」來對治不同的邪見。「教諦」、「於諦」呈現出相待與能所關係。相待於各種「於諦」邪見，而有相應對治的能依「教諦」。如引文所說的，說「不住有之『有』」，來對治世俗人的「實有」。而說「不住無的『無』」，來對治聖人的「實無」。其目的在於使眾生，能達致「不住有」也「不住無」的「不有不無」。以不同的對治方法，解構眾生具有實在性的「有、無」，而悟入「不有不無」或「非有非無」。[62]

此外，吉藏更強調最高真理（「理」）是唯一的，並非如其所批判的「於諦」或「理境二諦」之多種真理。但「理」也絕非作為方法的「教諦」。「教諦」除了和「於諦」有能所、相待的因緣關係外，其與最高真理也存在著功能性、方便性的

no. 1853, p. 51c27-28）

61 《二諦義》卷 1，CBETA, T45, no. 1854, p. 78c21-23。

62 這種「非有非無」的論述頗似於僧肇在〈不真空論〉的物性論。不過，僧肇更以概念的歧義性（ambiguity）雙非論證來破斥常、斷二見，顯示出事物的無定性、無自性。《肇論》：「雖無而非無，無者不絕虛；雖有而非有，有者非真有。」（CBETA, T45, no. 1858, p. 152b20-21）相對於吉藏「非有非無」的辯證的方法學進路，僧肇的「非有非無」則偏向物性論的存有學分析。

彰顯關係。因此，「理」、「教諦」和「於諦」呈現出救度學和方法學上的彼此相待之階層關係。在《二諦義》提出：

> 道非有無，寄有無以顯道。理非一二，因一二以明理。故知，二諦是教也。所以明二諦是教者有二義。一者為對他，二者為釋經論。[63]

又於《大乘玄論》中指出：

> 彼以理為諦，今以教為諦。彼以二諦為天然之理，今明，唯一實諦方便說 二。[64]

吉藏認同龍樹主張的，在語言哲學上「空」是不可說的，但在真理傳達上又不得不說的觀點。而唯一的最高真理（「理」、「道」），雖在「有、無」等語言系統之外，但是為了真理的傳播也不得不借用語言、概念來勉強彰顯真理。吉藏認為，在語言系統中的「教二諦」就有兩重功能，解釋經論與對治他者偏邪的真理觀。換句話來說，不可言說的「理」、「道」或「唯一實諦」，是作為方便的「教二諦」之基礎。而要使眾生悟入不可言說的「理」、「道」或「唯一實諦」，也必須依賴「教二諦」才可能。所以，吉藏的「理」、「教諦」和「於諦」呈現出一個「理－教諦－於諦」的相待關係。佛陀以

63 《二諦義》卷 1，CBETA, T45, no. 1854, p. 86b3-6。

64 《大乘玄論》卷 1，CBETA, T45, no. 1853, p. 19b12-13。

「理」為基礎，基於不同根器的眾生之「於諦」，開展出相應、相待的對治性「教二諦」。這個相待性的結構，包含了吉藏的語言哲學、存有學、方法學、實踐哲學與救度學。

事實上，龍樹的二諦觀，除了強調二諦的分別與不離的關係，也暗示著勝義諦高於世俗諦的階序性。在吉藏的詮釋下，二諦皆被置入言教系統，當作「教二諦」，成為對治陷於不同執取之眾生的真、俗「教諦」。吉藏的真、俗二諦都是平等地位、相待的方便教法而非真理本身。[65] 以吉藏的觀點來說，真、俗二諦都是可言說，而且僅僅是作為平等、相待的方法或言說系統而已，皆非最高真理本身。吉藏意義下的二諦差別，只在於因不同的「於諦」，而施設的教學內容有所差異而已。吉藏透過最高真實的「理」和「教二諦」間不二的救度學、方法論和語言哲學，[66] 重新詮釋了龍樹的二諦觀，而這即是吉藏的「三諦觀」。

如果依吉藏的脈絡，龍樹的「若不依俗諦，不得第一義，不得第一義，則不得涅槃」，其中的「俗諦」應被理解為「教二諦」。而在「教二諦」之外，則有另一個究竟真理，即「第

---

65 龍樹的脈絡中，勝義諦是不可說的，世俗諦仍是語言系統。這與吉藏的真、俗二諦都是平等、可言說的教法，並同時指向不可說的「理」不同。吉藏將龍樹的文本，以「教二諦」和「理」的方式來理解，並開展「三諦觀」。不過，吉藏雖以偏向以教諦的立場來詮釋二諦，但吉藏仍強調二諦只是「對緣假說」，不可定執為教或理。

66 「理」、「教二諦」和「於諦」三者有著救度學的因果關係，但這並非意味存在著著一個「理」與「教二諦」相待。因為，「理」只是概念性的虛構。但是，「教二諦」和「於諦」則是能對治和所對治的相待關係。更精準來說，「理」、「教二諦」是一種「非相待的不二關係」。

一義」諦。[67] 用吉藏的話來說，就是「二諦之體」、「中道」。相對來說，二諦即為「中道之用」。語言系統與方法學的「二諦」和超越語言範疇的最高真實「中道」，呈現「體用」關係。[68] 事實上，這即是前述所提及的「理」和「教二諦」的真理／方法關係，而呈現出「三諦」的結構。[69] 相較龍樹素樸的勝義諦、世俗諦之二諦論，或智顗帶圓教意義的「三諦圓融」。吉藏的三諦觀更關注「理」（「第三諦」、「中道」、「唯一實諦」）和「教二諦」間的語言哲學和方法學意義。[70]

---

67 《二諦義》卷 1：「中論若不依俗諦，不得第一義。不得第一義，則不得涅槃。說世諦令得說第一義。說第一義令得涅槃。故開二諦也，……開二諦示得失。令改悟也。」（CBETA, T45, no. 1854, pp. 79c29-80a7）

68 《二諦義》卷 1：「二諦者乃是表中道之妙教，窮文言之極說。」（CBETA, T45, no. 1854, p. 86b2-3）吉藏的「中道」論述和分類十分繁複，也有著辯證的意義，但大致上仍是對一切邊見、戲論的消解。《二諦義》卷 1：「眾生迷我無我，為其說我說無我，令離我無我。離我即離常，離無我即離斷，令其離斷常悟中道故。」（CBETA, T45, no. 1854, p. 81a11-14）不過，在此以「體」來描述「中道」並非意味著「中道」是一種客觀存在，而是「中道」作為宣說「教二諦」的基礎。

69 《大乘玄論》卷 1：「今意有第三諦，彼無第三諦。彼以理為諦，今以教為諦。彼以二諦為天然之理。今明唯一實諦，方便說二。」（CBETA, T45, no. 1853, p. 19b11-13）

70 智者大師透過漢譯《中論・觀四諦品》第十八詩頌，將實相解讀為三個層次，「空」，「假」「中道第一義諦」。智者大師的「三諦觀」仍是存有學的，乃是對於整體的圓融實相三個層面的解讀。（Paul L. Swanson, 著，史文、羅同賓譯，《天台哲學的基礎——二諦論在中國佛教中的成熟》，頁 6、7）不過，吳汝鈞認為智顗「中道諦」有一種救贖性的認識論（epistemic-soteriology）的意義，一方面以「雙遮空假」防止修行者落入「空病」和「假病」的邪見，但也有肯定諸法的「空」、

(二)吉藏的「中道」觀

在吉藏的中觀學中，「中道」、「第三諦」、「理」、「唯一實諦」、「至道」、「不二」等概念，都被視為不可說的最高真理的諸多稱號。他也將「中道」賦予多重涵義，其目的仍在說明文字的有限性，最高真理的不可說性，以及文字和最高真理的語言之使用、方法關係。

> 問：中有幾種？答：既稱為「中」，則非多非一。隨義對緣得說多一，所言「一中」者，一道清淨，更無二道。一道者，即一中道也。所言「二中」者。則約二諦辨中。謂「世諦中」、「真諦中」。以世諦不偏，故名為「中」。真諦不偏，名為真諦中。所言「三中」者。二諦中及「非真非俗中」。所言「四中者，謂「對偏中」、「盡偏中」、「絕待中」、「成假中」也。[71]

吉藏將龍樹文本中對常、斷二見否定的「中道」概念，[72]擴充為四個層次：一、絕對的真理（一中）。二、透過不偏執的真、俗二諦來理解的「中道」（二諦中）。三、透過

「假」兩個面向的「雙照空假」。使「中道」成為超越和綜合「空諦」和「假諦」的「第三諦」。（吳汝鈞，《龍樹中論的哲學解讀》，頁459-466）

71 《三論玄義》，CBETA, T45, no. 1852, p. 14b15-22。

72 青目註釋《中論》卷4的「中道」為「但為引導眾生故，以假名說，離有無二邊，故名為『中道』。」（CBETA, T30, no. 1564, p. 33b17-18）

「二諦中」和「非真非俗中」所理解的「中道」。四、具有對治性格的「對偏中」、「盡偏中」、「成假中」和「絕待中」。

吉藏如此的擴充有高度的語言哲學意義和方法學意義。從他的敘述「既稱為『中』，則非多非一。隨義對緣得說多一。」以絕對不可言說的「中道」（一中）作為基礎，在因緣脈絡下，對眾生宣說各種不同層次的「中道」（多一）。文中吉藏所不斷強調的「偏」，意味著以文字來理解「中道」，甚至對治邪見的「教二諦」，都極容易落入各種偏執，故須進行各種反身性的對治。因此，「中道」除具有最高真理的意義外，也呈現出辯證、方法學的否定性格。[73]

而其中第四個層次的「成假中」[74]——「有無為假，非有非無為中。由非有非無，故說有無。」最能顯示出吉藏的語言哲學和方法學。透過「有、無」等虛假、相待的概念，來指涉語言範疇外的「非有非無」之「中道」。然而，吉藏也提醒最高真理不只無法以「有、無」概念來描述，甚至連「非

73 龍樹的文本只提出否定意味的「不常不斷」的中道，並未再細分為「世諦中道」與「真諦中道」。吉藏在此注意到透過真、俗二諦的教法，固然可以悟入「中道」。但語言的風險與限制，也可能使眾生妄執於實有的「真諦中道」、「世諦中道」以及虛構出這兩種中道的對立。因此他再以「非真非俗中道」來破斥這種語言的戲論，吉藏試圖透過不同範疇、層次概念的提出與層層破斥，來掃除主體的一切偏執和邪見。（李勇，《三論宗佛學思想研究》，頁 124）

74 《三論玄義》：「成假中者，有無為假，非有非無為中。由非有非無，故說有無。如此之中為成於假，謂『成假中』也。」（CBETA, T45, no. 1852, p. 14c2-5）

有非無」也並非最高真理。[75] 因為，「非有非無」仍是語言系統的論述，虛假的語言固然可對治邪見，但也可能虛構出另一個「非有非無」的存在。吉藏的哲學體系即是透過虛假的語言，來指涉真理與對治邪見，並立即反身性的批判與解構，語言所造成的另一層次的戲論。這即是弔詭的「二表不二」循環辯證的方法學和語言哲學。而其「中道」觀除了彰顯不落兩邊的絕待真理外，也呈現出多層次的辯證方法學的性格。

（三）「二表不二」的方法學和語言哲學

吉藏所詮釋龍樹的「中道」，為一不可言說的最高真實，並與方法學意義的「教二諦」間有著「體用關係」。然而，吉藏也將龍樹的諸法不常、不斷意義的「中道」，進行概念、層次的擴充，並置入了語言哲學和方法學意義。龍樹的「俗諦」，則被吉藏解釋為包含「真、俗」兩種方法學之「教二諦」。吉藏將龍樹二諦間的階序性、「方法－目的」關係抹平，詮釋為指向「中道」、「第一義」的「教二諦」。龍樹意義下勝義諦的不可說性，在吉藏卻主張，無論是「真諦」或是「俗諦」都可屬於可言說的方便教化。吉藏的真、俗二諦間並沒有階序的差異，只有因所對治不同「於諦」而有不同的內容而已。也就是兩者在方法論上都是同樣地位的「方便」，並非

75 《大乘玄論》卷 5：「從〈因緣品〉來，本末推求。有亦破、無亦破，亦有亦無亦破，非有非無亦破，非非有非非無亦破。」（CBETA, T45, no. 1853, p. 70c23-25）

更高位階的真理。而「二表不二」的思想，更是吉藏對「中道」、「第一義」與真、俗二諦間，在「真理－方法」或「體用」關係的方法學、語言哲學發揮。

> 所以明中道為二諦體者，二諦為表不二之理。如指指月，意不在指，意令得月。二諦教亦爾，二諦為表不二，意不在二，為令得於不二，是故以不二為二諦體。又，今明二諦是教門，為通於不二。故山中師云:「開真俗門，說二諦教，故二諦是教門。教門為通不二之理，故以中道不二為體也。」此則明教諦不二為體如此。次，辨於諦不二為體者，道無有二，於二緣故二。既知於二，即顯乎不二，故不二為體也。此即於、教二諦，皆有所為，故以不二中道為體也。[76]

吉藏在此把「中道」視為「二諦體」，當作「教二諦」的本質或基礎。[77]而「教二諦」則為「中道」之「顯」或「用」，透過言說系統，來指涉或彰顯「中道」。「中道」是「不二」，而「二諦教」是「二」。[78]也就是，否定常、斷二見，也無法

---

76 《二諦義》卷 3，CBETA, T45, no. 1854, p. 108b22-c3。

77 這種「體」、本質或基礎，並非存有學的根基或認識論的基礎主義（foundationalism）。就中觀學而言，並不存在「中道」這種存有物或是先驗（transcendental）、先天（apriori）的認識要素。在此，以諸法實相的真理觀來理解「體」更適合，而正因為有如此的實相或真理觀當作核心，才可能會開展出對治性的教法。

78 「中道」的「不二」，意味著絕待的「中道」在存有學、認識論、語言

以語言表述的「非有非無」之「中道」，與概念化、二元化的語言層次的「二諦教」本質上是不同的。但這種不同並不妨礙兩者間的「方法－目的」的功能性或語用關係，即是「二諦為表不二，意不在二，為令得於不二。」解脫者弔詭的以分別、相待的語言，來宣說不可言說的絕待真理。如以指來指月一般，目標是「月」，但方法是「指」，這即是吉藏「二表不二」的方法學或語言哲學。

「二表不二」顯示出以分別、相待的語言，來指涉無分別、絕待最高真理的弔詭性。但是，語言的概念化、二元化、別異化（individualization）、分化（differentiation）、[79]客觀化、實在化，以及能所、主客的虛構性格，也容易在指涉真理過程時產生風險，造成理解真理過程的另一種障礙。因此，吉藏透過龍樹《中論》中「四句」的形式，發展出「四重四句」或「四重二諦」的層層否定、超昇的工夫論、方法學、語言哲學。吉藏企圖透過有風險與缺陷的語言、概念來指涉真理，並同時反身性地循環辯證，逐漸掃除語言或邏輯本身所帶來的各種戲論或偏執，進而逐步體證最高真理。

本節討論了吉藏的「教二諦」與「中道」。吉藏不僅將龍樹的二諦觀詮釋為「三諦論」，也提出了「理－教－情」的

哲學甚至方法學層次，都不存在相待、分別、可言說性。而「二諦教」的「二」除了表示「有、無」兩種對治方便之外。在吉藏著述中，也可以理解為語言系統所預設的，分別、相待二元化、概念化、客觀化、實在化與主客、能所對立的認識論的特質。

79 吳汝鈞著，陳森田譯，《中道佛性詮釋學——天台與中觀》，頁 31-32。

結構，[80] 具有存有學、方法學、語言哲學與救度學的意義。龍樹雙邊否定，來顯示諸法無自性、無定性的存有學意義之「中道」。吉藏將「中道」此一概念進行擴充與層次化。他除了依然主張最高真理的「中道」之不可言說性，也帶入了語言哲學和方法學的意義。任何對「中道」的言說都是「假名」，也有產生戲論的風險。因此，必須在不斷指涉「中道」的語言過程中，同時反身性的自我解構。吉藏認為在層層指涉、反身性批判的辯證下，修行者可逐步悟入實相。而這種「二表不二」的思維，其實是建立在「理－教－情」義理的基礎上。吉藏的「四重四句」與「四重二諦」則更極致地發揮，語言的指涉與反身性作用的循環辯證形式。也就是當以「二」（語言、方便）來指涉「不二」（實相）後，依然是以「二」的方式來呈現「不二」，而且可能會產生另一層次的戲論。因此，必須對這種表述「不二」的「二」進行反身性的批判。吉藏借用並擴

80　吉藏完整的基本思想，其實是「理－境－智－教－情」的架構。其可分為兩部分，「理－教－情」說明了解脫者對陷於迷執眾生的救度過程。而「境－智－教」則討論主體的修行和救度他者的過程。解脫者依「境」產生不二之「智」，再由此不二之智，相應於眾生，開展出實權「二智」般若、方便與「二教」。眾生再依「二教」來體證不二之「理」。即是「境」發「智」，「智」說「教」，「教」悟「理」。或解脫者因「理」發「智」而眾生因「教」轉「境」的過程。（李勇，《三論宗佛學思想研究》，頁 126、127）此外，康特認為吉藏的思想架構為「理」內的「本末（境智）不二」和「理」、「教」間的「本跡不二」所構成。前者說明「理」包含了實相之「境」和「境智不二」的主體修證工夫論之兩種意義。後者則是救度學的「理－教－情」過程。（華梵大學康特老師之「佛教詮釋學研究」課程講義，日期：2020.03.02-09）

充龍樹的「四句偈」（catuṣkoṭi）形式，來表達這種哲學思維與操作工夫。

四、吉藏的「四重四句」與「四重二諦」

（一）龍樹「四句偈」的多元詮釋

龍樹的《中論・觀法品》第八詩頌，以看似充滿矛盾的邏輯論證，但又像辯證形式的「四句偈」[81] 來呈現。

> 一切實非實，亦實亦非實，非實非非實，是名諸佛法。
>
> sarvaṃ tathyaṃ na vā tathyaṃ tathyaṃ cātathyam eva ca/
>
> nai'vā'tathyaṃ naiva tathyam etad buddhānuśāsanaṃ// [82]

從邏輯形式上來看，「四句偈」是對於一個命題 P（實）進行肯定、否定、肯定否定的連言，以及否定與否定的否定之連言

---

81 「四句」是印度或漢傳中觀學派常用的論破形式，目的在於滅戲論與彰顯「不可思議」的中觀空義。事實上，類似這種帶有否定意味的遮詮（apoha）敘事方法。在婆羅門教的《奧義書》就認為最高真實「梵」，是不可以語言、概念來指涉的，所以只能以否定論述或遮詮的方式，對最高真實進行描述。而佛陀在《阿含經》所提到的「十無記」或「十四無記」，也透過實效主義（pragmatism）的解脫至上的立場，拒絕回應了數組存在著「四句」的基本形式且互為悖反的形而上命題。不過就哲學意義來說，《奧義書》的遮詮乃是試圖彰顯永恆的「梵」，而佛陀拒絕回應各種形而上的問題，其目的在於強調形上議題與解脫無關。兩者和中觀學以「四句」否定來「絕四句」的滅戲論目的仍有所差異。

82 葉少勇，《中論頌——梵藏漢合校・導讀・譯注》，頁 304。

構成，以邏輯形式為 P，~P，（P∧~P），（~P∧~~P）。對於「四句偈」的詮釋和理解，如同「二諦」一般，引發許多論師或哲學家的興趣，並提出許多質疑和詮釋策略。從「法」（真理）或「教法」的層次來看，「四句偈」到底是一種純粹窮舉法的邏輯論述？還是階層性的辯證法？是多層次的真理觀？抑或主張存在著一個絕對的真理，能透過此形式系統來彰顯？抑或是「四句偈」是對治邪見的教法？此外，從語意學和邏輯來看，「四句偈」的內涵是否可表述為上述的符號邏輯形式？以上這些提問無不在關切「四句」的邏輯一致性、「四句」和真理的關係，以及其宗教救度（soteriology）實踐內涵。大致上來說可分為，存有學意義之普遍性真理的「四句是法」與方法學意義的「四句教法」兩種。[83]

83　關於「四句」的哲學意義，歷來已有許多論師或學者進行各種詮釋，例如：月稱、清辨偏向於對治方法學的解釋、晚近的梶山雄一和吳汝鈞的辯證法詮釋（梶山雄一著，吳汝鈞譯，《佛教中觀哲學》，頁 84；吳汝鈞，《龍樹中論的哲學解讀》，頁 329-330）、楊惠南的多值邏輯詮釋（楊惠南，《龍樹與中觀哲學》，頁 131-162）、Robinson 的量詞化邏輯解釋（Richard H. Robinson 著，郭忠生譯，《印度與中國的早其中觀學派》，頁 95），以及 Deguchi, Garfield, Priest 的 Dialetheism 和 paraconsistent logic 分　析（Jay L. Garfield, Graham Priest, "Nagarjuna and the Limits of Thought," *Philosophy East and West*, 53.1, pp. 1-21. Yasuo Deguchi, Jay L. Garfield, and Graham Priest, "The Way of the Dialetheist: Contradictions in Buddhism," *Philosophy East and West* 58.3, pp. 395-402）等。大致上而言，有些「四句」詮釋的方式，受到西方哲學普遍真理觀的影響。認為看似矛盾的「四句偈」，其目的乃在於表述唯一的普遍真理的「四句是法」。而另一種詮釋方式，例如青目、月稱、清辨的註釋，則主張「四句」強調的是脈絡性的對治教法，也就是四句中每一句都是

「四句偈」作為二諦論述，同時具有對治邪見與境界超昇的辯證意味。無論如何，龍樹的語言哲學也強調著「離四句」的必要性的。如《大智度論》所提到的：

> 畢竟空義，無有定相，不可取，不可傳譯得悟。不得言「有」，不得言「無」，不得言「有、無」，不得言「非有、非無」，「非非有、非非無」亦無。一切心行處滅，言語道斷故。[84]

在透過言說系統，呈現真理與對治邊見後。「四句偈」也可能造成另一種戲論。也就是，四句中的任何一句，在語言形式下，極容易陷入定相或定性的謬誤。[85] 因此，修行主體也必須反身性檢視，是否陷入對「四句」的執取或存有學上的虛構，亦即「離四句」。因為，任何建立在相待、分別的語言論述，都有可能導致別異化、分化、客觀化、實體化與能所的虛構的妄想與偏執。這會導致了對真理整全性、絕待性、不二的錯誤認識。[86] 因此，修行者在以「四句偈」更體證真

針對不同修行層次的主體，而方便的對治性說法，目的在於使修行者證悟真理。所以，呈現出彼此或同一句有著看似矛盾的型態。這種詮釋稱為「四句是教法」。

84 《大智度論》卷 54，CBETA, T25, no. 1509, p. 448b5-8。

85 「定相」在中觀學的脈絡中，通常指事物表徵、屬性、作用具有實在、永恆性。而與「定性」則指事物具有不變的實體。

86 例如，「空」此一概念來指涉最高真理，可能被誤讀為空掃除各種經驗世界存在的事物的「斷滅論」，即是虛無主義。也可能將「空」客體化、

理，破斥各種邪見之後，必須反思性的「離四句」。「四句偈」與「離四句」看似矛盾，但兩者都是解脫的必要方法，從真理觀和語言哲學來看兩者是一致性的。一面透過語言指涉不可說的真理，但又反思語言的虛妄性，唯有如此才能把握最高的實相真理。

（二）吉藏的「四重四句」

從青目、月稱、清辨等註釋家的解釋可知，「四句偈」被視為佛陀對二諦真理的說明，對不同境界眾生的對治性教法，以及修行者境界的超昇。吉藏則透過「教二諦」和「二表不二」的核心思想，將「四句偈」引入了更多方法學、工夫論和語言哲學的意義，而這就是他的「四重四句」。[87]

吉藏在《淨名玄論》、《維摩經義疏》開展了具有方法學、工夫論以及語言哲學的「四重四句」，試圖以「四重四句」的操作達致「無所得」的「中道」體證。而龍樹的「四句偈」，被吉藏以「單四句」來定位。在此基礎上擴充成「複四句」、「重複四句」和「豎深四句」。此外，吉藏也將其判教

實體化，認為存在一個「空」的客體、甚至不變的實體。此外，「空」在邏輯上容易被虛構出另有「不空」的存在。事實上，「空」只是一種概念上的存在，是一種描述諸法因緣和合過程的「假名」而已。

87 吉藏的「教二諦」認為二諦是言教的方法，對治眾生的各種迷誤，以令其悟入真理。也對聖者將「性空」的實體化和執取進行批判。這意味「教二諦」有方法學和對語言反思之雙重意義。事實上，「教二諦」的思想也是「四重四句」的基礎，透過語言作為解脫之方法，但也反思語言的限制，以體證「無所得」真理的辯證過程。

體系鑲嵌入「單四句」和「複四句」中。可以發現，吉藏一方面透過「四重四句」來發揮其中觀學的詮釋。另一方面，也在「四重四句」中鑲嵌入當時的學派，並在「四重四句」否定的形式中，對各學派予以批判。不過，吉藏的目的與龍樹相同，都是在使主體能夠體證最高的「實相」。

相較於龍樹以「無自性」、「空」或實相等概念，來指涉最高真理，以及「空則不可說，非空不可說，共不共叵說，但以假名說」的語言哲學反省。[88] 吉藏更重視的是，修行主體如何透過語言指涉、體證真理的過程中，也能反身性地掃除語言、概念、邏輯所造成的任何戲論。因此，他以動態、循環的層層否定（negation）、辯證的方法，企圖掃除語言的缺陷所造成的任何邪見，以達致「絕於四句」的「非破非立」或「非有非無」的「至道」。[89] 相較於龍樹對諸法無自性、無定性的敘述，吉藏以大量篇幅，反省修行者在理解「空」的過程中，如何透過語言的層層辯證方式，進行語言哲學的反省和妄執的消解。吉藏弔詭地透過有缺陷與虛假的語言，一方面指涉真理，但另一方面，也反身性地掃除以語言指涉真理時，所造作

---

88 《中論》卷 4，CBETA, T30, no. 1564, p. 30b22-23。

89 《中觀論疏》卷 1〈因緣品〉：「教意中凡有二意。一者破邪，二者顯正。佛欲斷如此等諸邪見，即破邪也，令知佛法，故謂顯正也。此是對邪所以說正，在邪若去正亦不留，至論道門未曾邪正。」（CBETA, T42, no. 1824, p. 16a21-25）吉藏的方法重點是「破邪」，當「邪」被破除後，「正」自然顯露，不須另立一「正」。事實上，語言意義的「正、邪」是相待的、無自性的。而以絕待的觀點來看，根本不存在實在「正、邪」可以成立或解構。

的風險與虛構。也就是「以妄止妄」或「以幻止幻」。[90]

然而吉藏的「四重四句」，第一個「單四句」討論了對現象世界諸法存在性的各種可能性之描述。[91]

> 一、有；二、無；三、亦有亦無；四、非有非無。此為單四句也。[92]

吉藏以「有、無」來代替龍樹的「實、非實」。第一句，諸法是存在的。第二句，諸法是不存在的。第三句，諸法某個層次來說存在，另一個層次則不存在。第四句，諸法既非存在，但也非不存在。簡單來說，就是透過「有、無」兩概念的邏輯關係，對現象界諸法的存在狀態進行不同描述，這即是在邏輯的可能上，將諸法存在狀態的各種見解分別列出。「單四句」作為描述現象世界事物存在狀態，即是「對象語言」（object language）。「複四句」則為對「單四句」每一句進行語言哲學上的反省，即是「後設語言」（meta-language）。[93]

---

90 「以妄止妄」或「以幻止幻」承認語言是無自性的，也有落入戲論的風險。但仍有溝通、指涉與批判的作用。

91 吉藏將龍樹的「四句偈」轉為「單四句」。楊惠南認為吉藏「單四句」的目的是窮盡邏輯的一切組合，來思考現象界諸法的存在性的可能性。（楊惠南，《吉藏》，頁 119、120）

92 《淨名玄論》卷 1，CBETA, T38, no. 1780, p. 855c3-4。

93 楊惠南透過語意學（semantics）的對象語言和後設語言，來分析「單四句」和「複四句」。「單四句」在於思考諸法存在性的各種邏輯可能，是存有學意義的，而「複四句」則反省「單四句」的各句的語言哲學意

> 今次複明四句。一者，有有、有無，名之為「有」。二者，無有、無無，目之為「無」。三者，亦有有、有無，亦無有、無無，為「亦有亦無」。四、非有有、有無，非無有、無無，名「非有非無」。[94]

「複四句」針對「單四句」前兩句，進行概念上二元論的分析。如第一句的「有」在二元論下，可分為有「有」與有「無」。[95]而這就是處於「有」、「無」二元對立下的「有」。第二句則討論「無」被分化為無「有」和無「無」。而這種狀態下的「無」並無二元對立情況。第三句同時綜合了前兩句，既有「有」與「無」，但也無「有」與「無」。即是「有」與「無」的對立狀態既存在，但又同時不存在。稱為「亦有亦無」。第四句則同時否定了前兩句，有「有」與「無」之「有」以及無「有」和無「無」之「無」都被否定之「非有非無」。

吉藏在「複四句」的邏輯分析十分繁瑣，但是，其重點在於討論當「有」與「無」此二概念被提出時，語言的二元分

義。（楊惠南，《吉藏》，頁 122）但是，「複四句」與「單四句」的形式十分相似，與「重覆四句」、「鑒深四句」明顯不同。「單四句」和「複四句」兩者其實也可以被視為對象語言。

94 《淨名玄論》卷 1，CBETA, T38, no. 1780, p. 858a9-12。

95 吉藏試圖用語言的二元化特質，導出矛盾或違反事實的困境。例如，「車子」在二元論下，可被分化成「白色的車子」、「非白色的車子」。在此，以「有」、「無」兩個概念進行反身性分化，並進行語意學和邏輯的分析，試圖呈現出語言的虛構和矛盾作用。

化、客體化作用，就開始會虛構出不同的概念與客觀存在物，並生產出原來不存在的衝突、對立關係。也就是，不僅是概念、客體被虛構，連衝突、對立關係也會被虛構。

當第一句的「有」（存在）之概念被提出時，如果以「有、無」（存在、不存在）概念再來二分，就會出現有的「有」（「存在」的存在）與有的「無」（「不存在」的存在）兩種存在物。如果在邏輯形式之外，加入語意學的思考。「無」或「不存在」（abhāva）竟然在語言作用下，有的「無」弔詭地從語言的分化作用下，被虛構為一種客觀存在的「有」。[96] 而此時亦虛構出「存在」的存在和「不存在」的存在間的二元對立的狀態。

在第二句，「無」（不存在）的概念被提出時，如果再以「有、無」（存在、不存在）概念與之二分，則會產生「存在」的不存在和「不存在」的不存在，即是無「有」和無「無」。而「存在」在語言分化下，也會弔詭地成為「不存在」，無論從邏輯或語意學來看，確實都陷入矛盾。此外，「存在」的不存在和「不存在」的不存在，從形式來看是對立的，但是從語意來看，兩者都是不存在，並無對立狀態。[97]

---

96 龍樹在《迴諍論》（*Vigrahavyāvartanī*）也曾提出類似的觀點，「無」的概念，被虛構為「無」的存在物。《迴諍論》卷 1：「譬如屋中實無天得。有人問言『有天得不？』答者言『有』，復有言『無』。答言『無』者語言，不能於彼屋中作天得，無但知屋中空無天得。如是若說一切諸法無自體者，此語不能作一切法無自體。」（CBETA, T32, no. 1631, p. 22a28-b3）

97 在語意或邏輯的各自立場下，無「有」和無「無」的對立狀態出現了不第三句，綜合前兩句，有「有」與「無」，但也無「有」與「無」之「亦有亦無」。一方面認同「存在」的存在和「不存在」的存在，也承認「存在」的不存在和「不存在」的不存在。說明了虛構的存在物與二元對立關係，和存在的自我否定與無二元關係並存。

第四句，有「有」與「無」之「有」以及無「有」和無「無」之「無」都被否定之「非有非無」。全然否定從「有、無」兩概念，在概念分化作用下，一切虛構的客觀性、自我否定性或對立性。也就是還原「有、無」概念的本質，只是單純的「有、無」概念而已。吉藏從邏輯和語意學的分析，拒斥任何二元分化、客觀性、自我否定、自性和對立的想像和虛構。換句話說，此即對語言作用所出現的——「存在」的存在、「不存在」的存在、「存在」的不存在和「不存在」的不存在，其二元分化、客觀化、自我否定性與二元對立之虛構謬論進行否定。事實上，這是弔詭地以分別、相待的語言、邏輯，來反身性批判語言邏輯的各種虛構和謬誤作用。

對「複四句」的語言哲學的反省之後，「重複四句」，即是再度以後設語言來批判「複四句」。

> 次，明重複四句，總上複明四句皆名為「有」。所以然者，有此四句，故悉名為「有」；次無此四句，名之為「無」；亦有四句、亦無四句，為「亦有亦無」；非有四

同的結果。此更可顯示出語言的不確定性或歧義性。

句非無四句，為「非有非無」。[98]

吉藏依然用「四句偈」的辯證形式，反省「複四句」的「有、無」問題。也就是「複四句」存在或不存在，存在又不存在，以及非存在也非不存在。事實上，吉藏似乎擔心，雖然在「有、無」概念，已進行了對二元分化、客觀化、自我否定性與二元對立之虛構謬論進行否定。但作為否定者或反省敘述的「複四句」是否仍陷入語言的陷阱，也就是妄想出客觀存在的「複四句」、客觀存在的「無複四句」、以及兩者間的二元關係，最後，吉藏否定「複四句」和「無複四句」的存在，認為其也只是語言的虛構，但衍生出許多客觀想像和對立關係。不過，對「單四句」、「複四句」、「重複四句」的否定，似乎是根據某種最高的「妙理」或「至道」為基礎的批判。吉藏則開始將重點放在最高真理的存在性問題。

> 鑒深四句。初階絕單四句，次階絕複四句，第三絕複重四句。雖復次第漸深，而或者終謂窈之內有妙理存焉，即名為「有」；若無此妙理，則名為「無」；亦有此理亦無此理，名為「亦有亦無」；非有此理非無此理，為「非有非無」。若然者，終墮四句之內，何有絕四之宗？是故今明生心動念，則便是魔；若能懷無所寄，方為法印。[99]

98　《維摩經義疏》卷 1，CBETA, T38, no. 1781, p. 913a11-15。

99　《淨名玄論》卷 1，CBETA, T38, no. 1780, p. 858b8-15。

吉藏依然透過「四句偈」的模式來檢討此「妙理」或「至道」的存在性。透過層層否定，他認為落入「鑒深四句」中任何一句都會陷入邪見。也就是並不存在一個客觀的最高的真理「至道」或「妙理」，作為批判「單四句」、「複四句」和「重複四句」的基礎。但吉藏並非否定真理，而是認為「至道」或「妙理」是「絕四句」的，不可以語言來論述，而且並非客觀存在的。[100] 吉藏透過嚴密的邏輯分析，和層層的辯證，說明了實相的不可言說性和非客觀對象性。

「四重四句」從「單四句」作為現象世界諸法的各種觀點開始論述。「複四句」則進行對「單四句」所使用的「有」、「無」概念進行窮舉式的反省。吉藏批判「有、無」兩概念，在二元分化、客觀化的語言作用下的一切虛構的客觀性、自我否定性的戲論。而到了「重複四句」吉藏又開始檢討作為否定者或批判方法的「複四句」，是否仍陷入語言的陷阱——客觀存在的「複四句」、客觀存在的「無複四句」、以及虛構出兩者間的二元關係。因此，以「重複四句」來否定「複四句」。最後，吉藏注意到任何批判或解構，可能都是基於某種「見」（dṛṣti）或哲學觀點。對中觀學來說，最高的哲學觀點「至道」，乃是諸法的無自性、無定性。不過，如果「至道」此一概念的使用，在語言的操作下，也容易「墮入四句」，而產生諸多妄執和虛構。因此，吉藏再度指出真理的「絕四句」與「無所寄」。整體而言，「四重四句」中，吉藏透過相待、分別的語言和邏輯，一方面試圖指涉不可說的絕待真理，但也不

---

100 楊惠南，《吉藏》，頁 130、131。

斷反身性解構語言和邏輯造成的各種戲論。

整體來看，「四重四句」包含存有學、語言哲學和方法學的反省，以「破邪顯正」的方式，彰顯出最高真理不可言詮與非客觀性存在。其論證模型或結構都是以 P、~P、P∧~P、~P∧~~P 的「四句」形式進行，並呈現出層層否定的辯證模式。先是從各種存有論的鋪陳開始，再來對概念反思、其後批判方法的客觀存在或實在性，最後檢討最高真理的言詮與存在問題。「四重四句」的每個「四句」都有不同議題，但逐步層層否定、辯證與超昇，最終要達致語言範疇之外的「絕四句」之「至道」。事實上，這種論證模式一方面出於龍樹的「四句偈」形式，另一方面則是吉藏的「教二諦」與「二表不二」、「無所得」的思想。透過言說來指涉不可說的真理，但同時透過言說，來對治言說所產生的戲論。

對比龍樹「四句偈」的二諦說明、對治策略與境界超昇，龍樹宣說了諸法無自性，也檢討了語言的風險和戲論，而吉藏的「四重四句」則是一種主體逐漸超昇且具辯證性的方法學、工夫論和語言哲學。透過以語言指涉真理的過程，同時反身性解構語言的各種虛構和戲論。其具有動態性與層層否定性，弔詭地使用語言、邏輯、語意學，來解構語言與邏輯所造作的客觀化、二元論、矛盾對立等戲論或妄執，以達到「絕四句」的「至道」。這種反身性觀察的語言哲學或工夫論，借用並擴張了龍樹的「四句偈」，開展出吉藏的「教二諦」、「二表不二」與帶有辯證意味的「非有非無」的「中道第三諦」之思想。[101]

101 吉藏也將當時的諸多佛教學派或外道思想，置入「四重四句」的特定位

（三）吉藏「四重二諦」的語言哲學和工夫論

吉藏除了方法性、語言系統的「教二諦」思想外，他也提出兼具「四句偈」和「二諦」的「四重二諦」存在著四組既有俗諦又有真諦的真理觀。[102] 各組「二諦」間，也存在著互相對治、否定關係。吉藏透過各組內以真諦否定俗諦，以及各層次的互相否定，顯示出以語言指涉真理的虛妄，而這也是一種不斷辯證循環的工夫論。

「四重二諦」中不同層次的「二諦」，依照吉藏的觀點應屬於「於諦」，但其互相否定、對治邪見的過程也有「教諦」的意義。[103] 其目標仍在於透過言說的「教諦」，來達致不可言說的「理門」。然而，「以幻止幻」的對治必須透過層層辯證、否定，才能徹底掃除語言的虛妄性，達致真理。「四重二諦」是層層否定、辯證與超昇的工夫論、方法學和語言哲學。此外，吉藏亦將判教系統置入「四重二諦」中，作為一種形式

置，而透過「四句」的否定形式，表達其批判的立場。不過本文限於篇幅，「四重四句」的判教意義暫且不討論。嚴格說來，其並非教義梳理或哲學性的，反而是從各學派抽出「有、無」的關鍵語，並置入「四重四句」中，透過層層否定的形式，表達了吉藏的判教態度。對他來說，「絕四之言」的「妙理」才是最高真理。

102 釋長青認為吉藏在此使用多重二諦，目的在於使一切的極端見解逐步被否定後，修行者的觀點逐步移動到真實教理。（釋長青著，黃國清譯，《吉藏二諦論》，頁 175）

103 以一種真理觀否定了另一種真理觀的偏執，但這種對治固然消解了某些偏執，但仍落入某些邪見。因此，必須再次層層否定、辯證超昇，才能體證實相。

上的批判。[104] 吉藏在《大乘玄論》中開展其「四重二諦」的學說。

> 他但以有為世諦、空為真諦。今明：若有、若空，皆是世諦；非空、非有，始名真諦。三者，空、有為二；非空、〔非〕有，為不二。二與不二，皆是世諦；非二、非不二，名為真諦。四者，此三種二諦，皆是教門。說此三門，為令悟不三。無所依得，始名為理。問：「前三皆是世諦、不三為真諦？」答：「如此。」[105]

依據上述的引文，可以整理為：1.「有」為世諦，「空」為真諦。2.「有、空」皆為世諦，「非有非空」為真諦。3.「有、空」處於二元對立狀態（二）或對立消融（不二），都是世諦。而根本上消除「二」或「不二」的分別概念，「非二、非不二」才是真諦。4. 上述所說均是世諦，否定、超越前三者（不三）才是真諦。

包含了「於諦」和「教諦」哲學意義的「四重二諦」。其結構是每一層真諦否定俗諦。然而，在更高層次的脈絡下，低層的真諦轉為俗諦，又被更高層次的真諦來否定，成為一種辯證循環。第一句，先是以真諦的「空」否定世諦的「有」。

---

104 類似前述「四重四句」一般。從各學派抽出「有、空」的關鍵語，並置入「四重二諦」中可以形式對應的語句中。透過「四句」層層否定的形式，表達了吉藏的判教系統。由於限於篇幅，本文並不詳談。

105 《大乘玄論》卷 1，CBETA, T45, no. 1853, p. 15c5-11。

以「空」的真理批判諸法實在的存有學。其次，第二句，世諦綜合了「有、空」兩種真理觀，而真諦則雙重否定世諦，成為「非有非空」的真理觀。吉藏在此開始注意到「有、空」兩概念，根本無法說明不可言說的「至道」。第三句則關注語言二元論預設，也就是反思第二句的概念使用，存在著二元論和非二元論的衝突。事實上，「二」和「不二」仍都是相待的語言概念，屬於世諦，會產生各種戲論，包含虛構的客觀化或無窮的衍生。因此，必須再度雙重否定「二」和「不二」。最後的第四句，則因前三句皆是語言的表述，仍是一種「有」，[106] 當然並非最高真理，因此必須全然否定。而這也連結到了「四重二諦」的第一句，開啟了「四重二諦」的再循環。因為，第四句的結構，「三」為世諦，「不三」為真諦，可以視為第一句的「有」和「空」之間的關係。吉藏強調「無所依得」才是「理」，而前三句或任何語言都只是為了對治各種邪見的「教」。

「四重二諦」可視為是不斷地否定循環、超昇的體系。不僅同一階層間有否定關係，後一階層亦否定前一階層，第四句再把前三層的主張，視為另一種「有」，並連結到第一層的「世諦」，重新開始另一階段動態的、辯證的否定。這依然是透過語言指涉真理時，同時進行的反身性批判。「四重二諦」有著類似「四重四句」的存有學、語言哲學、方法學、工夫論

106 此時的「有」未必是指「諸法有自性」的他宗。從吉藏從語言哲學立場看來，任何的語言或概念操作，就是一種「有」。容易陷入二元化、虛構的客體化、實在化的可能。

的意義，依然試圖使修行主體理解真理，並掃除語言可能帶來的一切客觀化與二元化之虛構謬論。在不斷動態的循環辯證過程下，把握語言範疇外的最高真理。弔詭地使用語言來層層掃除，任何因語言所導致殘存的戲論或妄執，以達到「絕四句」的「至道」。這即是「四重二諦」關於「語言和真理」間的「方法－目的」關係，也就是「二表不二」。

此外，「四重二諦」每一層真諦對世諦的否定與超昇，也顯示出吉藏特有的辯證意義「中道觀」的開展。透過不同層次的「成假中」（「多一」），來指涉不可言說之「中道」（「一」）。也就是「有無為假；非有非無為中；由非有非無，故說有無。」而這種「中道觀」不僅描述諸法無自性，也包含了語言哲學和辯證的方法。換言之，「四重二諦」的每一層的辯證、否定，都代表以某一個「成假中」來指涉唯一的「中道」。而在層層「成假中」的反身性辯證否定後，修行者逐步對語言系統外「非有非無」中道更能把握。在「四重二諦」的循環辯證中，諸多「成假中」不斷被成立與解構，使修行者逐步貼近「不二」的最高真理。[107] 這意味「四重二諦」也作為工夫論，使主體在透過語言自我省察、反思批判循環中，逐步達致語言外的最高真理。

107 吉藏對於「四重二諦」依然放入其判教系統，將各學派的關鍵語詞抽離出來，與「有、空」、「二、不二」概念搭配，並鑲嵌至各句。透過否定的形式，表達出吉藏的判教立場。

五、結論

本文先從龍樹《中論·觀四諦品》的偈頌，討論「緣起」、「空」、「假名」與「中道」這些概念與其間之關係。這四個概念不僅表達了龍樹的無自性、無定性之存有學立場，也宣說了最高真實一方面超越語言範疇，但又不得不透過語言的語用學、方法學之「假名」語言哲學。關於龍樹的「二諦觀」，歷來學者雖有不同的詮釋進路，但都承認最高實相是超越語言範疇，以及言說系統與最高真理在「方法－目的」上的關係。也就是二諦的「不一不異」。

作為三論宗集大成的思想家吉藏，除了繼承並開展中觀學的思想，也透過《維摩詰所說經》的「不二」理論 和「不可思議解脫」思想，發展漢傳三論宗的中觀學理論。吉藏以語言系統、教法之「教二諦」來詮釋龍樹的「二諦」。在他看來「言教二諦」不僅是通往不可言說的「理」或「中道」之重要途徑，也作為對治「於諦」的方法。而龍樹的離常、斷二見的「中道」，吉藏除了將其視為一不可言說的最高真理外，也加入了辯證、方法學的意義。並發展出有「體用關係」之「中道」和「教二諦」的「三諦論」。即是「二諦為表不二。意不在二，為令得於不二。」的方法學和語言哲學，弔詭地以有缺陷的語言，來宣說不可言說的真理。

此外，吉藏也借用了龍樹的「四句偈」的形式，開展了具有方法學、工夫論、語言哲學以及判教系統的「四重四句」和「四重二諦」。相對於龍樹透過「四句偈」，要來透過對治邪見，顯示出諸法無自性且不可言說的存有學。吉藏更重視修行主體以「四重四句」的智性操作，來體證最高的「實相」。修行主體在透過虛假的語言指涉真理的過程中，弔詭地以虛假的語言，進行反身性動態、循環層層的否定、辯證，掃除語言的缺陷所造成的任何虛構邪見。使修行主體達致「絕四句」的「非破非立」或「非有非無」的「至道」。這也是「語言和真理」間的方法學或語用關係，亦是「二表不二」的不斷循環辯證。

事實上，從吉藏的「中道觀」來看，無論是「四重四句」或「四重二諦」每一層的否定辯證，都是成立一個指涉最高真理的「成假中」。然而，「成假中」仍屬於語言系統，必然存在著某些虛構或偏執。因此必須不斷反身性地否定。吉藏認為在層層循環否定、辯證下，修行者最終必能脫離語言系統的「成假中」，而體證「非有非無」的不可說中道。

龍樹和吉藏作為印度與漢傳中觀學的兩位重要思想家。雖然其核心思想都是中觀空義，但兩者處理二諦、「中道」的方式仍有所差異。龍樹身處印度的論辯傳統中，總是以無自性、無定性的緣起存有學為基礎，透過歸謬論證和兩難式，來辯破論敵的常、斷二見，以彰顯中觀空義。而吉藏身處漢傳佛教傳統，面對龐大的佛教文本與不可說真理之衝突。語言和真理間的弔詭關係，就成為吉藏的關注重點。吉藏發揚龍樹的中觀空義，並借用「四句」的形式，發展出層層否定辯證性的操作方法，試圖從實踐層次，掃除修行者任何戲論以達致最高真理。這其實呼應了吉藏的語言哲學和方法學——「意不在二，為令得於不二」。

* 本文由第二屆「漢傳佛教青年學者論壇」發表之論文修改而來。感謝康特、郭朝順、嚴瑋泓三位老師以及審稿委員的建議，讓筆者獲益良多。

徵引書目

佛教藏經或原典文獻

〔本文佛典引用主要是採用「中華電子佛典協會」（Chinese Buddhist Electronic Text Association，簡稱 CBETA）的電子佛典集成光碟，2018 年〕

《二諦義》，T45, no. 1854。

《入中論》，月稱著，法尊譯，臺北：新文豐出版社，1987 年。

《三論玄義》，T45, no. 1852。

《大乘玄論》，T45, no. 1853。

《中論》，T30, no. 1564。

《中觀論疏》，T42, no. 1824。

《仁王般若經疏》，T33, no. 1707。

《般若燈論釋》，T30, no. 1566。

《迴諍論》，T32, no. 1631。

《淨名玄論》，T38, no. 1780。

《維摩經義疏》，T38, no. 1781。

《維摩詰所說經》，T14, no. 475。

《肇論》，T45, no. 1858。

專書、論文或網路資源等

安井廣濟 1970《中觀思想の研究》，京都：法藏館。

吳汝鈞 1997《龍樹中論的哲學解讀》，臺北：臺灣商務印書館。

吳汝鈞著，陳森田譯 2010《中道佛性詮釋學——天台與中觀》，臺北：臺灣學生書局。

坂本幸男 1956〈即の意義及び構造について〉，《印度学仏教学研究》4.2，頁 341-350。

李勇 2007《三論宗佛學思想研究》，北京：宗教文化。

高野純一 2011《中国中観思想論——吉蔵における「空」》，東京：大蔵出版株式會社。

曹志成 2000〈清辨對「勝義諦」之解釋的研究〉，《正觀雜誌》12，頁 7-52。

梶山雄一著，吳汝鈞譯 1991《佛教中觀哲學》，高雄：佛光出版社。

郭朝順、林朝成 2003《佛學概論》，臺北：三民書局。

陳平坤 2016《《大乘玄論》點校》，臺北：法鼓文化。

楊惠南 1992《龍樹與中觀哲學》，臺北：東大出版社。

楊惠南 1995《印度哲學史》，臺北：東大出版社。

楊惠南 2012《吉藏》，臺北：東大出版社。

萬金川 1995《龍樹的語言概念》，南投：正觀出版社。

萬金川 1998《中觀思想講錄》，嘉義：香光書鄉。

萬金川 1998《詞義之爭與義理之辨》，南投：正觀出版社。

葉少勇 2011《中論頌——梵藏漢合校·導讀·譯注》，上海：中西書局。

釋長青著，黃國清譯 2007《吉藏二諦論》，南投：正觀出版社。

Deguchi, Yasuo, Jay L. Garfield and Graham Priest. 2008. "The Way of the Dialetheist: Contradictions in Buddhism." *Philosophy East and West* 58.3, pp. 395-402.

Garfield, Jay L. and Graham Priest. 2003. "Nagarjuna and the Limits of Thought." *Philosophy East and West* 53.1, pp. 1-21.

Klein, Anne C. 著，劉宇光譯 2012 《知識與解脫——促成宗教轉化知體驗的藏傳佛教知識論》，臺北：法鼓文化。

Monier Williams Sanskrit-English Dictionary (2008 revision), http://www.sanskrit-lexicon.uni-koeln.de/scans/MWScan/2014/web/webtc/indexcaller.php，2019.09.16.

Robinson, Richard H. 著，郭忠生譯 1996 《印度與中國的早其中觀學派》，南投：正觀出版社。

Swanson, Paul L. 著，史文、羅同賓譯 2009 《天台哲學的基礎——二諦論在中國佛教中的成熟》，上海：上海古籍出版社。

The Methodology and Linguistic Philosophy in Jizang's Thought of the Two Truths

Chou, Yen-Lin
Doctoral student of Graduate Institute of Asian Humanities, Huafan University

Abstract

The Nāgārjuna's hymn "That which arises dependently and relevantly is explained as simply being empty. And that which is empty is dependently designated. This is the middle way." expounds the core thought of the Madhyamika school. It not only expresses the ontological view of all things which are absent of intrinsic nature and indeterminate, but also means the ultimate reality is beyond the domain of language yet cannot but rely on language for expression. Besides, Nāgārjuna elaborated his view of the two truths by "Buddhas teach the Dharma correctly depending on the two truths – the conventional truth and the ultimate truth." and "Without depending on the conventional, the ultimate cannot be realized. Without realizing the ultimate, nirvana will not be attained." The two truths are, on the one hand, separate yet, on the other hand, inseparable in the methodology and linguistic philosophy.

The focus of this article is on the linguistic philosophy in Jizang's Madhyamika thoughts, and how he ceased the delusions through false language. Jizang developed a kind of circulate dialectic by using false, risky language to point to the ultimate reality that cannot be said. First, the article will discuss the concept of "arising dependently and relevantly" and the idea of two truths from Nāgārjuna. Secondly, the article will discuss Jizang's "two truths for teaching 教二諦" with meanings of methodological or pragmatics. With Jizang's interpretation of Nāgārjuna's concept of "the two truths," both the two truths are for convenience of the language system, and they are used to countervail various delusions of sentient beings. And then sentient beings can comprehend the ultimate reality that cannot be said. The third part will discuss that Jizang, based on the "truth-method" structure of "two truths for teaching" within language system and "truth" beyond language system, has unfolded "four-fold catuṣkoṭi 四重四句" and "four-fold two truths 四重二諦" to lead to the ultimate reality with dynamic dialectic and cyclical negations. Such layer-upon-layer, cyclical dialectic and negations are applied to carry out different levels of "cheng-jia-zhong 成假中" and to gradually advance to the ultimate truth of "neither being nor non-being 非有非無." Compared with the "catuṣkoṭi" of Nāgārjuna , the "four-fold catuṣkoṭi" and "four-fold two truths" of Jizang means something in linguistic philosophy, methodology , philosophy of practice, and even evaluation of framework of Buddhism. This also shows the core idea of Jizang's "comprehending the indifferentiation through the differentiation 二表不二."

Keywords: Nāgārjuna, Jizang, Catuṣkoṭi, Two truths, Madhyamika

從吉藏「境智教」中道義論三論學派之發展

釋見歡
華梵大學東方人文思想研究所博士生

摘　要

吉藏（549－623）說：「二諦唯是教門，不關境理」，二諦是教抑或是理，他依龍樹（約 150－250）：「諸佛依二諦，為眾生說法。」推展二諦有「於教二諦」。諸佛依實證為眾生說法是「教諦」，藉由「於諦」破除凡聖對有、無的執著。眾生如說而行，則能「因教悟理」，由「於教二諦」推出「二諦是教理」。吉藏開展四重二諦逐層分辨真、俗二諦的中道義，前三層二諦是教，最後一層達到空有無礙，證得圓極真理。由四重二諦證說「二諦是教、是理」，二智是「由識教悟理而生」。二智與二境彼此有發照及能所的關係，從教理與境智的互動，能使學說與實修合一，三論結合「教理境智」構成該學說的實踐體系。攝山僧朗（約 450－550）、止觀僧詮（約 470－580）與興皇法朗（507－581）一脈相承，三論之學能在中土穩定成長乃得力於攝山禪法，以定學支持義學，「教理境智」發揮實踐的功能。但是，吉藏重義學、不重禪修。他極力發展義學，卻無定學支撐他的學說，而令三論學派漸趨於式微。

關鍵詞：二諦、有無、二智、教諦、於諦、二境

一、前言

中國三論學派繼承印度龍樹中觀學派空的思想，宗《中論》、《百論》與《十二門論》為教學典籍而得名。三論學說以緣起性空為思想理論的依據，主性空，又稱「空宗」；闡述般若思想，又稱「般若宗」。

本文主題，從吉藏「境智教」中道義論三論學派之發展，構想源自三論之學最早是由鳩摩羅什（344－413）及其弟子在北方講說，後經由攝山諸師在南方極力弘揚，到吉藏時代又將三論之學傳回北方。筆者於二〇一八年前往西安與南京，實地考察三論學派現今保留的文物與建築，以及三論教學發展的現況。發現僅能從考古資料推測往昔弘傳三論的盛況；至於，三論學說發展的現況與吉藏諸多有關三論的著述相比，呈顯出極大的差異。

論述分二面向，一、是吉藏「境智教」的義理。吉藏特重師承，他指出，學問之體來自師資相傳。[1]三論教學上溯龍樹中觀思想脈絡，吉藏曾引龍樹《中觀論頌》，以「中觀論」三字引申境、智、教義，「以中為境，以觀為智。如說而行為觀；如行而說為論……。通而為言，三字皆中皆觀皆論。」[2]以中道修觀，慧觀是合於中道；依所悟之理，發之言教皆經論所攝，也是合於中道。「中觀論」闡發境智教都具中道義。

在中土，三論學派推什公為始祖，有弟子僧肇（384－

1　《大乘玄論》，CBETA, T45, no. 1853, p. 36c13-14。

2　《三論玄義》，CBETA, T45, no. 1852, p. 13c17-21。

414）常讀老莊玄學，慨歎其思想雖為心要，但棲神冥累之方猶未盡善。在《淨名經》中，他得到法喜。吉藏著作常引用僧肇觀點，如「無住本立一切法」[3]，僧肇以本跡不二解說不思議，指出「非本無以垂跡，非跡無以顯本，本跡雖殊而不思議一也。」[4]就理與事言，理為本，事為跡，吉藏據此說理（同境義）智教三法，理智為本，教為跡。[5]依理說教，以教悟理，理智教為不二之理。吉藏重視僧肇思想，與法朗推崇僧肇的創述有關。[6]

吉藏「境智教」的義理，分別由三論學派的二諦思想與三論學說之「教理境智」進行探究，主要澄清吉藏三論學說中常被混淆或不被重視或不易解說的部份。南北朝時代，他宗多主張「二諦為理」，吉藏依師承倡導「二諦是教」，但在他的論述中也提到「二諦為理」。吉藏說二諦「是教、是理」，有他的脈絡與背景，文中將做釐清。又，理為緣起性空之理，境也有空義，境、理可相通，二者在理路上必有異同處，也是文中解析的部分。

二、從史地與人文的觀點看三論學派的發展與現狀。皇權時代，達官貴人的護持是學派發展的重要因素。什公三論性空之學，經攝山一脈傳到吉藏，他的學養、辯才與能力深得皇室

3　姚秦·鳩摩羅什，《維摩詰所說經》，CBETA, T14, no. 475, p. 547c22。

4　後秦·僧肇，《注維摩詰經》，CBETA, T38, no. 1775, p. 327b3-5。

5　《淨名玄論》，CBETA, T38, no. 1780, p. 872b11-16。

6　《百論疏》：「興皇和上每講常讀肇師〈序〉」。（CBETA, T42, no. 1827, p. 232a14）

器重，三論學派的發展在吉藏時期達到頂點。唐貞觀以後，三論趨向沒落。又遇會昌法難（841－846），各宗經論章疏大量被毀。從唐到清朝，三論學說長期乏人研究，在中土，三論的著述無處可覓。晚清，楊文會（1837－1911）創金陵刻經處，從韓、日取回唐、宋古德章疏。至此，三論性空之學再現中土。

三論學派的發展與現狀，主要探究三論學說興衰之由，尤其在吉藏之後，三論學說更面臨新時代的種種挑戰與問題。筆者擬由吉藏性格與價值觀、政治環境、新宗派興起、宗派競爭等層面進行解析，釐清三論學說趨於衰微的原因。

二、三論學派的二諦思想

二諦是佛教傳統的義理思想，從部派至大乘佛教都談二諦問題。[7] 各宗派依經典不同解讀二諦，對虛妄與真實有不同的判釋，漢傳原始佛典的《增一阿含經·阿須倫品》也有二諦的記載。[8] 佛教東傳深得中土人士敬重，以六家七宗對二諦的討論最為熱絡，相關著作時而可見。當中，三論學派提倡「二諦為教」，有別於「二諦為理」的說法。吉藏分「於教二諦」並開展四重二諦，建立三論學說的特色。

(一) 龍樹的二諦

三論學派尊龍樹為該學說印度的初祖，吉藏二諦義即是

7　廖明活，《嘉祥吉藏學》，頁 125、126。

8　東晉·瞿曇僧伽提婆，《增一阿含經》，CBETA, T2, no. 125, p. 561a18-28。

源於龍樹中觀學說，加以發展。雖然龍樹二諦只出現在〈觀四諦品〉，二諦的重要性，就如吉藏所說，《中論》是以二諦為宗。[9] Robinson 描寫龍樹是以二諦貫穿整部論頌的奧義。[10]

> 諸佛依二諦，為眾生說法。一、以世俗諦，二、第一義諦。若人不能知，分別於二諦，則於深佛法，不知真實義。[11]

諸佛以二諦為眾生說法，目的是要引導眾生從煩惱中解脫，趣入涅槃。凡夫為無明習氣遮蔽，不見法性本空，但見因緣顯現的假法，這是世俗諦（又稱「世諦」、「俗諦」）。不見一切法是空、無自性，這是第一義諦（又稱「真諦」、「勝義諦」）。諦是實義，雖說諦分有二，但非二元對立。佛藉由世俗諦，即因緣所生起的法，解說一切法性空的真實義，啟發眾生的空性智。二諦為一體兩面，具相互義，要領解性空勝義真理，趣入解脫、涅槃，非假借世俗諦言說不可得。龍樹重申佛意，說：「若不依俗諦，不得第一義。不得第一義，則不得涅槃。」[12]

龍樹《中論》卷首云：「不生亦不滅，不常亦不斷，不一

9 《大乘玄論》，CBETA, T45, no. 1853, p. 71a25-26。

10 Richard H. Robinson 著，郭忠生譯，《印度與中國的早期中觀學派》，頁 106。

11 龍樹菩薩造，青目釋，姚秦・鳩摩羅什譯，《中論》，CBETA, T30, no. 1564, p. 32c16-19。

12 《中論》，CBETA, T30, no. 1564, p. 33a2-3。

亦不異，不來亦不出。」[13] 不生亦不滅等「八不」，是為二諦，具中道義。吉藏指出「八不」為諸佛教說之根源，《中論》即以此「八不」定佛法的偏正。他說：「由『八不』故世諦成中道，即世諦義正。由『八不』故真諦成中道，即真諦義正。由『八不』故二諦合成中道，即二諦合正。以三種正故，十二部經八萬法藏一切教正。」[14] 二諦總攝一切法，二諦正則一切正，依憑「八不」顯二諦正。說《中論》以二諦為宗，即以二諦正一切法。

「八不」四對分別是世諦或真諦，各家說法不一。[15] 若此，「八不」諦之義不確定，則不能與因緣顯發一體兩面的作用。吉藏引用青目釋，說明「因緣即是『八不』，『八不』即是因緣」，「若體因緣即是『八不』，……『八不』自是真諦，因緣自是世諦」[16] 確定「八不」四對皆為第一義諦。因緣能體現「八不」之理，「八不」能引導因緣領悟真理，二者的相互性就很明確。

佛為眾生宣講緣起性空之理，龍樹以「八不」為因緣相闡述性空之理。說「空」義，並不是虛無。「空」是無自性，事物變化不同的形相就是憑藉緣起性空。《中論》頌：「眾因緣

---

13 《中論》，CBETA, T30, no. 1564, p. 1b14-16。

14 《中觀論疏》，CBETA, T42, no. 1824, p. 22b3-7。

15 龍樹菩薩造，分別明菩薩釋，唐・波羅頗蜜多羅譯，《般若燈論釋》：「彼起滅一異，第一義遮。彼斷常者，世俗中遮。彼來去者，或言『俱遮』。或有說言『如是一切，第一義遮』。」（CBETA, T30, no. 1566, p. 51c23-25）

16 《大乘玄論》，CBETA, T45, no. 1853, p. 31b17-25。

生法，我說即是無，亦為是假名，亦是中道義。」[17] 龍樹以無（空）說明事物的本質（essences）是沒有自性的存在。[18] 以其無有自性的存在，是畢竟空，無生亦無滅，一切法才能依託因緣變化出無窮的形貌。

緣起與性空有相待義，二者同時並存，〈觀四諦品〉說：「以有空義故，一切法得成，若無空義者，一切則不成。」[19] 性空緣起，以性空故，一切法託因緣生起而成就，故無有一法是不假借緣起而生的自性空。顯然，緣起法能形成一切法是依性空之理。若一切法不是自性空，緣起法是不能起作用。緣起與性空，一體兩面不能分離，二者相輔相成起作用。

從緣起性空說中道，解釋中道義有不同面向。離有、無見，名為「中」，離有、無等邊為中道。[20] 又有「以空無性實，故不可為有。有因緣假名，故不可為無，此即合中與假皆是中道。」[21] 這是依無生無滅的中道與假名不有不無的中道而說的。「中」義是為正，不偏倚。吉藏以無得正觀，即不住、無所著心，觀生與滅不可得，了悟因緣不生不滅是中道。[22] 他將龍樹二諦思想，以無所得正觀，闡述中道不二之理。

Robinson 說龍樹中觀學派「承認非二元對立（不二），可

17 《中論》，CBETA, T30, no. 1564, p. 33b11-12。

18 Richard H. Robinson 著，郭忠生譯，《印度與中國的早期中觀學派》，頁 82。

19 《中論》，CBETA, T30, no. 1564, p. 33a22-23。

20 《般若燈論釋》，CBETA, T30, no. 1566, p. 126b1-17。

21 《中觀論疏》，CBETA, T42, no. 1824, p. 23a27-28。

22 《三論玄義》，CBETA, T45, no. 1852, p. 14a4-5。

是並不肯定一元的單一（不一）。」[23] 對於「一元的單一」，可從吉藏《中觀論疏》中，以小乘生滅論簡別四聖諦，證說大乘的無生滅，來做說明。他說：

> 若一切法空無生亦無滅，如是即無有四聖諦之法，即良證也。問：「生滅論既名四諦，無生滅論是何諦耶？」答：「即是一實諦。如《勝鬘》明一實諦是究竟圓極之性。」[24]

一實諦是大乘之無生滅的觀境，超越二諦之外。《中論》本身就是一部究竟圓極，滿字的論書。從這一觀點，「一元的單一」是可以肯定的。

〈觀法品〉曰：「諸法實相者，心行言語斷，無生亦無滅，寂滅如涅槃。」[25] 一切法無生亦無滅，是寂滅相，不可思議，非言詮能表述。「眾因緣生法，我說即是無，亦為是假名」，諸佛為令眾生理解諸法實相是無生亦無滅，假借名相，用語言文字解說緣起性空之理。吉藏稱之為「於無名相中，假名相說」[26] 諸佛假借名相為眾生宣講緣起性空之理。諸法本自不生，緣起性空，無生亦無滅，也可說緣起不起，緣滅亦不

23 Richard H. Robinson 著，郭忠生譯，《印度與中國的早期中觀學派》，頁 71。

24 《中觀論疏》，CBETA, T42, no. 1824, p. 10b11-15。

25 《中論》，CBETA, T30, no. 1564, p. 24a3-5。

26 《淨名玄論》，CBETA, T38, no. 1780, p. 858b27。

滅。因為緣起是無生，以無自性，不起也是無生，故緣起、不起皆是無生。緣起最初無生，最終無有可滅，故無滅；最初緣不起，最終也無須滅的，故不滅。所以說緣起不起，則緣滅亦不滅。「無名相中，假名相說」承自龍樹的「假名」說，居吉藏論述之重要地位。

（二）吉藏的二諦

吉藏不是中國三論學派最早接收龍樹中觀思想者，但在《三論玄義》中，自述作《三論》旨在「顯正、破邪」。在「顯正」的立場，吉藏與龍樹有共同處；而「破邪」，吉藏因地域與時代[27]有別於龍樹，他直指：「三論所斥略辨四宗：一、摧外道；二、折毘曇；三、排成實；四、呵大執。」[28]吉藏的「破邪」，從他曾列舉自家二諦與他家有十種異[29]，並直言評破成論師的二諦觀可見。

吉藏重視二諦，是總攝佛法之要旨。他繼承其師法朗教說「以二諦為正道」[30]，若能解二諦，對四論「煥然可領」，於眾經皆可了解。[31]他立二諦為三論教學宗旨，並發揮龍樹「諸佛依二諦，為眾生說法」思想，依青目釋文提出「於教二

27 楊惠南，《吉藏》，頁 115。

28 《三論玄義》，CBETA, T45, no. 1852, p. 1a16-17。

29 《大乘玄論》，CBETA, T45, no. 1853, p. 15b15-c5。

30 《二諦義》，CBETA, T45, no. 1854, p. 78a28-29。

31 《二諦義》，CBETA, T45, no. 1854, p. 78a17-21。

諦」。[32]

又依據「於無名相中，假名相說」詮釋真、俗二諦，「明俗真義，真俗義。何者？俗非真則不俗，真非俗則不真。非真則不俗，俗不礙真。非俗則不真，真不礙俗。俗不礙真，俗以真為義。真不礙俗，真以俗為義也。」[33] 吉藏以「真」表「不真」，「俗」表「不俗」，二諦真、俗不二的思想與龍樹從緣起無自性的見解，二者詮釋立場雖然不同，他們同樣肯定破除二元對立（不二）。吉藏進而承認一諦理，是經由不斷地分別二諦，超越中達到的中道之理而得的。

吉藏提出「二諦唯是教門，不關境理」，若二諦不是實理所觀的境，也非所證的實理，依二諦怎樣達致中道之理。擬由二方向：一、從吉藏三論學說所含的兩個特色，「重視師承」與「假名相說」論述吉藏「二諦是教」的本意與作用，以及從「於教二諦」解析吉藏「二諦是理、是教」的說法。二、從三種二諦到四重二諦的中道義，探討吉藏三論學說中二諦是教與理的關係與實踐面向。

1.「二諦唯是教門，不關境理」與「二諦是理教」之義解

《大乘玄論》說二諦義，「蓋是言教之通詮，相待之假稱，虛寂之妙實，窮中道之極號。明如來常依二諦說法，一者世諦、二者第一義諦。故二諦唯是教門，不關境理。」[34] 其中

32 《中論》，CBETA, T30, no. 1564, pp. 32c20-33a1。

33 《二諦義》，CBETA, T45, no. 1854, p. 95a21-25。

34 《大乘玄論》，CBETA, T45, no. 1853, p. 15a14-17。

「二諦唯是教門，不關境理」將三論學的二諦義導向是「教」，而吉藏也說「二諦是理」。《大乘玄論》有「因教悟理，悟理故了教」[35]說教與理關係，但其間二諦怎樣彰顯「是教、是理」的過程，值得重視。

（1）說「二諦唯是教門」

吉藏說「二諦唯是教」，其師承的背景可溯至攝山止觀寺的僧詮。詮公喜好坐禪，樂歸隱山林，[36]人稱「山中師」或「止觀詮」。《二諦義》載：「所以山中師手本《二諦疏》云：『二諦者，乃是表中道之妙教，窮文言之極說。道非有無，寄有無以顯道。理非一二，因一二以明理。故知，二諦是教也。』」[37]說「二諦是教」，是基於詮公藉用二諦的有、無（或有、空）來表述中道非有、非無（或非空、非有）的不二真理，非言說可表達「理」而說的。也就是真、俗二諦以有、無，作為言教表述的方式，顯發非有、無（或非空、有）不二理。[38]

詮公說「二諦是教」，乃「以真俗為教。此是望正道為言」[39]，目的是破他宗以「二諦是境」。六識攀緣六境，故說有

35 《大乘玄論》，CBETA, T45, no. 1853, p. 68b28。

36 唐・道宣，〈慧布傳〉，《續高僧傳》，CBETA, T50, no. 2060, p. 480c9-20。

37 《二諦義》，CBETA, T45, no. 1854, p. 86b1-5。

38 《二諦義》：「故山中師云：開真俗門說二諦教故，二諦是教門。教門為通不二之理，故以中道不二為體也。」（CBETA, T45, no. 1854, p. 108b26-28）

39 《中觀論疏》，CBETA, T42, no. 1824, p. 28c21。

佛無佛，境恆常存在。面對「境」出現迷、悟的差別，不能悟「境」則於六道間來回不止，能悟「境」則能脫離三界，得十地果位。然而照「境」要有「智」，生「智」要有「教」，唯有「二諦是教」，才能「由教悟理」，生「智」照「境」，不為境所迷。三論學說重視「二諦是教」，是從教的用。唯有「二諦為教」才能辨識迷、悟之「境」，由迷趨悟，由此出離。

止觀、興皇二師是依經論闡說「二諦為教」，效法聖人依世俗與勝義二諦為教門教導眾生。《中論》與《百論》說諸佛依二諦為眾生說法。在《大品般若經》也說，菩薩住世俗與勝義二諦為方便為眾生宣講正法。[40]《涅般經》說，佛以二諦方便為眾生說法，該經是以世法、出世法為二諦，[41]別於他經用真、俗假名說二諦。諸佛以言說為眾生講演諸佛修行菩提的實證經驗，自破無明、自得淨目，自解脫而得涅槃的修行過程。[42]如實地教導眾生，倡導以同樣的方法修梵行，可證得大涅槃境界，說「二諦是教」。

如來教化眾生領解一實之道，諸法自性本空，並無「有、無」相互妨礙，其理即為中道不二之理。即如《法華經》說：「門外實無三車，方便說三」，亦即實無二諦，方便說二令悟不二之義。[43]三論學派假借有、無為方便，說有、無為二諦為

40 後秦・鳩摩羅什，《摩訶般若波羅蜜經》，CBETA, T8, no. 223, p. 405a15-18。

41 劉宋・慧嚴等，《大般涅槃經》，CBETA, T12, no. 375, p. 684c15-18。

42 《大般涅槃經》，CBETA, T12, no. 375, p. 712a22-b1。

43 《二諦義》，CBETA, T45, no. 1854, p. 88c8-9。

闡發不二之理。這也是止觀、興皇二師之所以標示「二諦是教」，是「對由來以理為諦故，對緣假說。」[44] 就如以月指月，能識月；若說二諦為理，如同以月指月，不能識月。說二諦為教，作為方便教化用，由教才能悟理。

（2）二諦是理教

二諦雖源自印度原有的佛教概念，到中國也是六家七宗[45] 討論的重點。當時二諦的著述，有僧導（362－457）的《空有二諦論》、劉宋・智林的《二諦論》（425）、周顒的《三宗論》[46]（485）等。梁朝三大成實論師[47] 因二諦觀點差異常與三論學者辯論，吉藏著述中常見到對成實論諸師的評述，而二諦是理或是教，是三論自宗與他宗抗衡的重點。

自、他二宗之差異，吉藏自述三論二諦具有教理，他家不然。依《大乘玄論》舉例，一、從「真俗」定義說，他家以三假為俗諦，絕四句有無為真諦，故說二諦是理。三論自宗以空、有為真、俗二諦，說「空、有二諦是教，非空、非有不二是理。」故說三論的二諦是「有教有理」。吉藏立於對「真俗」定義的差異上，評破他宗是「有理無教」。二、從「有、無相」來說，他家住「有」、「無」故是「有相」；三論自宗以「有」表「不有」，「無」表「不無」，不住「有」、

---

44 《大乘玄論》，CBETA, T45, no. 1853, p. 15a27。

45 唐・元康撰，《肇論疏》，CBETA, T45, no. 1859, p. 163a16-20。

46 梁・慧皎撰，《高僧傳》，CBETA, T50, no. 2059, p. 376a25-26。

47 南北朝成實三論師：開善寺智藏（458-522）、莊嚴寺僧旻（467-527）、光宅寺法雲（467-527）。

「無」，故是「無相」。因為住「有」、「無」的不同，他家住「有」、「無」，唯有二；三論不住「有」、「無」，「有」、「無」為二，「不有」、「不無」為不二，是「有教有理」。吉藏依此評他宗是「有教無理」。三、從「有、無」說「了、不了義」的差別，他家因為住「有」、「無」，不能了義；自宗是了義，說「有」欲顯「不有」，說「無」欲顯「不無」。「有」、「無」顯「不有」、「不無」，故自宗的二諦是了義。[48] 三論學派立於救贖立場，主張「二諦」是「有教有理」，並以此評破成實師，因為眾生必須假借言教為方便悟解深奧教理，才知道實踐之道。

所以，三論以二諦為教學根本，是以「有」、「空」為方便，為教化所依，化導不同根性的眾生。吉藏據此闡說「二諦是教理」義，分三論學說二諦有兩種：一、「於諦」，二、「教諦」，為該宗專有。

吉藏繼承法朗「於諦」與「教諦」的教說，在《大乘玄論》中解說「於、教二諦」的涵義：

> 諦有二種：一、「於諦」，二、「教諦」。「於諦」者，色等未曾有、無，而於凡是有，名「俗諦」；約聖是空，名「真諦」。於凡是有，名「俗諦」，故萬法不失。於聖是空，名「真諦」，故有佛無佛，性相常住。「教諦」者，諸佛菩薩了色未曾有、無，為化眾生故，說有、無為二諦教。欲令因此有、無，悟不有、〔不〕無，故有無是

48 《大乘玄論》，CBETA, T45, no. 1853, p. 15b16-c5。

> 教。而舊義明二諦是理者，此是「於諦」耳。「於諦」望「教諦」，非但失不二理，亦失能表之教。[49]

「諦」意為「實」，凡夫不解諸法性空，以有為諦為實有，是俗諦。二乘賢聖了知凡夫顛倒，以空為諦為實無，是真諦。諸佛教化凡聖，於凡說無，破其執著有；於二乘聖人說有，破其執空，此為「於諦」，又稱「二於諦」、「於二諦」。諸佛菩薩依實證經驗以言說破凡、聖對有無的執著，是為「教諦」，又稱「二教諦」、「教二諦」。

有、無之教，實能表道，是為諦意。[50]諸佛以誠諦之言，藉二諦之有、無，以言說表述諸佛過去的修行經驗，令眾生聽聞教說而悟道，稱「教諦」。說「二諦是教」，是「教諦」。從聖賢說法的立場，「教諦」是能依，藉由聖賢的言說領悟「非有非無」中道不二之理。「於諦」為所依，破除凡、聖對「有、無」的執著，說他家以「二諦是理」，是三論自宗的「於諦」。

「教諦」是為教用，《淨名玄論》云：「雖是有、無，而不有、不無。如此有、無，能開不二，即是教義。」[51]借「有、無」為方便闡發「色等未曾有、無」諸法實相之理，令眾生悟解「非有、非無」中道不二之理。亦即依於「教諦」（二諦是教）顯說中道義，故說三論之二諦「有理有教」。

49 《大乘玄論》，CBETA, T45, no. 1853, p. 23b1-9。

50 《大乘玄論》，CBETA, T45, no. 1853, p. 15b10-14。

51 《淨名玄論》，CBETA, T38, no. 1780, pp. 894c29-895a1。

從「於諦」對望「教諦」而言，1.「於諦」說有、無為二，「以色未曾有、無而作有、無解」，故「於諦」並不表「非有非無」的不二之理，故非理。2.「於諦」為「教諦」所依，不能表教，故非是教。「於諦」既不表不二之理，也不表教，是「謂情所見，皆是虛妄」[52]。此為諸佛以言說假借無、有破除凡與聖對有與無虛妄的執著。

以上論述「二諦是理教」，從教是言說具有教用，能「因教悟理」，故說二諦是理教。理無法用語言文字表達，仰賴言說作為方便，說有、無說非有、無，故二諦唯是教。唯教才能顯理，兩者相即，故說「教理不即不離」[53]。雖然諸佛皆依二諦說法，說二諦是教。但是凡夫以有為俗諦，二乘聖人知道凡夫執有是顛倒，以空為真諦。如來則以「教諦」，破凡聖對空、有的執著是為「於諦」。故諸佛依二諦說法，也依二諦顯出理的內涵。經論皆講說諸法性空之理，吉藏依此提出「空有」二諦無礙，「空有」不二，空有能互用的觀點，[54] 也說明二諦是教是理，教與理「不即不離」。

2. 四重二諦說中道義

二諦為教，假借有、無為二，說非有、無不二之理。為闡發二諦是教理，止觀、興皇有三種二諦，應用多重化、節轉方式分辨真、俗二諦。吉藏承師之說，開展二諦理教的關係：

---

52 《二諦義》，CBETA, T45, no. 1854, p. 91c25。

53 見華梵大學康特老師《大乘玄論》之講義，日期：2018.04.23。

54 《二諦義》，CBETA, T45, no. 1854, p. 85b11-13。

> 第一明，說有為世諦，於無為真諦。第二明，說有、說無，二竝世諦。說非有、非無不二為真諦。汝所問者，只著我家第二節，二是世諦、不二是真諦。〔第三明〕我今更為汝說第三節二諦義。此二諦者，有、無二，非有、無不二。說二說不二為世諦，說非二非不二為真諦。[55]

三種二諦的起因，是為開展二諦是理教。在第二節，「有、無二是世諦，非有、無不二是真諦」。非有無不二之理為真諦不可說，仍有待於俗諦以言說，假借名相演說其義，《中論》的「若不依俗諦，不得第一義。不得第一義，則不得涅槃。」說明真、俗二諦相即，第一義諦理憑藉俗諦言教宣說，俗諦教說依賴第一義諦理內容作引導，趣向佛果。

止觀、興皇開立三種二諦，為教導不同根性者，第一節，說空、有為真、俗二諦，以空破凡夫執有見。第二節，主要破二乘人沉空，不解空、有相即。並同破凡聖有、空之執。「凡夫著有二乘滯空」為世諦；以非有非無，「非凡夫行，非聖人行」，是為菩薩行，為第一義諦。第三節，破有得菩薩仍執二邊。有得菩薩以「二與不二為世諦、非二非不二為第一義諦」，說「二是偏、不二是中。偏是一邊、中是一邊。偏之與中，還是二邊。」[56]開「三種二諦」，為教化三種人說，就如《法華經》欲令悟一佛乘的經意，而假說三乘為方便用。

從教化的對象，三重二諦的架構「從地架而起」，具由下

---

55 《二諦義》，CBETA, T45, no. 1854, p. 90c2-8。

56 《二諦義》，CBETA, T45, no. 1854, p. 91a12-13。

往上，具「漸捨義」[57]，從最下層逐層超越捨棄執著。教化的次第，分別是由凡夫到二乘聖人，由二乘聖人到菩薩行。諸佛先依有、無二諦為教，為眾生說法。第一節，說明凡聖對有、無的不同認知，凡人以有為實，二乘聖人知道諸法性空，有為虛幻，第一重二諦引導凡夫「從俗入真，捨凡取聖」[58]。第二重二諦，以該重的世諦捨棄對前一重真諦的我見。到第三重，真、俗二諦皆要廢。因為真、俗二諦並是謂情，生執著故必須廢。又，說三重為顛倒，是因執著有三，必須廢。[59]

從立廢看三重二諦，為「斷取相煩惱，六道果報謝，此即廢世諦而有真諦之境」[60]佛道懸曠，須經三大阿僧祇劫，永續精進始能成就。在實踐面上，就如三論的多重式的展現二諦「有一種前進，由教到理，結構上是一種循環，同時也不斷地做反身的觀察。」[61]從不間斷地來回反觀己身與己事，真實不虛，漸捨執著而漸次向上。

再從中道義看三重二諦，每一層都具中道義。[62]第一節，說空、有為真、俗二諦。吉藏假名相說，提出：「依凡有說有，有不住有，有表不有。依聖無說無，無不住無，無表不

57 《二諦義》，CBETA, T45, no. 1854, p. 90c26-27。

58 《二諦義》，CBETA, T45, no. 1854, p. 91a2-3。

59 《二諦義》，CBETA, T45, no. 1854, p. 92a9-15。

60 《二諦義》，CBETA, T45, no. 1854, p. 92a7-8。

61 華梵大學康特老師《大乘玄論》之講義與語音檔，日期：2018.05.21。

62 華梵大學康特老師《大乘玄論》之講義與語音檔，日期：2018.06.04。

無。」[63] 第一節，有、無皆為假名，不有、不無為中道之理。第二節，說非有無亦為中道不二之理。第三節，說二說不二、說非二非不二為真諦，是中道義。每一節中有中道義，相對於所教化眾生對空有執著的「漸捨」，眾生對中道理的認識與容受力也漸增。吉藏指出其師的三種二諦的第三節「二與不二，非二與非不二」仍是落入二邊的看法，他提出「二邊故名『世諦』，非偏非中乃是中道第一義諦也。」[64] 以是擴展三重二諦為四重二諦。

〔一者〕他但以「有」為世諦，「空」為真諦。今明，〔二者〕若「有」、若「空」，皆是世諦；非「空」非「有」始名真諦。三者，「空」、「有」為二；非「空」、〔非〕「有」為不二。二與不二，皆是世諦；非二、非不二，名為真諦。四者，此三種二諦，皆是教門；說此三門，為令悟不三，無所依得，始名為「理」。[65]

吉藏依《中論》不能分別於二諦，不知佛法真實義。以分別二諦建構四重二諦，他的用意也是以此評述他家真、俗二諦。[66] 四種二諦以三重二諦為基，前面一層的真、俗二諦節轉為後一層的世俗諦，與之對立者為該層的真諦。至第四層，前三層的

63 《二諦義》，CBETA, T45, no. 1854, p. 78c22-23。

64 《二諦義》，CBETA, T45, no. 1854, p. 91a13-14。

65 《大乘玄論》，CBETA, T45, no. 1853, p. 15c5-10。

66 《大乘玄論》，CBETA, T45, no. 1853, p. 15c13-23。

二諦皆為教門，以此悟「不三」。以無所依得，不住有、無，空、有相融無礙，證得圓極真理、解脫的境界。

吉藏四重二諦依三種二諦「從地架而起」的架構，前「三種二諦皆是教門」到第四重「始名為理」，在此顯發二諦是教是理，二者相即，對教理轉境與生智，提供了具體方向。可說四重二諦鋪設出教理、理境與境智，在實踐上互相交融的體系。

三、三論學說之「教理境智」

四重二諦證說三論學說的二諦有教與理，並在最高層次獲得圓極真理、解脫的境界。實踐過程中，眾生藉由二諦教領悟性空之理，由悟理而生智，由智照境。三論以二諦為宗，根據二諦是教理的基礎，建構「教理境智」作為三論教學的實踐體系。緣起性空為「理」，吉藏也以「境」說空。本文，將先確定「境」與「理」在三論學說的異同與應用。其次，智是「由識教悟理而生」，智與境有發照能所作用，將論述二智之用。最後，從境智與教理的循環作用，論述「教理境智」之間的互動。

(一)理境之辨

「理」為「非有、非無」、「非真、非俗」不二中道之理，由教悟理。而境為行，遇境而修，達於理境。吉藏的境與理大底相同，但仍有差別。1.「因教悟理」，由教說明「緣起性空」不二之理，表明「教」與「理」對應。2.「照空為境」，智觀境為空性，顯「境」與「智」相對應，判別境與理的不同。

首先，以《十二門論疏》，說境與理的應用。「門」具有通達意[67]。

> 問：「為用理為門，以教為門？」答：「具含二義。〔壹〕理為門者，凡有三義：一、至理虛通當體稱『門』。二、理能通生觀智，則境為智門。三、理能通教，則體為用門。〔貳〕教稱為『門』，亦具三義：一者無礙之教當體虛通，故名為門。二、教能通理，教為理門。三、因教發觀，則境為智門。」[68]

先從理為門說，「理能通生觀智，則境為智門」，即如《淨名玄論》：「識教悟理，發生二智。」[69] 二智「內照二境為行，外彰神口為說。」[70] 聖人悟理是以權、實二智內觀二境為行，外以二諦教說實證經驗。依境起行，境為生智的途徑。次從教為門說：「因教發觀，則境為智門」，「聖人如行而說，眾生稟二諦教，則如說而行。」[71] 就眾生說，稟持聖人實證的二諦教說，如說而行，內照二境而行，發生二智。依境起行，境是發智的途徑。

67 《十二門論疏》，CBETA, T42, no. 1825, p. 175a10-11。

68 《十二門論疏》，CBETA, T42, no. 1825, p. 175a21-27。

69 《淨名玄論》，CBETA, T38, no. 1780, p. 868c15。

70 《淨名玄論》，CBETA, T38, no. 1780, p. 868c10-11。

71 《淨名玄論》，CBETA, T38, no. 1780, p. 868c13-14。

其次，從本迹分辨理與境在應用上的差別。

> 若次第論之，不出三法。一、理。二、智。三、教。理能發智，則理為智本。智能說教，則智為教本。今以理、智對教，故理、智皆是其本，則以教為迹。理、智為本者，不二即是理。權、實及六度四等，皆是悟理，故成所以。肇公云「語宗極」，則以不二為言。理、智雖皆是本，但理是本中之本，故名宗極。[72]

「本迹是因緣義，非本無以垂迹，非迹無以顯本。」[73]從本迹看理、智、教，眾生依權、實及六度四攝等言教認識性空之理，因「識教悟理，發生二智」，是由教顯理生智，故教為迹，理智為本。「理能發智」，智能說教顯理，故說理為智本，理以智為迹。至於，境與智不具本迹次第，「真、俗二境，發權、實兩智，……由境發智，由智照境。」[74]境為能發，智為所發；智為能照，境為所照。境與智具有互為發照的能所關係。

最後，真、俗二諦為「教」對應「理」；真、俗二境的「境」與「智」相應。從「真、俗」之意，分辨理與境。

> 問：「真、俗二諦，為是教名，為是境稱？」
> 答：「約能化、所化，互望不同。就能化為言，內照真

72 《淨名玄論》，CBETA, T38, no. 1780, p. 872b12-18。

73 《淨名玄論》，CBETA, T38, no. 1780, p. 872c17-18。

74 《淨名玄論》，CBETA, T38, no. 1780, p. 868c7-10。

俗，故真、俗名『境』。外為眾生，依二諦說法，故真、俗名『教』。就所化為言，稟於真、俗，別〔則〕真、俗名『教』。因真、俗，發生二智，真、俗名『境』。然此真、俗，未曾境教。」[75]

約能化，聖人內照真、俗二境而證悟真理，發生二智；外依真、俗二諦為眾生講說實證的經驗是為教。內照二境悟理而生二智。約所化，眾生遵從聖人真、俗二諦之教說，內照真、俗二境，發生二智。依教內照二境而生二智。境理的分別，三論學說以真表不真，俗表不俗，真、俗表不二理。[76]真、俗為教，能通不二理，教與理相應。若對二智，真、俗為境，智與境相應。

（二）二智之用

二智在「教理境智」的三論教學實踐體系中，居樞紐地位。吉藏稱二智為「眾聖觀心法身父母」，通解二智義「則方等眾經，不待言而自顯。」[77]經論為聖人修行的教說，二智可通達二諦教，並是觀心成就法身的依持。吉藏歸納大乘經典不同面向詮釋二智權實義，有四種二智。[78]

首先，般（波）若教二智，以「照空為實」、「鑒有為權」說二智。空、有是與菩薩觀十二緣起所修的中道妙觀，緣

75 《淨名玄論》，CBETA, T38, no. 1780, p. 868c17-22。

76 《大乘玄論》，CBETA, T45, no. 1853, p. 16c26-29。

77 《大乘玄論》，CBETA, T45, no. 1853, p. 49a11-12。

78 《法華玄論》，CBETA, T34, no. 1720, pp. 394c2-395a6。

離斷、常兩邊相契合。[79] 菩薩以鑒空照有為權、實二智，自行為主。《淨名經》云：「智度〔般若〕菩薩母，方便以為父，一切眾導師無不由是生。」[80] 吉藏根據龍樹《大論》中分菩薩道有二：一、般若道，二、方便道。[81] 般若與方便，本體是一，般若中有方便，方便中有般若。菩薩得般若波羅蜜實相，欲滅度。以方便力，故不證涅槃。菩薩為具足功德不取證涅槃，以方便力入菩薩位。住菩薩位中，知般若甚深微妙無文字法，引導眾生，是名「方便」。[82] 淨名二智是同於波若二智。《般若》二智以「照空為實」、「鑒有為權」；《涅槃》乃至《華嚴》諸方等經等通用。

其次，淨名教二智，以動、靜分二智，「內靜鑒為實」、「外動用為權」。菩薩以「內靜鑒為實」作為自行，以「外動用為權」用化他。自行、化他通為一切菩薩正行所依之二德，方等諸經都以動、靜辨菩薩行，故二智可貫通諸經。

接著，法華二智是以「鑒一為實」、「照三為權」表二智。以照三為權智，鑒一為實智。「空為乘本，……若境智空有皆屬一乘，三乘亦爾。」[83] 若境、若智，俗之與真皆為一乘，唯諸佛菩薩法門能知，非凡夫二乘有所得心能知。吉藏指出，照三鑒一說二智也出現在《波若》後分，根機未熟，不以三一

79 唐・玄奘，《大般若波羅蜜多經》，CBETA, T6, no. 220, p. 787b18-20。

80 《維摩詰所說經》，CBETA, T14, no. 475, p. 549c2-4。

81 《大智度論》，CBETA, T25, no. 1509, p. 754b29。

82 《大智度論》，CBETA, T25, no. 1509, p. 754c3-14。

83 《法華玄論》，CBETA, T34, no. 1720, p. 395a9-11。

表明。但在《大品・畢定品》引用到《法華經》退、不退的涵義，[84] 說明照三、鑒一表二智，並不局限《法華》。

最後，涅槃二智以「照常住為實」、「鑒無常為權」表二智。吉藏引〈法尚品〉說，無生法是無生無滅、無來無去，是寂滅，即是佛。諸佛如、諸法如，一如無分別，是如常一。[85]「諸佛色身有去來，法身無去來」，色身指佛的應身有去來，是無常，為權智。法身佛、報身佛無去來，是常住，為實智。[86]

四種二智各具權實義，通為菩薩位以上聖者的修行，凡夫二乘不能得解。眾生多為妄心與煩惱所擾，故無有二智；諸佛菩薩知一切法性空，能了知「心、惑不見一、異，既無一、異，則非心、非惑。不智、不愚，亦不權、不實」[87] 皆為不二，不可得，為眾生故以不二為體開設二智。

略說權實有三義，一、權實有相資義，「權得以實為義，實得以權為義。」[88] 二、權實互為義，「二智皆如實而照，並名為『實』，皆有善巧悉稱『方便』。」[89] 三、如「顯道釋」所示，「權」表「不權」，「實」表「不實」，一切權實法能表「非權」、「非實」之中道。[90] 吉藏從諸多面向解說二智，

---

84 《大乘玄論》，CBETA, T45, no. 1853, p. 57b9-11。

85 《摩訶般若波羅蜜經》，CBETA, T8, no. 223, p. 421b26-c11。

86 《維摩經義疏》，CBETA, T38, no. 1781, p. 917a3-5。

87 《法華玄論》，CBETA, T34, no. 1720, p. 394b28-29。

88 《法華玄論》，CBETA, T34, no. 1720, p. 394a17。

89 《淨名玄論》，CBETA, T38, no. 1780, p. 878b2-3。

90 《法華玄論》，CBETA, T34, no. 1720, p. 394a17-20。

是成就法身的關鍵，「欲求大覺者豈不學之！」[91] 他曾以《法華》四種二智，來對應佛法修學「信解行證」的過程，分因與緣證說十信終至等覺，到妙覺地的成就。[92]

如前述，眾生因教悟理，而生二智；智依教所說，照境起修。教與理相應，智則與境相應。《大乘玄論》述，境為智本，智為境本，境、智不各自獨立。境智有發照之用，二智照二境，二境發二智。依能、所關係，從「照」說，智為能照，境為所照；從「發」說，境為能發，智為所發。[93] 依《二諦義》云：「稟教得悟，發生二智，教轉名『境』。若不悟即不生智。」[94] 眾生稟教悟「有表不有、無表不無」不住有無的中道之理，則教轉為境，能生二智，教由此因緣得名「境」。若不能依教如法而行，理不能悟，智不能生，也無境可照。《淨名玄論》說：「由斯二慧，法身得生，故名『法身父母』。」[95] 稟教識理生二智，得生法身父母，反之，則不然。從教識理，轉教為境，境、智相應，產生發照作用，才得成就眾聖法身。

（三）「教理境智」之運作

「教理境智」為三論學派的實踐的體系。「教理境智」，教為真、俗二諦，由識教悟中道不二之理；境為真、俗二境、

91 《法華玄論》，CBETA, T34, no. 1720, p. 395c24-25。

92 《法華玄論》，CBETA, T34, no. 1720, p. 396a21-24。

93 《大乘玄論》，CBETA, T45, no. 1853, p. 55b3-11。

94 《二諦義》，CBETA, T45, no. 1854, p. 86a20-21。

95 《淨名玄論》，CBETA, T38, no. 1780, p. 866a18-19。

智為權、實二智。說二諦是教門，「因教入理」，故說「教為理門」，此辨其不思議體之用。約能化，聖人內以二智照真、俗二境；於外，以真、俗二諦為教，如行而說。約所化，眾生遵循真、俗二諦教，如說而行，發生二智，智、境相互發照。從「真俗」論，二諦是教，與不二之理相應；對二智，則真、俗是為二境。[96]

吉藏依《中論》「八不」教體，說教智，「初明教體，即是二諦。次明教用，即是二智。所以先明二諦，次明二智者，然諦智未曾一二，不二而二。」[97]諦與智的教用關係，「先明二諦，次明二智」是就論主龍樹立場，稟佛的二諦發生二智，說諦智不二。而在聖人的立場，「如來內智明了外照根緣，故說二諦言『教』。內有二智，外說名『諦』。」[98]聖人二智於內，能照外在根緣塵境，是自性空。於外，假借語言文字宣說，其實修經驗是為「教諦」，亦稱「諦」。

「如來常依二諦說法」，說法次第是「先明二諦，後明二智者，……為令眾生發生二智故也，望佛從本至末，望緣即是因教發智也。」[99]聖人內蘊藏智慧，能以二諦教化導眾生。聖人目的，期望眾生依二諦教領悟真理，產生二智。眾生稟二諦教怎樣「如說而行」，必須修三慧，「聞慧則藉教而生，思修因理而發〔智〕，是故教理俱發〔智〕觀

96 《淨名玄論》，CBETA, T38, no. 1780, p. 868c17-25。

97 《中觀論疏》，CBETA, T42, no. 1824, p. 9b19-21。

98 《中觀論疏》，CBETA, T42, no. 1824, p. 9b22-24。

99 《中觀論疏》，CBETA, T42, no. 1824, p. 9b26-29。

〔境〕。」[100] 依教識理生二智，轉教理為智境，《二諦義》說：「然『教諦』亦名『二諦』，亦名『二境』，亦名『二智』。」[101] 由教能生智，智於內，內照境。境、智互為本，境、智照發，互為能、所而轉稱的。從上論述，眾生藉教悟理，而教、理俱能發觀。依此，形成三論教學「教理境智」完整的實踐體系。

四、三論學說在中土之發展

三論學派以龍樹造的《中論》、《十二門論》與提婆造的《百論》，並以《淨名》、《法華》等大乘經典為該學說的經論。吉藏依循師承由經論中的二諦教與二智開展出「教理境智」的體系。本文從這一實踐系統在三論學派發展過程所發揮的功用，審察理論與實踐合一的必要與可行性。首先，以中土三論之學的發展作為吉藏一生受帝王重視與教導門人的學思背景。次，解析三論學說在吉藏之後沒落的因素。最後，從「教理境智」之義理觀點，審視三論學說的實踐狀況。

鳩摩羅什於逍遙園[102] 譯《大品般若》，於大寺譯《中論》、

100 《十二門論疏》，CBETA, T42, no. 1825, p. 175a28-29。

101 《二諦義》，CBETA, T45, no. 1854, p. 97b22-23。

102 西安草堂寺位於陝西省戶縣（西安市西南部）圭峰山北麓，距西安五十公里，為三論祖庭。此寺常被認為是後秦姚興所建的逍遙園。據僧叡，〈大品經序〉：「以弘始五年〔403〕歲在癸卯四月二十三日，於京城之北逍遙園中出此經。」（引自梁‧僧祐，《出三藏記集》，CBETA, T55, no. 2145, p. 53b3-5）草堂寺與逍遙園當分屬不同的兩處。

《十二門論》等。湯用彤說：「什公最重般若三論。」[103] 這與什公的師承有關。什公隨須利耶蘇摩 [104] 學大乘，須利耶蘇摩之師羅睺羅多是提婆的弟子。[105] 什公弟子僧肇與曇影等也多偏向對般若與三論性空學的研究，[106] 並於北方弘揚，對三論學說後來在南方的發展有間接的影響。僧肇為二祖。肇公志好玄微，讀《淨名經》知所歸依處而離俗出家，[107] 其思想對吉藏頗有影響。

攝山僧朗是遼東人，法度（437－500）弟子。距僧肇約半世紀，活躍於四五〇至五五〇年間，值南北朝成實與涅槃二學派盛行時期。朗公精通三論，自成一家，與成實師辯論，極力復興三論之學，為三祖。湛然描述，「於時高麗朗公，至齊建武〔494－497〕來至江南，難成實師，結舌無對，因茲朗公，自弘三論。」引同文「至梁武帝勅十人止觀詮等，令學三論，九人但為兒戲，唯止觀詮習學成就。」[108] 從〈攝山三論「三師」研究〉[109] 知梁武帝對三論學說的發展，功不可沒。此事詳

103 湯用彤，《漢魏兩晉南北朝佛教史》，頁 314。

104 〈鳩摩羅什傳〉：「蘇摩才伎絕倫專以大乘為化，……為什說《阿耨達經》，什聞陰界諸入皆空無相，……什方知理有所歸，……因廣求義要，受誦《中》、《百》二論及《十二門》等。」（《高僧傳》，CBETA, T50, no. 2059, p. 330c12-24）

105 劉果宗著，《中國佛教各宗史略》，頁 264。

106 楊惠南，《吉藏》，頁 9。

107 〈僧肇傳〉，《高僧傳》，CBETA, T50, no. 2059, p. 365a10-14。

108 唐・湛然，《法華玄義釋籤》，CBETA, T33, no. 1717, p. 951a21-25。

109 董群，〈攝山三論「三師」研究〉，頁 165-177。

載於陳江總持〈棲霞寺碑文〉，[110] 此碑至今仍保留於攝山棲霞寺前的廣場側邊。

僧朗弟子僧詮，繼承三論宗風，為四祖。僧朗弟子僧詮，繼承三論宗風，為四祖。僧詮的弟子眾多，其中著名的四位，時人稱為「詮公四友」，為三論學說於南方之弘傳奠定根基。

> 初攝山僧詮受業朗公，玄旨所明惟存中觀。自非心會析理，何能契此清言？而頓迹幽林，禪味相得。及後四公往赴，三業資承。爰初誓不涉言，及久乃為敷演。故詮公命曰：此法精妙，識者能行，無使出房，輒有開示。……朗等奉旨，無敢言厝。及詮化往，四公放言，各擅威容，俱稟神略。〔慧〕勇居禪眾，〔智〕辯住長干，〔法〕朗在興皇，〔慧〕布 [111] 仍攝領，福門宏敞慧聲遐討。[112]

110 「僧朗法師者，……早成波若之性，夙植尸羅之本，闡方等之指歸，弘中道之宗致，……天監十一年（512），帝乃遣中寺釋僧懷，靈根寺釋慧令等十僧，詣山諮受經論大義。」（清・唐時編，〈金陵攝山棲霞寺碑〉，《如來香》，CBETA, D52, no. 8951, p. 1093a2-8）

111 慧布為梁、陳時（518-587），廣陵（江蘇省）人。詮公之後，住持攝嶺棲霞寺。《續高僧傳》〈慧布傳〉說布，「誓不講說，護持為務。」（CBETA, T50, no. 2060, p. 480c20）陳朝諸王對慧布極為恭敬，布也為諸王受菩薩戒。布始終關心著攝山，邀請保恭（540-621）建立攝山栖霞寺。江總記慧布「貞節峻遠，貫綜三乘。不白媒衒，楷模七眾，無所詆訶。」（〈金陵攝山棲霞寺碑〉，《如來香》，CBETA, D52, no. 8951, p. 1094a1-2）

112 〈法朗傳〉，《續高僧傳》，CBETA, T50, no. 2060, p. 477c5-15。

從時代環境的考量，僧詮之所以隱居林野，這與他認為少有人能理解中觀玄義有關。加上成實師仍盛行，故約束弟子，不得對外開演三論之學。詮公弟子各有專才，還有弟子，慧峰（501－560）以研律著稱，居棲霞寺。[113]

法朗，徐州沛郡（江蘇省徐州市）人，梁大通二年（528）於青州出家。曾遊學楊都，修學禪法、律、《成實論》與《毘曇》，後感於「龍樹道風，宗師不輟」[114]。遂至止觀寺隨詮公學四論。陳永定二年（558）奉敕入住興皇寺。[115] 他開講三論與諸經，中興三論宗風，為五祖。法朗弟子眾多，號稱「二十五哲」，分布南、北講三論之學。卓著者，有慧哲、智炬、明法師與吉藏四人。[116]

吉藏集三論大成，為六祖。吉藏為弘揚龍樹中觀學說於中國南、北的重要人物。他的著述不但保留三論學說的內容，也論及《淨名》、《法華》、《涅槃》等經典，同時更保存了南北朝流行的攝論、地論與成實師等諸學派現早已散失的佛教史料。[117]

（一）吉藏與三論之學

就中國三論學派的發展而言，僧朗、僧詮與法朗主要在南

113 劉果宗，《中國佛教各宗史略》，頁 288。

114 《續高僧傳》，CBETA, T50, no. 2060, p. 477b17-18。

115 《續高僧傳》，CBETA, T50, no. 2060, p. 477b11-24。

116 吉藏其他同門，可考證的有羅雲、慧哲、法安、法澄（或為「登」）、道莊、智炬、慧覺、小明法師、曠法師、智鍇（或為「諧」）、真觀等。（湯用彤，見《漢魏兩晉南北朝佛教史》，頁 762-763）

117 韓廷傑，《三論宗通論》，頁 57。

方弘傳三論學說，而吉藏將三論學說再傳回北方，使三論學說流傳於中國南、北。之後，中國三論學說卻趨向沒落。筆者擬從與他有關的人物、地域、宗派等，探究三論之學沒落的原因。

1. 吉藏與其駐錫處

吉藏，祖籍安息（伊朗）人，生於梁武帝，至唐高祖年間。[118]《續高僧傳》記載，吉藏於受具足戒後，就受到陳朝桂陽王的賞識。陳朝滅亡（589），吉藏離開金陵（今南京），住會稽（浙江省紹興南）嘉祥寺九年，世稱「嘉祥大師」。

隋開皇末年，晉王楊廣在江南建立四道場，「慧日、法雲，廣陳釋侶；玉清、金洞，備引李宗。」[119] 援引佛、道傑出人才。楊廣邀吉藏進駐慧日寺。開皇十九年（599），同楊廣到長安（陝西省西安市），住日嚴寺[120] 近二十年。根據陝西省

118 《中論疏記》：「〔嘉祥〕碑云：『法師自少迄長經歷三代，即陳至大唐。』」（《大正藏》冊 65，第 2255 號，頁 3 上）陳永定元年（557），梁滅，陳建國，吉藏八歲，孩童時代，碑文不提梁代。

119 〈義解篇〉，《續高僧傳》，CBETA, T50, no. 2060, p. 549b1-2。

120 武德元年（618）居實際寺，則吉藏住日嚴寺有十九年（599－618）。（見《中論疏記》，《大正藏》冊 65，第 2255 號，頁 2 下）日嚴寺在西京長安青龍坊西南隅。「煬帝時為晉王〔開皇元年至二十年，581－600〕，於京師曲池營第林，造日嚴寺。」（見《續高僧傳．彥琮傳》，CBETA, T50, no. 2060, p. 437a25-26）開皇十二年建日嚴寺。宣祖載：「余本住京師曲池日嚴寺，寺即隋煬所造，……至武德七年（624）日嚴寺廢。」（見唐．道宣撰，《集神州三寶感通錄》，CBETA, T52, no. 2106, pp. 405c27-406a4）日嚴寺自隋楊廣建寺至唐高祖時，寺歷時僅三十二年，在佛教史上，日嚴寺成立的背景，起於當時隋朝政權，延攬的多為北方名僧。楊廣平陳後建日嚴寺是為「融會南北」，具相當意義：「（一）在京城中，日嚴寺保持江南佛教義學傳統為特色。（二）對中

社會科學院歷史宗教研究所王亞榮之研究，「此寺即日嚴寺，易被忽略。蓋因其存世時間較短，與延至唐代的其它名寺相比，確為曇花一現。」[121]

唐武德初年（618），吉藏擅於言辭，被推為十大德，綱維法務、管理僧尼。[122] 當時吉藏住在長安實際寺和定水寺，二寺皆位於唐都的長安太平坊，為名副其實的天子腳下。[123] 此處方便於上朝，達官顯貴多居此。[124] 當時，齊王元吉（唐高祖子）也邀他入住延興寺。[125] 綜觀，吉藏駐錫寺廟，從會稽嘉祥寺、

土佛教義學的發展貢獻，與南方天台宗的成立相呼應。（三）日嚴寺樹起了三論宗的旗幟。（四）南僧的聚集塑造佛教南北朝時代結束的一個標誌。」（見王亞榮，〈日嚴寺考——兼論隋代南方佛教義學的北傳〉，《中華佛學學報》12，頁 193、199）法朗弟子有二十五哲，宣祖僧傳載，法澄、道莊、智炬與吉藏都被延入日嚴寺，三論學說成為日嚴寺重要的一門義學研究。如，慧頵善儒道之學，剃度後，密誦《法華》，並隨解法師學《成實》。開皇末年（600）入京住日嚴寺，「于時晉王開信盛延大德同至日嚴，並海內杞梓遞互相師，……乃歸宗龍樹弘揚大乘，故得《中》、《百》、《般若》、《唯識》等論。」（見〈慧頵傳〉，《續高僧傳》，CBETA, T50, no. 2060, pp. 533c24-534a8）

121 王亞榮，〈日嚴寺考——兼論隋代南方佛教義學的北傳〉，頁 192。

122 野上俊靜等著，釋聖嚴譯，《中國佛教史概說》，頁 74。

123 趙弘毅，〈西北大學考古新發現述評〉，《西北大學學報》87（哲學社會科學版），頁 84。

124 見宋・宋敏求撰，《長安志》卷 8：「朱雀街西第二街北，當皇城南面之含光門，街西從北第一太平坊。坊內有隋尚書左僕射趙士茂宅，西南隅溫國寺，本實際寺，隋太保薛國公長孫覽妻鄭氏捨宅所立。西門之北定水寺，隋荊州總管上明公楊紀以宅立寺。」（線裝）

125 「武德元年居實際寺，二年敕請住會昌寺，三年敕置大德十人。」（《中

慧日寺，到長安實際寺、定水寺、會昌寺和延興寺，都是由皇家達官貴人所建造，[126] 他的一生也受到貴族的推崇和敬重。

2. 吉藏門人

吉藏弟子多具才能之士。慧遠（597－647）誦持《法華》常有靈感事迹，[127] 在藍田山（陝西省藍田縣）悟真寺[128]，講《法華》，聽者常受其感動。嘉祥寺智凱（？－646），丹陽人，聽吉藏講《法華》，由火宅喻了知無我之理，故即出家。[129] 後在越州（浙江省紹興市）靜林寺講三論、《大品般若》等經，[130] 是吉藏弟子中弘揚三論學說最具代表者。[131] 定水寺智凱（生卒年不詳），楊都人，跟吉藏學三論，深解三論深奧哲理，[132] 後來專學子史，遠離三論義學。智拔（573－640），湖北襄陽人，悟《法華》諸佛出世大意，誓願讀誦、受持弘揚《法

論疏記》，《大正藏》冊 65，第 2255 號，頁 2 下）

126 「庶民百姓和僧人在大興城修造的佛寺數量要遠遠少於皇室官僚。究其原因，一方面是文帝倡導修寺，開皇初期便出寺額百枚於朝堂下，令有願修造者任聽取之，皇室官僚競相仿效。另一方面，京城物價不菲，也與財力之豐儉有關。」（引自王亞榮，〈試論長安佛教之「社會佛教」特徵──以隋唐時期為中心〉，頁 15）

127 唐‧慧詳，《弘贊法華傳》，CBETA, T51, no. 2067, p. 19b15-19。

128 藍田縣位於西安東南五十公里，悟真寺依終南山北麓，寺史可溯至西晉以前。隋開皇十四年（594）僧淨業法師奉詔興建，名悟真寺。（摘自淨土宗編輯部，《悟真寺簡介》）

129 《續高僧傳》，CBETA, T50, no. 2060, p. 538a11-14。

130 《續高僧傳》，CBETA, T50, no. 2060, p. 538a15-20。

131 董群，《中國三論宗通史》，頁 313。

132 〈智凱傳〉，《續高僧傳》，CBETA, T50, no. 2060, p. 705a25-27。

華》。曾問大眾，「一乘為兩，遂分為三。亦可一乘為兩，分為三兩〔不〕？」[133] 吉藏聞之囑咐他當弘揚大法。

《中論疏記》說：「延興寺吉藏師，吉藏師得業弟子，碩、彥、邃等。」[134] 碩法師弘傳三論學說，著述《三論遊意義》一卷、《中觀論疏》十二卷。[135] 他判別三論思想的理路與吉藏相同。[136] 另一說，碩法師是慧賾（580－636）[137]，據吉藏同門〈智矩傳〉描述：「門人慧感、慧賾，親承嘉誨，詢處有歸。」[138] 慧賾是智矩弟子，荊州江陵人。九歲跟隨隱法師出家，先學《涅槃》、《法華》，後學三論。於武德年間（618－626）與吉藏相會。慧賾講《中論》、《百論》、《大智度論》、《攝大乘論》及諸論，並講《華嚴》、《大品》、《涅槃》等經。曾為波羅頗蜜多羅譯的《般若燈論釋》作序，說：「《般若燈論》者，一名《中論》。本有五百偈，借燈為名者，無分別智有寂照之功也。舉中標目者，鑑亡緣觀等離二邊也。」[139] 闡發中道義。

慧灌，高句麗人，隋初，隨吉藏學習三論。日本推古天皇三十三年（625），奉高句麗王命前往日本任僧正，於元興寺

133 〈智拔傳〉，《續高僧傳》，CBETA, T50, no. 2060, p. 537b13-14。

134 《中論疏記》，《大正藏》冊 65，第 2255 號，頁 22 上。

135 日・永超，《東域傳燈目錄》，CBETA, T55, no. 2183, p. 1159a23-b20。

136 董群，《中國三論宗通史》，頁 314-316。

137 「綜觀其思想、學說，考證師或係唐代住於清禪寺之慧賾法師。」（見慈怡，《佛光大辭典》冊 6，頁 588）

138 〈智矩傳〉，《續高僧傳》，CBETA, T50, no. 2060, p. 509c20。

139 〈慧賾傳〉，《續高僧傳》，CBETA, T50, no. 2060, p. 441a10-13。

開講三論，是第一位將三論之學傳到日本的僧人。慧灌之後，福亮（645－758）、智藏（625－672）、道慈（670－744），在日本弘揚三論之學。

吉藏弟子講《法華》居多，弘三論者，有嘉祥寺智凱、碩法師、慧灌等人。元康是碩法師弟子，宣講三論。[140] 唐貞觀（627－649）年間，他居長安，常將三論典籍擔在肩上。著有《十二門論疏》、《三論玄記》、《三論玄意》、《肇論疏》等。[141] 曾奉唐太宗詔進入安國寺，講三論，造有《中論疏》。又作《三論玄樞》總說《中論》、《百論》、《十二門論》之要旨。[142] 他不收弟子，此後，京城中很少見到有講三論者。

（二）簡析三論學派發展之起伏

三論之學的發展，以吉藏為界，分兩個階段，1. 什公到吉藏，2. 吉藏之後，唐初到清末。從什公翻譯三論到吉藏，三論學說的發展就出現起伏狀態。南北朝時期（420－589），三論學說就已不興盛。北方傳三論性空之學，在僧肇、曇影之後，學習者更少，北方三論學說衰微。直到南朝梁、陳時期，僧朗、僧詮與法朗一脈廣為闡揚。陳武帝時（580）法朗開始積極講演三論之學，蔚然成一大學派，其門人吉藏深諳三論義

140 平井俊榮，《中国般若思想史研究——吉蔵と三論学派》，頁 340。

141 日．安遠，《三論宗章疏》，CBETA, T55, no. 2179, pp. 1137c15-1138a19。

142 宋．贊寧等，〈元康傳〉，《宋高僧傳》，CBETA, T50, no. 2061, p. 727c4-6。

理，以講學與著述傳於世人，[143] 他使三論性空之學在長安成為顯學。

吉藏之後，從唐貞觀到清朝末年，三論學說逐漸式微，諸家從各個層面討論三論學說沒落的原因。

1.「缺乏弘揚三論的名師與學者」。三論之學在北方的發展歷經波折，研究的人少。在江南，僧朗、僧詮與法朗締造三論學派的興盛時期，人才的養成是重要因素。吉藏時代，其門下不乏卓絕之士，但弘揚三論學說者少，是導致三論沒落的主因。

2.「宗派思想不足」。如藍吉富所述「後世所謂的『三論宗』，祇是指羅什以來歷代專攻三論的義學系統而已，並不是具有宗教意味的教團。」[144] 環境使然，三論學派不同於天台宗有宗派的型態。吉藏在嘉祥寺期間，受到晉王楊廣的器重，到長安，吉藏多數時間、精力與顯貴交往。他沒有強烈的宗派意識與行動——納徒眾建寺，積極督導門徒繼承三論志業。世人就吉藏治學與著述，尊他為三論集大成者，但這並不具有宗教意義。[145] 所謂「僧安道隆」，特指居住定所，吉藏一中從未親自建設屬於發揚三論學說的根據地。同一時代的智顗，在浙江天台山建寺，成為日後天台學發展基地。

3.「新學說、新思想的興起」。唐初，玄奘與其弟子窺基，創立法相宗，弘揚唯識。此宗主有，參與學習者多，相對

143 藍吉富，《隋代佛教述論》，頁 193-195。

144 藍吉富，《隋代佛教述論》，頁 195。

145 藍吉富，《隋代佛教述論》，頁 195。

研究三論者少。加上，新興宗派，有法藏的華嚴與善無畏等的密法先後興起，都受到帝王、貴族的資助。三論學派因為缺乏大師領導，加上不被帝王重視，[146] 已難以繼續發展。

時代背景是影響修學者需求的要素之一，南北朝時代，政權轉換迅速，戰亂頻仍，人心浮動，對三論講空的思想，有較高的接受度。隋、唐時代南北統一，生活安定，對唐代修學者而言，接受法相宗「有」的思想，較為相應。貞觀十九年（645），玄奘（600－664）西域歸來，太宗與高宗相繼請師，駐弘福寺、大慈恩寺與玉華殿譯經。宣祖說，太宗曾以氣力不足，願為奘翻譯的經論寫序作為功德，如奘所請，題名〈大唐三藏聖教序〉。帝令抄寫奘正在譯的《瑜伽師地論》頒與雍洛等九大州，並於帝殿請學士讀給諸臣聽。[147] 奘與帝王的互動既是君臣亦是至交。奘弟子窺基（632－682）學天竺語，奘獨授其因明之學，又基擅長五性宗法，接續奘於大慈恩寺在帝王護持之下譯經。[148]

又，天台宗創宗者智顗曾多次受陳宣帝請，到皇殿講《仁王經》，並為后妃受菩薩戒。智顗要購地建放生池，宣帝即下令立碑嚴禁於此池採捕，足見帝王對智顗之尊重護持。晉王楊廣也請授菩薩戒，後為隋煬帝時，尊顗之德奉尊為智者。智顗期望蓋國清寺，也是由煬帝完成。加之，天台的圓融思想合於時代，使天台宗能繼續流傳。

146 劉果宗，《中國佛教各宗史略》，頁 299。

147 《續高僧傳》，CBETA, T50, no. 2060, p. 456a1-9。

148 《宋高僧傳》，CBETA, T50, no. 2061, pp. 725c12-726a3。

華嚴宗的法界圓融觀，「一多相即而重重無盡」，以及禪宗等的學說如同天台宗的教義，都能迎上時代需求。由於吉藏的著述，出現「更多的是批判和論爭。法朗、吉藏不僅破小乘、毘曇派，還兼及大乘地論、攝論諸師。」[149] 而批評和論爭，無法獲得力求天下和平、大一統的政權支持與認同。

4.「重義學、不重禪修」，吉藏著述多偏向義學少言及定學，與同時代的智顗形成強烈的對比。然而，攝山一脈向來重禪，[150] 詮公之後，「當三論學從山林走向城市後，以慧布與保恭為中心，攝山的佛教其實較偏向於禪誦，且匯聚了北方達摩、南方智顗與真諦（499－569）的禪法。」[151] 說明攝山禪法是建立三論之學發展的基礎。從學派的發展面向，三論學派的發跡早於天台智顗（538－597）時期，攝山一脈因於定慧並重，締造江南三論之學的盛況。而吉藏全力以義學取勝於成實師，被稱「義學沙門」。[152] 他雖繼承僧詮、法朗的三論之學，他的論述中也出現照與觀，如「智觀、照境」等，但並未傳承詮公的禪法，以定學支持義學，宣祖說他，「縱達論宗，頗懷簡略。」[153] 天台宗後來居上也是憑藉禪定學，禪學的重要又是一例。[154]

---

149 崔峰，《文化的輸入與演變——鳩摩羅什長安弘法研究》，頁 219。

150 陳江總攝山棲霞寺碑，形容此山環境為「四禪之境」，僧人為「八定之侶」。又說：「名僧宴息，勝侶薰修。」（參《如來香》，CBETA, D52, no. 8951, pp. 1090b8-1094b3）

151 蔡宗憲，〈五至七世紀的攝山佛教與僧俗網絡〉，頁 47。

152 崔峰，《文化的輸入與演變：鳩摩羅什長安弘法研究》，頁 221。

153 《續高僧傳》，CBETA, T50, no. 2060, p. 514c22。

154 湯用彤，《漢魏兩晉南北朝佛教史》，頁 796-797。

5.與史實有違的「吉藏師事灌頂說」。起因於天台灌頂門人護教，對吉藏發起的舉動。智顗後期，天台僧團與隋煬帝王室的關係漸趨惡化，[155] 天台宗聲望降低，推測是當時天台主要領導者之一的灌頂，遭受到宗教與政治鬥爭所造成的影響。[156] 唐建國，地處南方的天台僧團未受到皇室重視，灌頂弟子為保持與唐政權密切聯繫的局面，而有「灌頂弟子力圖通過歪曲傳記而推動譜系」，撰寫吉藏改歸天台宗的舉動。「灌頂弟子力圖通過歪曲傳記而推動譜系」[157] 為吉藏添寫改宗故事的舉動。吉藏生性好辯，曾在日嚴寺擊敗灌頂，可能是導致「吉藏師事灌頂」說的起點。[158] 加上吉藏受皇室尊重，為唐初十大德。天台灌頂門人為宗派聲望發起護教之心，吉藏成為這場宗教與政治鬥爭的對象。千年來，這對吉藏的聲望與三論學派的發展造成很深的影響。

「吉藏師事灌頂」的真實性為近代學者平井俊榮等學者所推翻，學者們證說宣祖的〈灌頂傳〉曾被修改。[159] 根據〈灌頂

155 陳金華，〈天台、三論兩宗論諍記——以智顗、吉藏與灌頂關係為中心〉，頁 238。

156 陳金華，〈天台、三論兩宗論諍記——以智顗、吉藏與灌頂關係為中心〉，頁 239。

157 陳金華，〈天台、三論兩宗論諍記——以智顗、吉藏與灌頂關係為中心〉，頁 240。

158 陳金華，〈天台、三論兩宗論諍記——以智顗、吉藏與灌頂關係為中心〉，頁 248。

159 陳金華，〈天台、三論兩宗論諍記——以智顗、吉藏與灌頂關係為中心〉，頁 215、216。

傳〉的內容與當時的其他傳記資料，包括宣祖的〈吉藏傳〉描述的吉藏的聲望、能力和他的行事作為，〈灌頂傳〉與〈吉藏傳〉描述的內容有很大的差異。

6.「難講、難解的三論之學」，三論學說繼承印度中觀空的思想，講究論證以破斥他家學說。自僧朗與成實師辯論，至吉藏評破成實、地論、攝論等師，三論學者必須先理解對方的學說，依理，三論之學應當受到成實等諸說影響。加之，吉藏著述納入諸大乘經典思想，以及在陳、隋戰亂時期，他廣泛收集各寺廟的文疏，這是他講述廣徵博引的來源，[160] 總上所述，聚成三論廣泛又複雜的義理思想體系。

三論學派趨於衰落，人才不濟是主因。學界有根據宣祖《僧傳》的描述，歸諸於吉藏個人性格因素。[161] 他善辯論的性格與才能見諸於他的著作與生活中，「遊諸名肆，薄示言蹤，皆掩口杜辭，尠能其對」[162]，是容易造成宗派間相互對立與人際問題。但宣祖描述吉藏為人「法化不窮，財施填積，隨散建諸福田」。[163] 從他住日嚴寺期間與學人的互動，三論得弘傳於中國南北的成就。吉藏性格未必是三論學派沒落的重要因素。

(三)「教理境智」反思三論學派的發展

綜述三論沒落的原因，論及缺乏三論專才與宗派思想不

---

160 《續高僧傳》，CBETA, T50, no. 2060, p. 514c23-27。

161 崔峰，《文化的輸入與演變——鳩摩羅什長安弘法研究》，頁 225。

162 〈吉藏傳〉，《續高僧傳》，CBETA, T50, no. 2060, p. 514a14-15。

163 〈吉藏傳〉，《續高僧傳》，CBETA, T50, no. 2060, p. 514a20-21。

足這兩點，歸因於在當時的大環境下，吉藏必須周旋於權貴之間，沒有太多的心思與餘力訓練三論專才與籌畫三論學派的發展。新學說與新思想的興起引發出三論學說沒有因應能力配合當代人們的需求，以及在新時代缺乏權貴的支持，都應歸結到三論專業人才的問題點。對於三論學派與天台宗派間的護教問題，延至今日為學術界討論的問題，可溯因於吉藏時代，其門人未能即時澄清事情的真相。至於說三論為難講、難解之學，這一學說在長安卻曾經是門顯學，所以三論之學本身不是造成三論學派沒落的根本原因，主要當歸於三論學派缺乏人才。總觀唐代之後，該學派逐漸式微的種種現象，都是塵境。

吉藏發展二諦教趨於極致。四重二諦分辨真、俗二諦可達致無所依得，證悟圓極真理、解脫的境界。三論學說有深厚的二諦教理基底，能依教轉境與生智，即「稟二諦教如說而行（依境起行）」，則能發生二智。審觀三論學派的盛衰，禪學是根本。

攝山僧人始自法度禪師隱居山林，專以苦節成務。僧朗能講諸經律，於《華嚴》、三論自成一家。宣祖說朗公，「繼踵先師復綱山寺」[164]，當是繼承法度禪師專以修苦節養定。僧詮重視禪法，以《禪祕要經》練無常，此禪法有三十六觀門，於地水火風入空觀察。[165] 詮公弟子慧布的禪學造詣深厚，宣祖說慧布，依《摩訶般若波羅蜜經．善達品》悟解大乘，煩惱能調順。他攝心奉律，常樂坐禪，遠離塵囂煩擾，誓不講說。遊學

164 〈法度傳〉，《高僧傳》，CBETA, T50, no. 2059, p. 380c15-16。

165 宋．志磐撰，《佛祖統紀》，CBETA, T49, no. 2035, p. 181c18-20。

北鄴時，曾與慧可禪師（487－593）長談，以言悟其意。慧可禪師讚道：「法師所述，可謂破我除見莫過此也。」[166] 法朗能全力講說三論之學，是慧布與保恭開發攝山禪的貢獻。宣祖說：「陳至德初（583），攝山慧布，北鄴初還，欲開禪府。苦相邀請，建立清徒。〔保〕恭揖慧布聲，便之此任，樹立綱位，引接禪宗。故得棲霞一寺，道風不墜至今，稱之詠歌不絕。」[167]

法朗弟子智鍇（533－610）居廬山大林寺，曾於「開皇十五（595）年遇天台顗公，修習禪法，特有念力，顗歎重之。」[168] 另一弟子，荊州龍泉寺羅雲（542－616）弘演三論奧義，宣祖說：「有栖禪寺陟禪師，定慧兼修注心開剖。……雲創還鄉寺，乘此應機，居端座為請益之師。」[169] 說明攝山門人仍繼承詮公重視禪修之教，但法朗偏重義學，反映出他與攝山重視禪法的教學方向與態度已有改變。

吉藏對禪學的態度，止於「躬對坐禪觀實相理」。[170] 他沒有攝山禪法支撐他的講學，縱然他已建構「教理境智」為修學實踐系統，但「稟聖人二諦教，內以權、實二智觀真、俗二境」與「二智能照二境，二境能生二智」之說，並未被如說而行。二智為「眾聖觀心法身父母」，吉藏教學未重視禪修

---

166 〈慧布傳〉，《續高僧傳》，CBETA, T50, no. 2060, p. 480c18-23。

167 〈保恭傳〉，《續高僧傳》，CBETA, T50, no. 2060, p. 512c17-20。

168 〈智鍇傳〉，《續高僧傳》，CBETA, T50, no. 2060, p. 570b17-18。

169 〈羅雲傳〉，《續高僧傳》，CBETA, T50, no. 2060, p. 493a21-24。

170 〈吉藏傳〉，《續高僧傳》，CBETA, T50, no. 2060, p. 514b15-16。

觀心，使「成就法身」僅是教說。修學佛法最講究「教解行證」，吉藏沒有禪學作為三論之學的後援，訓練學理與實踐並重的人才，這是三論人才缺乏的主因。三論學派對於隨時空變化來的外境，自然無力承接，走向隱沒。

五、結論

吉藏二諦繼承龍樹中觀學派的教說，加以發揚光大。他開展於教二諦，闡發三論學派的二諦是教是理，以此，破斥他宗二諦是理，顯說自宗二諦有理有教。進而，吉藏依師承的三種二諦，建構四重二諦，從不斷分辨二諦中，在真、俗二諦不二中道的循環中，做不斷地反身觀察。從真實不虛中，捨著、不依，而達到無所得，證得真理、解脫的境界。四重二諦是吉藏二諦發展出的特色，也是破他宗空有二諦的依據。

吉藏三論學說以龍樹與提婆所造的三論為依據，並納入《淨名》、《法華》與《涅槃》等大乘經典。他結合二諦教與緣起性空之理與經典中的權、實二智，從二智的能照（所發）與二境的所照（能發）的能、所關係，架構「教理智教」作為實踐三論教學的系統。可見，在吉藏的教學中，是關注到「教理行證」、「解行並重」的重要。

中國三論學派的發展，從什公翻譯三論，僧肇等人開始弘傳。以攝山朗公、止觀詮公、興皇法朗到吉藏，是三論之學發展最興盛與平穩的時期。但在吉藏之後，三論之學趨向沒落，在於吉藏未能將他所建立的「教理智教」系統，具體並落實的實踐。反思攝山一脈三論之學興盛的基礎，是諸師重視禪學。當中，法朗雖不重視禪學，他仍能全心弘揚三論之學，演詮公之慧學，得力於慧布續詮公之定學，立攝山棲霞一寺禪風。吉藏傾力於義理，被稱「義學沙門」，他不重視禪法，不能以定學支持義學，是吉藏三論缺乏人才的主因。在環境發生變化時，沒有定功，教理是無法活用。吉藏之後三論沒落，說明禪學是宗派存滅、法門盛衰的一個重要原因。

徵引書目

佛教藏經或原典文獻

〔本文佛典引用主要是採用「中華電子佛典協會」（Chinese Buddhist Electronic Text Association，簡稱 CBETA）的電子佛典集成光碟，2014 年〕

《二諦義》，T45, no. 1854。

《十二門論疏》，T42, no. 1825。

《三論玄義》，T45, no. 1852。

《三論宗章疏》，T55, no. 2179。

《大乘玄論》，T45, no. 1853。

《大般若波羅蜜多經》，T6, no. 220。

《大般涅槃經》，T12, no. 375。

《大智度論》，T25, no. 1509。

《中論》，T30, no. 1564。

《中論疏記》，《大正藏》冊 65，第 2255 號，東京：大藏經刊行會。

《中觀論疏》，T42, no. 1824。

《出三藏記集》，T55, no. 2145。

《弘贊法華傳》，T51, no. 2067。

《如來香》，D52, no. 8951。

《百論疏》，T42, no. 1827。

《佛祖統紀》，T49, no. 2035。

《宋高僧傳》，T50, no. 2061。
《東域傳燈目錄》，T55, no. 2183。
《法華玄義釋籤》，T33, no. 1717。
《法華玄論》，T34, no. 1720。
《注維摩詰經》，T38, no. 1775 。
《般若燈論釋》，T30, no. 1566。
《高僧傳》，T50, no. 2059。
《淨名玄論》，T38, no. 1780。
《集神州三寶感通錄》，T52, no. 2106。
《維摩經義疏》，T38, no. 1781。
《維摩詰所說經》，T14, no. 475。
《肇論疏》，T45, no. 1859。
《增一阿含經》，T2, no. 125。
《摩訶般若波羅蜜經》，T8, no. 223。
《續高僧傳》，T50, no. 2060。

古籍

《長安志》，〔宋〕宋敏求，臺北：藝文出版社，1965 年。

專書、論文或網路資料等

王亞榮 1999〈日嚴寺考——兼論隋代南方佛教義學的北傳〉，《中華佛學學報》12，頁 191-203。
王亞榮 2004〈試論長安佛教之「社會佛教」特徵——以隋唐時期為中心〉，《印順導師思想之理論與實踐（第 5 屆）——「印順長老與人間佛教」海峽兩岸學術研討會》，桃園：

佛光山文教，頁 11-19。
平井俊榮 1965《中国般若思想史研究——吉蔵と三論学派》，東京：春秋社。
崔峰 2016《文化的輸入與演變——鳩摩羅什長安弘法研究》，北京：中國社會科學。
康特 2018《大乘玄論》，華梵大學上課講義。
淨土宗編輯部，《悟真寺簡介》，西安：終南山悟真寺。（於 2018 年訪悟真寺時取得）
野上俊靜等著，釋聖嚴譯 1972《中國佛教史概說》，臺北：臺灣商務出版社。
陳金華 2015〈天台、三論兩宗論評記——以智顗、吉藏與灌頂關係為中心〉，《佛教文化研究》1，頁 212-255。
湯用彤 1987《漢魏兩晉南北朝佛教史》，臺北：駱駝出版社。
楊惠南 1989《吉藏》，臺北：東大出版社。
董群 2008《中國三論宗通史》，南京：鳳凰出版社。
董群 2017〈攝山三論「三師」研究〉，《三論宗研究》，隆相、董群主編，北京：宗教文化。
廖明活 1995《嘉祥吉藏學說》，臺北：臺灣學生出版社。
趙弘毅 1995〈西北大學考古新發現述評〉，《西北大學學報（哲學社會科學版）》87，頁 83-86。
劉果宗 2001《中國佛教各宗史略》，臺北：文津出版社。
蔡宗憲 2016〈五至七世紀的攝山佛教與僧俗網絡〉，《臺灣師大歷史學報》55，頁 47-102。
韓廷傑 1997《三論宗通論》，臺北：文津出版社。
藍吉富 1995《隋代佛教述論》，臺北：臺灣商務出版社。

釋慈怡主編 1988《佛光大辭典》，高雄：佛光出版社。

Richard H. Robinson，郭忠生譯 1996《印度與中國的早期中觀學派》，南投：正觀出版社。

A Study of the Development of Sanlun School Through the Middle Way of "Objective Realm, Wisdom and Teaching" of Jizang

Jing-Hun Shi
Doctoral student,
Graduate Institute of Asian Humanities, Huafan University

Abstract

Jizang (549-623) stated that "the two truth is the teaching method only, which is, irrelevant to objective realm and original principle," and then the two truth is the teaching methods or original principle. On top of Nāgārjuna's (c. 150-250) teaching "all Buddha give lectures to all living beings by the two truth," he expounded that the two truth in two, one is the unreal truth 於 諦 , the other is the teaching truth 教 諦 . All Buddha preach to all living beings in accordance with their realization, that is the teaching truth. For helping ordinary fellows and the "two vehicles" of srāvaka 聲 聞 and pratyekabuddha 辟支佛 to eliminate the respective attachments to being or emptiness, all Buddha apply the unreal truth. When the living beings follow the teachings of the Buddha to practice, they can realize the true principle via the teachings. Furthermore, Jizang exposited the two truth with quadruple approaches 四 重 二 諦 by distinguishing between the absolute truth 真諦 and the relative truth 世俗諦 , level by level, to lead to the meaning of middle path. The two truth of the first three levels is teaching, and at the last level, existence and emptiness come together without hindrance to achieve the complete perfection. With such quadruple-two truth, it could be demonstrated that the two truth include teaching and principle. The two wisdom 二 智 is produced by realizing the teaching then getting enlightenment. The two wisdom and the two objective realm 二 境 work to perform the function of illuminating the subject and the object. Combining the teaching, principle, objective realm and wisdom together, it leads to unification of doctrine and practice. The practical system in Sanlun School was thus constructed. In the lineage of Shesan Senglang 攝山僧朗 , Zhiguan Sengquan 止觀僧詮 , and Xinghuang falang 興皇法朗 , the Sanlun School's teaching progressed steadily in the south of China thanks to Shesan's teaching in meditation. They together constituted a system of teaching, principle, objective realm and wisdom, and perform well. Jizang payed more attention to development of the doctrines, but he disregarded the meditative training. Having no support from meditation, the Sanlun School declined gradually.

Keywords: The two truth, Existence and Emptiness, The two wisdom, The unreal truth, The teaching truth, The two objective realm

佛學會議論文彙編 4

撞倒須彌

——漢傳佛教青年學者論壇論文集

Knocking Down Sumeru:

Collection of Essays at Young Scholars' Chinese Buddhism Forum

著者	李志鴻、張旭、黃庭碩、郭珮君、雲惠遠、周延霖、釋見歡
主編	釋果鏡、廖肇亨
編輯	中華佛學研究所
出版	法鼓文化
封面設計	李東記
內頁美編	小工
地址	臺北市北投區公館路186號5樓
電話	(02)2893-4646
傳真	(02)2896-0731
網址	http://www.ddc.com.tw
E-mail	market@ddc.com.tw
讀者服務專線	(02)2896-1600
初版一刷	2020年10月
建議售價	新臺幣450元
郵撥帳號	50013371
戶名	財團法人法鼓山文教基金會—法鼓文化
北美經銷處	紐約東初禪寺 Chan Meditation Center (New York, USA) Tel: (718)592-6593 Fax: (718)592-0717

法鼓文化

國家圖書館出版品預行編目資料

撞倒須彌：漢傳佛教青年學者論壇論文集 / 李志鴻等作；釋果鏡, 廖肇亨主編. -- 初版. -- 臺北市：法鼓文化, 2020. 10
面； 公分
ISBN 978-957-598-863-0 (平裝)

1.佛教 2.文集

220.7 109011558